석조문화재 보존기술

석조문화재 보존기술

2010년 10월 15일 초판 1쇄 인쇄
2020년 03월 12일 개정증보판

지은이 한병일, 김사덕

펴낸이 권혁재

편집 조혜진
인쇄 성광인쇄

펴낸곳 학연문화사
등록 1988년 2월 26일 제2-501호
주소 서울시 금천구 가산동 371-28 우림라이온스밸리 B동 712호
전화 02-2026-0541~4
팩스 02-2026-0547
E-mail hak7891@chol.com

ISBN 978-89-5508-409-2 93910

석조문화재 보존기술

한병일, 김사덕

학연문화사

천년 전 우리조상은 어떠한 마음을 갖고 정과 망치만으로 백색의 화강암을 다듬어 당당한 탑을 쌓고 장엄한 불상을 조각했을까? 장인들은 평생을 무엇을 염원하며 그토록 단단한 돌을 파 세세한 문양을 한 치의 오차 없이 조각할 수 있었을까?

처음으로 우리 석조문화재를 접하면서 가졌던 느낌은 아름다움보다는 놀라움이었다. 한 번 보고 다시금 만났을 때 떨어져 있던 친구나 친척을 다시 만난 것 같은 반가움과 다정함을 느끼고 석물과 대화를 시작하였다. 그 시대 석공이 망치를 내리치는 굵은 팔뚝의 근육과 땀방울이 송골송골 맺힌 그을린 얼굴이 영상처럼 스쳐간다. 탑, 불상, 부도 등 대부분 석조문화재가 종교적 숭배의 대상이지만 그 이전에 우리 민족 고난의 역사를 천년 이상 꿋꿋이 지켜온 나라의 증인이요, 앞으로 우리와 살아가고 나라를 함께 지켜가야 할 공동운명체라 생각한다. 아름답고 고귀한 문화재는 생명이 있다고 말하고 싶다. 살아있는 생명을 올바르게 보존하기 위해서는 아픈 곳도 치료해야 하지만 아프지 않도록 환경을 고치고 예방검진과 조치를 취해야한다. 오천년 우리민족이 영원해야 하듯이 선조의 자랑스러운 유산인 문화재를 잘 보존하여 후세에 물려주어 그들과 함께 영원히 살아 있어야한다.

고고미술사의 원로학자들에 의해 석조문화재의 미술사적 유형과 평가에 대해서는 오래 전부터 조사 · 연구되어 왔고 많은 책과 논문으로 발표되었다. 그러나 석조문화재의 이학적 특징과 훼손, 풍화에 대한 연구는 최근 들어 연구가 활발히 진행 중이다.

우리나라 유형문화재 가운데 30% 이상을 차지하는 석조문화재는 내구성이 강하지만 주로 야외에 위치하고 있어 자연적 풍화와 인위적 훼손에 쉽게 노출되어 있다. 석조문화재의 대부분이 축조시기가 천년 이상으로 오랜 세월동안 비, 바람에 의한 풍화는 물론 근대에 와서 산업화에 의한 공해, 산성비와 같은 환경적 요인에 의한 훼손이 급격히 가속화되고 있는 실정이다. 우리나라에서 다른 재질의 문화재에 비해 상대적으로 튼튼하게 느껴왔던 석조문화재 훼손의 심각성을 알게된 것은 1980년 이후로서 이때부터 석조문화재 보존을 위한 응급조치가 시작되었고 1990년 후반부터 보존과학의 한 분야로서 석조문화재 보존에 대한 연구가 활발히 시작되었다. 국립문화재연구소에서는 2001년부터 2005년까지 국내의 국가지정 석조문화재의 보존현황을 풍화상태, 생물분포, 구조안정의 상태를 조사하여 등급별로 정리하여 이를 근간으로 훼손이 심한 것부터 보존처리를 실시하였다. 필자는 석조문화재 보존업무를 10년동안 현장에서 시공하면서 경험한 사례를 정리하여보았다.

이 책은 박사학위논문인 「한국석조문화재의 보존방안연구」를 근간으로 만들어졌다. 국가 지정문화재 중 석조문화재의 유형별, 지역별, 구성석재별, 훼손상태별로 보존현황을 구분하였고 1961년부터 2006년까지의 보수 사례를 분석하여 유형별, 연도별, 지역별로 보수내역을 정리하였으며 그 기간의 전체보수기록을 요약하여 부록에 별첨하였다. 2000년부터 보존처리 현장에서 훼손조사와 처리시공을 하면서 이미 처리되었던 보수의 사례와 근래에 처리한 문화재를 조사, 분석하여 이에 대한 문제점과 좀 더 발전적인 안을 제시하고자 하였다. 특히 현재 훼손된 문화재의 보존대책이 보수시공과 처리에 한정된 것에 대하여 보다 발전적인 예방적 조치의 필요성을 절감하고 이에 대한 시공적, 보존적, 행정적 제안을 하였다. 또한 현장에서 이루어지고 있는 석조문화재의 보존처리과정을 세척, 접합 및 표면처리, 외부구조 보강, 주변환경정비, 모니터링으로 구분하여 정리하였다. 이론보다는 실 보존처리 현장의 사례에 대한 조사를 바탕으로 기술하였으므로 앞으로 석조문화재 보존을 공부하는 연구자들이 앞서 처리된 부분에 대한 자료를 참고하여 보다 나은 연구와 처리가 이루어졌으면 하는 바람이다.

　"인간사 모든 일은 결국 사람에 의해 만들어진다."고 스스로 생각한다. 필자의 경우 주위의 고마운 분들을 많이 만나 너무 과분한 도움을 받았고 이 짐을 현생에 다 갚고 가지 못할 것 같아 두렵다. 우선 남들보다 늦게 문화재 학문에 뛰어 들어 처음 공부하면서 석사과정을 우리나라 석조미술사의 큰 어른이신 정영호 단국대학교 박물관장님을 지도교수로 모신 것이 무엇보다도 큰 행운이었다. 필자 같은 풋내기를 자상하게 받아주시고 지금까지 변함없이 성원을 해주셔서 다시 한번 진심으로 감사드린다. 정영호 선생님이 필자를 석조문화재에 첫발을 디디게 해주셨다면 박경식 교수님은 필자 스스로 넘지 못할것 같은 박사과정의 힘든 공부나 논문의 한 문장과 한 단어까지도 일일이 고쳐주시며 필자를 현재에 이르기까지 여러 방면으로 도와주시고 송구스러울 정도로 꼼꼼히 챙겨주셨다. 박경식 교수님의 헌신적인 노력이 없었다면 감히 생각하기 어려운 과정을 교수님이 직접 이끌어주셔서 보존현장을 다니면서 얻은 경험과 자료를 근간으로 출발하여 박사학위 논문까지 통과할 수 있었다. 학위 후 게으른 제자 때문에 항상 마음 쓰시며 논문을 책으로 출간하는 데 한없는 격려와 독촉을 아끼지 않으셔서 감히 이렇게 책으로까지 진행하게 되었다. 무엇으로도 평생 교수님의 은혜를 다 갚지 못할 것 같다. 다시금 진심으로 감사드린다. 그리고 보다 발전적인 석조문화재 보존을 위해 고민하면서 같이 답사하고 논문의 방향과 힘든 보존현장의 지도를 해주신 국립문화재연구소의 김사덕 선생님께도 깊은 감사의 마음을 전해드린다. 또한 논문의 세세한 부분과 이 책의 교정을 도와주신 신은정 선생님께도 많은 도움을 받아 진심어린 마음속 고마움을 전해드린다. 이 책은 현장 사례를 중심으로 작성되었다. 현장에서 우리나라 석조문화재 보존을 위해 어려운 여건 속에서 어떠한 굳은 일을 마다 않고 일해 온 ㈜엔가드문화재연구소 우리 식구들이 정말 자랑스럽다. 그들 노력의 결과가 우리나라 문화재보존과학 발전의 밑거름이 될 것이라 반드시 믿는다.

집안에서도 6남매의 막내라 항상 보살핌만 받고 자랐으나 지금은 먼저 떠나셔서 은혜를 갚을 길 없어 안타까운 부모님과 두 형님께 그리움과 감사를 전하고 싶다. 항상 곁에서 긍정적인 미래를 꿈꾸게 해준 집사람 김은숙과 두 아들 진영, 도영에게 사랑을 전한다.

마지막으로 출판을 도와주시고 격려해주신 권혁재 사장님과 꼼꼼하게 챙기면서 편집을 도와주신 선시현 부장님에게도 깊은 감사를 드린다.

2010년 9월

한병일

초판으로 나온 『보수사례로 본 석조문화재 보존』이 발행 된지 상당기간
이 지나 통계자료 보완과 석조문화재의 인문학적 설명 그리고 최신 보존기
술을 추가하여 『석조문화재 보존기술』이란 제목으로 증보판을 출간하게 되
었다.

증보판에서는 각종 석조문화재관련 현황통계자료와 2007년 이후 보수사
례를 분석하여 추가하였다. 또한 보존과학자들이 꼭 알아야 하는 내용이지
만 초판에 빠졌던 석조문화재의 각 부재명칭과 석조미술에 대한 기초적인
설명, 보존철학 등에 대한 내용을 추가하여 한권으로 모든 석조문화재 보존
관련 자료를 알 수 있게 하였다.

석조문화재는 다른 재질에 비해 내구성이 강하지만 축조기간이 오래되
었고 대부분 자연환경에 직접적으로 노출되어 비, 바람 등 자연적 풍화와
지진과 환경오염에 훼손되고 도굴 등 인위적 훼손에 쉽게 노출되어 있다.
이런 이유로 많은 석조문화재가 균열, 박리, 박락 ,백화, 흑화, 생물피해
등 다양한 훼손이 나타나고 있으며, 보존처리 등 수리를 필요로 한다.

과거 우리의 문화재 수리는 훼손원인에 대한 조사, 연구 없이 진행되어

재 수리가 빈번하게 발생되곤 하였다. 최근에는 과거수리 분석, 정밀진단 결과를 바탕으로 다양한 최신 보존기술을 활용되고 있으며 석조문화재 피해예방을 위한 모니터링기법, 환경관리 시스템 등도 꾸준히 개발되고 있다.

필자들은 문화재수리업체와 국립문화재연구소에서 실제 석조문화재 보존처리 등 수리를 수행하면서 경험하고 연구한 내용을 주로 정리하였다. 이 책이 보존과학을 배우는 학생과 문화재수리 현장에서 직접 보존처리를 하고 있는 종사자들, 문화재 돌봄사업단 종사자들에게 올바른 석조문화재 보존기술을 습득할 수 있는 길잡이가 되길 기대하고 있다.

끝으로 증보판이 나올 수 있도록 도와 주신 신은정 선생, 엔가드 황정은 과장, 김윤선 선생, 단국대 박물관 오호석 선생 그리고 기꺼이 증보판을 발행해주신 학연출판사 권혁재 사장님과 담당자님께 감사드립니다.

2020년 1월 31일

김사덕, 헌병일

차 례

01. 머리말

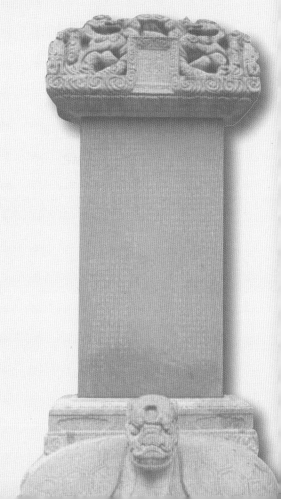

한국은 4세기 후반 불교가 전래되면서 신앙과 예배 대상으로 많은 불교 조형물이 조성되었고, 이는 한국문화의 한 주류를 형성하였다. 이들은 금속재金屬材, 목재木材, 석재石材 등 다양한 재료를 사용하여 조성되었지만, 전쟁 등 인위적인 훼손이 많았던 탓에 현존하는 조형물의 대부분은 석조문화재가 차지하고 있다. 석조문화재는 크게 석탑石塔, 석불石佛, 석비石碑, 석등石燈, 승탑僧榻, 당간지주幢竿支柱, 석교石橋, 석빙고石氷庫 등으로 구분할 수 있는데 전체 유형문화재有形文化財(국보, 보물, 천연기념물, 시도유형문화재 포함) 중 약 23.6% 정도를 차지하고 있다. 이를 구체적으로 살펴보면 [표 1]로 집약되는데, 2017년 12월 현재 국가 및 지방자치단체에서 관리하고 있는 6,138기의 문화재 가운데 1,448기를 차지하고 있어 이러한 실증을 입증하고 있다.

표 1. 한국 유형문화재 현황과 석조문화재의 점유율

| 분류 | 수도권 | 강원권 | 충청권 | 호남권 | 영남권 | 제주권 | 기타 | 합계 | 석조문화재 | | 비 고 |
									수량	점유율(%)	
국 보	176	11	40	31	73	0	0	331	72	21.8%	석탑, 불상
보 물	875	79	234	289	622	8	0	2,107	501	23.8%	석탑, 불상 승탑, 비
천 연 기념물	45	41	41	95	123	49	63	457	83	18.2%	화석, 암석
시도유형 문화재	714	161	562	495	1275	36	0	3,243	792	24.4%	불상, 석탑 승탑, 비
총 계	1,810	292	877	910	2,093	93	63	6,138	1,448	23.6%	석탑, 불상 승탑, 비

　이처럼 현존 유형문화재 중 절대 다수를 차지하고 있는 석조문화재는 견고하고, 훼손으로 인한 변화정도가 쉽게 파악되지 않는다는 특성 때문에 다른 재질의 문화재보다 보존 및 관리의 필요성에 대한 인식이 부족하였다. 더욱이 대부분의 석조문화재는 주로 야외에 위치하고 있어 도굴盜掘을 비롯한 인위적인 훼손이 빈번하게 발생하며, 환경오염과 지진, 폭우, 태풍 등 자연재해 피해가 가중되고 있어 이에 대한 종합적인 보존방안 마련이 시급한 현안으로 부상하고 있다.

　석조문화재에 대한 연구는 그간 간헐적으로 특성 문화재에 대해 부분적으로 진행되다가 2000년대에 들어서는 암석분석, 산지연구, 풍화훼손, 생물피해, 보수재료 등 다양하고 전문화되어가고 있으며 보존처리 건수도 급증하고 있다. 그러나 지금까지의 연구는 각 사례에 개별적 연구 위주였고 그간 진행했던 보존처리 후의 모니터링에 대한 주목은 이루어진 바 없었다. 이와 더불어 보수재료나 처리방법은 현대과학의 발달과 함께 급변하고 있어 불과 10년 전의 재료나 방법이 현재에는 새로운 방법으로 대체되기도 하고 있다. 예상치 못했던 보수재료의 노화가 발행되어[1] 재처리가 요구되기도 하고 있으며 과거에는 철저한 고증을 통해 복원한 원형 형태가 후대에 와서 새로운 자료의 발굴·연구를 통해 다시 수정되기도 한다.[2]

이와 같은 현실은 그간 석조문화재에 대한 부수와 정비가 시급한 부분에만 진행되었고, 1960년대부터 최근까지 이루어진 연구가 단편적인 수리보고서와 논문으로만 작성되었기 때문이라 볼 수 있다. 아울러 그간 진행된 총체적인 보수현황을 정리해 이를 토대로 한 보수와 정비방안을 제시한 연구가 없었음을 기인한다고 생각한다.

석조문화재의 보존대책은 훼손요인에 대한 분석과 암석특성 및 풍화도 조사 등 과학적 연구도 매우 중요하다. 하지만 그간 진행되었던 수많은 사례에 대한 검토와 분석을 통해 석조문화재의 보존에 대한 종합적인 분석을 진행하여 석조문화재에 대한 장기적인 보존대책과 그 방안을 제시하고자 한다.

우선 가장 역점을 둔 분야는 1960년대 이래 진행된 석조문화재의 보수현황을 분석해 이를 바탕으로 한 보존대책의 수립이다. 따라서 그간 보수가 진행되었던 석조문화재에 대한 개별적인 답사를 통해 보존처리 후의 문제

---

1 새로운 재료 및 방법의 개발로 과거 처리한 부분에 대한 재처리가 실시되는 경우도 빈번하다. 예를 들어 균열부 접착에 사용한 에폭시 수지도 1990년대 이후 지금까지 에폭시 수지AW106, 에폭시수지AY103, 에폭시수지L-40, 에폭시수지L-30 등으로 교체 사용되어 오는데, 이전 사용한 에폭시 수지AW106, 에폭시수지AY103, 등은 자외선 접촉시 황변현상이 발생하여 현재는 에폭시 수지L-30을 주재료로 사용하고 있다.

2 1992년에 처리된 연곡사북부도, 동부도도 잘못 복원된 것으로 밝혀져 2001년 재복원하였으며 1995~2005년에 걸쳐 보존처리가 실시된 경천사십층석탑도 1960년에 실시한 보존처리재(시멘트모르타르)가 노화하여 재처리 하였다. 1960년 수리 복원시에는 견고한 조립을 위해 상하 부재면을 접착하였는데, 재처리를 위해 접착면을 제거해야 했다.

점과 대안을 제시하였다. 이와 더불어 1960년대 이후의 석조문화재 보수기록이나 자료를 정리하였는데, 이는 문화재청에서 발간되는 연도별 수리보고서修理報告書와 각 기간의 자체보고서, 문화재회의록文化財會議錄등 관련기록을 모두 망라하였다.

이와 더불어 석조문화재 보존처리를 직접 시공한 연구소 또는 보존처리업체의 보고서를 통해 처리상황을 살펴보았다.

연구대상은 현존하는 석조문화재 전체를 포함해야 하지만 지방문화재는 처리기록이 누락되어 있거나 미흡한 경우가 많기 때문에 보수된 상황을 비교적 정확히 파악할 수 있는 국보 및 보물로 지정된 573기(2017년 12월 당시)로 제한하였다. 이와 더불어 보존과학의 개념에서 실시된 보존처리가 1960년대부터 본격적으로 시작되었고, 기록이나 자료 또한 이때부터 확인되고 있어, 자료조사와 분석은 1960년대부터 2016년까지로 한정하였다.

1장에서는 연구목적과 범위, 연구방법, 그리고 한국석조문화재 보존에 관한 연구사를 살펴보았다.

2장에서는 석조문화재를 석탑, 석불, 승탑, 석등, 석비 그리고 당간으로 구분하여 특징을 설명하였다.

3장에서는 사례분석에 앞서 석조문화재의 훼손원인을 물리적 요인, 화학적 요인, 생물적 요인, 구조적 요인, 인위적 요인으로 나누어 살펴보고 각 요인에 의해 훼손된 석조문화재의 상태를 점검하였다.

4장에서는 석조문화재의 보존현황과 보수현황을 유형별, 지역별로 나누어 분류, 통계를 내었다. 또한 2001~2005년의 5년간 국가지정석조문화재의 보존현황을 조사한 『석조문화재 보존관리연구』[3]와 2010-2012년의 『문화재 수리보고서』를 바탕으로 2016년까지 훼손상태와 현황을 분류하였다.

5장에서는 보수가 실시된 대상들 중 각 보수방법의 대표적인 대상들은 연구범위로 선정하여 분석을 통해 당시 처리한 복원, 보존처리, 환경정비 등에 대해 고찰했다. 아울러 보존처리 후 수년이 지난 시점에서의 현황을 검토하여 기술 및 재료상의 문제와 현재문화재보존관리 시스템과 행정적 문제점을 파악했다. 나아가 석조문화재 보존사례분석을 통해 파악된 문제점을 분석했다.

6장에서는 조사분석 방법과 앞서 살펴 본 보수사례 내용을 바탕으로 석조문화재 보수방법을 살펴보았으며, 7장에서는 보존이론과 석조문화재 보존을 위해 시공부분, 보존부분, 행정부준에서의 보존방안을 제시하였다.

석조문화재 보존의 과거와 현재

한국에서 문화재에 대한 근대적 연구는 일제강점기日帝强占期에 일인학자들에 의한 학술조사로부터 시작되었다고 할 수 있다. 이후 한국 학자들에 의한 문화재 연구는 해방 이후 미술사 고고학등의 분야에서 먼저 시작되었

---

3 5년간의 조사에서 533기의 국가지정문화재가 조사되었으며, 문화재청과 국립문화재연구소가 주관하고 한국문화재보존과학회가 조사하였다.

고,[4] 문화재보존에 대한 연구는 이보다 늦은 1950년대 후반에 이르러 물리학, 생물학, 건축학, 토목공학 등과 자연과학, 공학에서 시작되었다.

석조문화재의 보수는 1913년 석굴암石窟庵의[5] 해체보수 공사가 효시라 할 수 있는데, 당시의 보수는 과학적 보존처리의 개념이 아니라 토목공사 중에 진행되었다. 석굴암은 과학적 조사나 보존방안 없이 토목공사에서 사용하는 재료인 콘크리트 등을 보수재補修材로 사용하여 공사하였기 때문에 석굴암 바닥과 천장 위로 물이 스며들기 시작하는 등 부작용이 발생하게 되었다. 이러한 점을 보완하기 위해 일본인들이 1920~1923년까지 대대적인 재보수공사를 실시했으나 이 당시의 보수공사 역시 단순 토목공사 개념의 보수공사였다.

현재 사용하는 보존과학保存科學의 개념에서 볼 때, 1958년 실시한 석굴암의 종합연구조사가 과학적 보존처리의 본격적인 시작이라고 볼 수 있다. 당시 조사에서는 석굴암의 장기적 보존방안 마련을 위해 지질학자, 조각가,

---

4 미술사 분야는 일본인학자 세키노 타다시(關野 貞)가 한국의 문화재에 대한 근대 연구를 시도했으나 미술사라기보다 단편적인 '문화재조사보고'였다. 따라서 근대적 미술사 연구가 본격적으로 시작된 것은 1930년대 중반부터 당시 개성박물관장이었던 又玄 高裕燮선생에 의해 시작되었다고 볼 수 있으나 6·25 발발 등으로 인해 연결되지 못하다가 1960년 초반 이후 미술사연구가 많아졌고, 1970년대에는 연구자들이 늘면서 많은 연구들이 발표되었다. 이후 월간『考古美術』을 발간하는 등 1960년대 초반 이후 미술사연구가 많아졌고, 1970년대에는 연구자들이 늘면서 많은 연구가 발표되었다. 양식적인 연구에 집중되어 있던 미술사연구는 점차 다양한 주제로 연구되었고 현재에는 여러 학교에서 전공자를 배출하고 있으며 연구 또한 중국, 일본 등 주변국과 원활한 소통을 하며 풍부한 자료가 공유되고 있다.
5 석굴암에 관해서는 조각에 관한 미술사적 연구, 석굴건축에 관한 건축사적 연구, 보존과학적 연구 등 각 분야의 많은 연구가 이루어졌다.

기상학자, 토목공학자, 화학자, 생물학자, 물리학자, 건축가 등 한국 전문 연구진에 의해 종합적으로 조사되었기 때문이다.[6] 이후 석굴암은 1961~1964년에 걸쳐 문화재관리국에 의해 보수가 있었는데 문화재의 수리공사에 과학자가 참여한 것은 석굴암 수리공사가 처음이며 이것은 건축가와 문화재 전문가 등 관련분야 의 전문가를 파견하여 여러 문제들을 다각도로 고찰하고 근본적인 해결책을 찾으려는 첫 시도라는 점에서 의의가 있다.[7]

그 후 1968년 대통령의 특별지시로 과학자와 고고학자들의 공동관심속에 문화재관리국(현 문화재청)의 협조와 과학기술처(현 과학기술부) 주관으로 관계 전문가가 참여한 가운데 문화재 전반에 대한 과학적 보존연구가 이루어졌다. 1960년대 후반~1970년대에 시작된 석조문화재 보존분야의 초기 연구는 경주 지역의 석굴암, 석가탑, 다보탑에서 시작되어 연구보고서가 발간되었고[8], 1972년에는 연구경과를 바탕으로 석굴암, 다보탑, 석가탑이 세척되는 등 보존처리가 실시되었다.

1980년대부터는 공업화에 따른 공해문제와 산성비의 영향과 함께 야외

---

6 당시에는 보존과학이라는 분야가 없었기 때문에 자연과학, 지질학, 공학 등의 연구진들에 의해 연구가 이루어졌다~ 이 당시 연구진들의 연구를 바탕으로 보존과학적 연구가 정착하여 발전되게 되었다.

7 이오희,『문화재보존과학』, 주류성출판사, 2008, p.41 참조.

8 1961년 유네스코 문화재연구소장 플랜덜라이스(Plenderlith)가 경주를 방문하면서 석굴암, 다보탑, 불국사 등의 주요 문화재에 대한 보존 중요성과 관심이 대두되었다. 따라서 이들을 중심으로 한 연구들이 진행되게 되었으며 다음과 같은 연구보고서가 발간되었다 한국과학기술연구소, 「다보탑의 과학적 보존에 관한 연구」 1970; 한국과학기술연구소, 「석굴암, 다보탑 및 석가탑의 세척과 보존에 관한 연구」, 1971; 한국과학기술연구소, 「석굴암의 과학적 보존을 위한 연구」, 1974.

에 위치한 석조문화재에 대한 관심이 높아지면서 보존처리 또한 증가하였다. 특히 에폭시수지와 같은 처리재의 개발·적용으로 보존처리는 한층 발전하게 되었다. 1980년 문화재연구소에서는 실상사 백장암삼층석탑 보존처리에서 에폭시수지AW106을 사용하고 수리보고논문[9]을 발표하면서 본격적으로 처리 분야의 논문들이 발표되기 시작하였다. 또한 1980년부터 문화재연구소(현 국립 문화재연구소)에서 간행되기 시작한『보존과학연구』에 많은 논문이 게재되면서 문화재보존에 대한 연구가 활기를 띠기 시작하였고, 1992년부터 한국문화재 보존과학회에서 매년『보존과학회지』를 발간하면서 보존연구가 정착되었다.[10] 그러나 보존과학이 학문으로 정착되기 시작하는 1990년대 초기까지의 연구는 금속, 출토유물, 도토기 등에 집중되어 있었고 석조물에 대한 연구는 보수재료의 실험적 연구에 그쳤으며 구체적으로 장기적이고 종합적인보존방안을 연구하는 것은 부족하였다.[11]

---

9 김병호,「문화재보존을 위한 합성수지 응용연구 I」,「문화재와 더불어 살아온 길」, 미광출판사, 1997 참조.

10 보존과학분야에서 문화재 보존관련 연구논문들은 각 기관의 학술지, 학회 등에 발표되고 있는데, 1980년의『보존과학연구』, 1992년의『보존과학회지』발간 이후 국립중앙박물관에서는 1999년부터『박물관보존과학』이 매년 간행되고 있으며, 서울 역사박물관에서는 2004년부터『문화재보존연구』발간되어 왔다.

11 지금까지의 문화재 보존에 대한 보존과학 분야연구는 분석, 보존처리방법 등 개별적인 주제 연구가 주로 이루어졌다. 다음과 같은 연구에서는 보존과학의 전반적인 현황과 발전방향을 종합적으로 언급하기도 하였다.
이태녕,「文化財의 保存哲學과 補修의 修理規範」,「문화재의 과학적 보존-문화재보존과학 연구교육교재」, 문화재연구소, 1993.
김수진,「우리나라 석조문화재의 훼손양상과 보존대책」, 2000.
김은영,「한국의 문화재 보존과학의 현황과 전망」, 2000.
이성민,「석조문화재 보존연구의 세계적 추세」,『학술논문발표집』Vol. 5 No. 3, 한국구

한편 보존과학 관련 기관이나 대학의 교육과정을 살펴보면 보존연구의 발전과 함께 점차 확대개편되는 추세이다. 1969년 문화재관리국 문화재연구실(현 국립문화재연구소) 내에 문화재 보존을 전문적으로 담당하는 보존과학반이 설립되는 것을 시작으로 보존관련 기관과 단체들이 생겨나게 되었다. 1974년에는 국립중앙박물관에 보존과학실이 창설되어 박물관의 소장품에 대한 보존 처리와 보존연구가 시작되었다. 이어 1975년에 문화재연구소의 보존과학반이 보존과학실로 명칭이 바뀌면서 확대개편 되었고, 이후 문화재의 보존처리, 예방보존, 처리재료 개발, 조사 등의 연구를 진행하고 있다.

이와 같이 1970년대 이후에는 점차 보존관련 연구기관이나 단체가 증가했고, 국립문화재 연구소에서는 2006년부터 과학기술부에서 지원하는 R&D 사업이 추진되어 석조문화재 보존부분으로 '석조문화재 손상원인 및 저지기술 개발'과 같은 연구[12]들이 진행되고 있다. 또한 최근에는 문화재의 보존처리와 보존연구를 종합적으로 실시할 계획으로 문화재보존과학센터를 건립하여 운영하고 있다.

조물진단학회 , 2001.
강대일. 이수정, 「문화재 보존의 개념과 이론」, 「전통문화논총」, 한국전통문화학교, 2003.
이찬희, 이명성, 「우리나라 석조문화유산의 현황과 보존방안」, 『학술논문발표집』Vol. 9 No. 4, 2005.
이오희, 『문화재보존과학』, 주류성출판사, 2008, p. 41 참조.
12 '석조문화재 손상원인 및 저지기술 개발 연구'에서는 석조문화재 손상메커니즘 규명, 문화재 풍화도 비파괴평가기술 개발, 석조문화재 표면오염물질 연구. 석조문화재 처리 · 특성 및 손상연구 등의 세부연구가 진행되었다.

대학교육에 있어서는 1990년대 후반부터 몇몇 대학에 문화재보존관련 학과가 개설되면서 전문교육이 시작되었다. 현재 이들 대학에서는 석·박사가 배출되면서 전문 연구진들이 점차 확대되는 추세이다. 이에 따라 1990년대 후반부터 석조문화재의 암석학적 연구, 풍화훼손도 측정, 구조안정, 석재의 산지추정, 지의류·이끼류 등의 생물피해연구, 표면오염물에 피해와 보존 방안 연구, 보존환경 등 연구주제가 점차 다양해졌고, 암석학, 지질학, 생물학, 재료공학 등 전문분야에서의 연구가 활발히 진행되었다. 석조문화재 보존의 국제적 연구 경향도 한국의 현황과 마찬가지로 점차 다양화, 전문화되어가고 있는데, 2004년 제10차 ICDCS(International congress on Deterioration and Conservation of Stone)[13]발표논문에서도 그러한 경향이 나타나고 있다.[14]

---

13 ICDCS는 석조문화재 관련 국제학술대회로서 4년마다 개최되고 있으며, 2008년에 11차 학술대회가 개최되었다. 문화재보존에 관한 외국의 기관은 국제문화재보존 및 복원연구센터(ICCROM:The International Centre for the Study of the Preservation and Restoration of Cultural Property)와 국제문화재보존학회(IIC:The International Institute for Conservation of Historic and Artistic Works)가 대표적이다. ICCROM은 1956년 UNESCO에 의해 창설되어 로마에 본부를 두고 있으며, 보존관련 전문가를 양성해 왔다. lie는 문화재보존수리를 위해 결성된 학회로 서 1950년 런던에서 시작하였다. 국내에서도 '석조문화재 보존기술의 현황과 전망'이라는 주제로 국제학술심포지엄을 2007년, 2017년에 개최하였다.

14 148편이 발표된 10차 학술대회의 주제(주 1의 책, p.235에서 인용)를 분류하면 다음과 같다.

주제	연 구 분 야	논문수(148편)	점유율(%)
재질분석	구조 및 물성 분석, 염 결정화에 따른 파괴 메커니즘	33	22.3
보존처리	보존처리의 경향과 문제점 파악, 보존처리제 적용 연구	35	23.6
현장조사	직접적 보존처리 : 세정, 접착, 표면처리 및 고색작업	14	9.5
훼손지도	훼손도 평가와 풍화도 조사 : 풍화훼손지도 및 비파괴조사	25	16.9
보존윤리	보존윤리 및 사례연구 : 실험적 및 기술적 연구	26	17.6
보존수복	단위 문화재의 과학적 보존과 복원기술 연구	15	10.1

2000년대에 들어 국내에서는 석조문화재의 예방보존과 수리, 보존처리 우선순위, 지침을 정하기 위해 현장 실태조사를 실시하고 있다. 첫 번째가 2002년에 광주, 전남북 및 제주지역에 있는 국가지정 석조문화재(국보 및 보물) 109건으로서 석조문화재의 풍화상태, 생물분포 및 구조안정성 현황에 대한 현지 진단조사를 종합적으로 조사하였다. 2003년에 서울, 충청남북 소재 국가지정 석조문화재 111건, 2004년 경남, 울산, 부산 및 대구지역 77건에 대하여 연구를 진행하였다.

그 후 문화재청에서는 국가지정문화재의 체계적인 보존관리를 위한 정책의 일환으로 2005년 문화재보호법 제40조 정기조사[시행2006.6.24.]가 신설되어 2007년부터 국가지정문화재의 현상·관리·수리 그 밖의 환경보전상황 등에 관한 주기적 조사를 제도적으로 시행하게 되었다.

2007년에 사적과 천연기념물에 대해 정기조사를 실시하였고 건조물문화재는 나홀로 석탑(국보 28건,보물158건)에 대한 실태조사를 우선 실시하였다. 2008년 정기조사는 국보, 보물, 중요무형문화재, 사적,명승, 천연기념물, 중요 민속자료 등에 대해서 실시하였다. 국가지정 건조물문화재(국보, 보물)에 대한 본격적인 조사는 2009년부터 실시되었다. 2009년에 문화재청이 전남·전북, 서울 일부 지역 181건을 자체 조사 실시하였고 2010년에 전국(2009년 조사지역 제외)522건을 용역 수행을 통해 조사완료 하였다.

2014년에는 정기조사와는 별개로 문화재 보존관리 실태 전반의 문제점을 심층 분석·진단하고 분야별개선대책을 마련하여 문화재 행정의 신뢰성을 회복하기 위한 특별 종합점검이 실시되었다. 전체 국가지정문화재를 대상으로 하였으며 건조물문화재 역시 조사 결과에 따라 후속조치가 이루어졌다. 이후 2014년 11월에는 국가지정 건조물문화재 정기조사 업무가 전문 인력과 장비를 갖춘 국립문화재연구소 건축문화재연구실로 이관되어 2015 년부터 국립문화재연구소에서 국가지정 건조물문화재(국보,보물) 정기조사 를 수행하고 있다. 이처럼 국가지정 건조물문화재에 대한 주기적 현황조사 결과를 기초자료로 축적하고 있다.

그리고 문화재청과 각 시도에서는 문화재 돌봄사업단을 설치하여 문화재 에 대한 모니터링을 실시하여 보존상태 파악과 경미수리를 시행하고 있다.

축적된 기초자료는 향후 건조물문화재의 보수·정비 등 보존관리에 반 영할 수 있고, 문화재 훼손 등에 대한 사전 예방적 차원의 대책 수립이 가능 하도록 한다. 이에 따라 국가지정문화재의 정기조사는 3년 또는 5년마다 실 시하고 최종 확정된 조사결과를 관계부서 및 해당 지방자치단체 등 관리단 체에 통보하여 향후 문화재 보존정책 수립의 기초 자료로 활용할 수 있도록 한다.

지금까지 진행된 석조문화재 보존에 관한 연구는 점차 다양해져 가고 있 지만 석조문화재에 대한 상태조사와 암석특성, 훼손상태 분석에 치우쳐 장 기적이고 종합적인 보존대책 마련과 보존처리 후 변화에 대한 모니터링 연 구는 거의 진행되지 못하였다. 특히 근래 약 50년간의 보수현황 파악이나 보수 후 현장사례를 중심으로 한 연구는 이루어지지 못하였다. 따라서 이 책에서는 보존 사례를 중심으로 석조문화재 보존처리 등 보수방법과 석조 문화재 보존기술을 이해 하는데 도움을 주고 한다.

02. 석조문화재 개설

1. 석탑(石塔)

  석가모니가 인도 쿠시나가르(Kushinagar)의 사리쌍수沙羅雙樹아래에서 입멸하고, 그의 제자들은 불타의 사리를 '분사리分舍利' 또는 '사리팔분舍利八分'하여 당시 인도의 여덟 나라에 탑을 세우게 되었다. 그리고 병탑瓶塔과 회탄탑灰炭塔을 각 한 개소에 세워 모두 10개의 탑을 세웠는데 이것이 불교적인 탑파의 시원이었다. 이후 인도를 통일한 마우리아왕조의 아쇼카왕(Asoka, 阿育王)이 불사리佛舍利를 안치한 8기의 탑 중 7기의 탑에서 사리를 꺼내어 8만 4천으로 나누어 전국에 걸쳐 8만 4천의 사리탑을 세웠다고 하는데 이를 통해 불교는 크게 융성하였고 널리 전파되었다.

01 인도 산치 스투파 (Sanchi Stupa 1, 기원전 2세기)

  석탑은 여러 유형의 탑파塔婆 가운데 하나의 종류이다. 탑은 고대의 인도 스투파(stupa)에서 유래하였는데, 석가모니의 사리를 모신 기념물로서 탑이 건립되면서부터 불교에서 가장 성스러운 예배의 대상으로서 신앙의 중심이 되었다. 스투파는 고대 인도어인 범어梵語, 즉 신골身骨을 봉안하는 묘를 의미하는 말로서 흙과 돌을 쌓아 만든 복발형의 형태였으나 불교의 전래와 함께 방분方墳 또는 고현처高顯處로 의역되었다. 한편, 탑파는 석가모니의 사리를 봉안하기 위한 기념물로서 중국으로 불교가 전래되면서 팔리어巴梨語의 'thupa'를 음역하여 한자로 표기된 것이며, 탑파는 탑으로 줄여 부르게 되었고 부처의 사리를 모신 예배와 신앙의 대상물로서 건립되었다.

인도에서 건립된 탑은 중국으로 전래되면서 새로운 형식의 전탑塼塔이나 목탑木塔이 건립되었고 인도에서 유행한 스투파는 상륜부에 그 형태가 계승되었다. 우리나라는 삼국시대에 중국의 영향을 크게 받아 목탑이 건립되었으나, 새로운 재료와 형식의 석탑을 건립하여 크게 발전시켰다.

한국의 석탑은 목탑의 가구 결구 수법을 모방하여 목재를 석재로 전환하였는데, 백제의 익산 미륵사지석탑은 각부를 구성한 수법이 목탑의 기본적인 외형을 그대로 유지하면서 세부적으로 변형한 시원적인 석탑이었다. 익산 미륵사지석탑과 같이 목탑의

02 중국의 전탑_시안 소안탑(小雁塔)

03 백제의 석탑_익산 미륵사지석탑의 기단부

04 백제의 석탑_부여 정림사지 오층석탑

05 신라의 석탑_경주 분황사 모전석탑

06 신라의 석탑_의성 탑리리 오층석탑

가구 형식을 모방한 석탑을 시작으로 이후 한국의 탑은 산재한 양질의 화강암을 사용한 석탑을 중심으로 발전하였다. 우리나라의 석탑은 현재 천수백여기가 남아있는데, 우리나라 불교미술사의 주류로서 석재의 탁월한 내구성을 확인할 수 있다. 이러한 이유에서 석탑은 삼국시대부터 오늘날에 이르기까지 전국의 사찰에 신앙의 중심 대상으로 건립되고 있다고 할 수 있다. 삼국시대에는 가람배치 상에서 사찰의 금당 앞에 하나의 목탑이나 석탑을 세우는 것이 일반적이었다. 그러나 신라의 삼국통일 이후에는 석탑이 주류를 이루면서 금당 앞에 석탑 2기를 배치하는 쌍탑형식이 유행하였는데, 경주 감은사지를 비롯하여 여러 곳에서 확인된다.

07 신라의 석탑_경주 감은사지 동·서 삼층석탑

 종교건축물로서의 탑은 그 시대의 불교신앙, 특히 사리신앙의 정도와 장인의 역량, 그리고 정치·경제적 배경에 따라 다양한 형식과 양식이 반영된다고 할 수 있다. 석탑은 기단부와 탑신과 옥개석으로 구성된 탑신부 위에 상륜부를 올린 모습으로 구성되는데, 형식과 양식에 따라 크게 일반형 석탑과 특수형 석탑으로 분류되고 있다.

 일반형一般型 석탑은 우리나라에서 보편적으로 가장 많이 건립된 유형의 석탑으로 익산 미륵사지석탑을 시작으로 소위 전형양식典型樣式으로 분류되는 대부분의 석탑들이 해당된다. 통일신라시대에 가장 아름답고 기술적으로도 완벽한 형식을 보여주고 있으며 이후 고려시대와 조선시대까지 성행하여 가장 발전된 양상을 보인다고 할 수 있다. 일반형 석탑은 4각형의 평면을 기본으로 하고 있으며, 기단부 위에 3층 이상의 다층으로 이루어진 탑신부를 올리고 그 위에 상륜부가 가설된 형태이다. 전형양식은 정사각형에 가까운 4각형의 평면으로 기단부-탑신부-상륜부로 구성된 각부의 부재 수가 시원양식의 석탑에 비해 현저히 줄어든다. 2층의 기단부는 각층의 괴임대, 면석부, 갑석부로 이루어지며, 면석부에는 우주隅柱:모서리기둥, 귓기둥)와 탱주撑柱가 모각된다. 갑석의 윗면은 완만한 경사를 이루고 있으며 상층기단의 갑석 아래쪽에는 부연附椽이 있다. 탑신부는 모서리에 우주를 모각한 탑신석(몸돌)과 목조건축의 공포부에 해당하는 옥개받침과 기와지붕과 같은 날렵한 낙수면을 갖춘 옥개석(지붕돌)이 한 층을 이루는데, 2층 이상의 탑신석 높이가 현저하게 낮아진다. 옥개석은 상부에 1~2단의 괴임을 마련하고 완만한 경사를 이루는 낙수면 아래에 3~5단의 옥개받침으로 구성되는데 옥개석의 크기는 상층으로 올라갈수록 일정한 비율로 체감한다. 상륜부는 찰주刹柱를 높게 세워 노반-복발-앙화-보륜-보개-수연-용차-보주 순으로 결구하여 장엄한다.

이처럼 전형양식의 일반형 석탑은 통일신라시대 불교미술이 가장 왕성하게 발전된 시기의 양식을 보이고 있으며, 경주 감은사지 삼층석탑과 경주 불국사 석가탑 등을 가장 대표적인 예로 들 수 있다. 특히 경주 불국사 석가탑은 우리나라 석탑사에서 그 형식과 양식이 최고의 모범이 되는 가장 완성된 모습을 보여주고 있는 전형양식의 정형定型이라고 할 수 있다.

특수형 석탑은 구조와 형식에 있어서 독창성과 독특한 수법을 보이는 석탑으로 이형석탑異形石塔이라고도 한다. 우리나라 석탑 가운데 대표적인 이형석탑은 경주 불국사 다보탑과 구례 화엄사 사사자 삼층석탑 등이 있다. 고려시대에 건립된 개성 경천사지 십층석탑이나 조선시대에 건립된 서울 원각사지 십층석탑 등도 석탑의 평면이나 층수, 각부 구성 수법에서 기존의 석탑

08 불국사 석가탑과 다보탑

09 구례 화엄사4사자3층석탑

10 경천사지10층석탑

양식과는 전혀 새로운 형식을 갖춘 석탑으로서 특수형 석탑으로 분류된다. 이처럼 특수형 석탑은 일반형 석탑과 비교할 때 기발한 착상에서 비롯된 파격과 혁신을 보이는 석탑으로 각각의 특색을 띠고 있다고 할 수 있다.

〈석탑 용어〉

1. 기단부基壇部

  가. 하층기단

    1) 지대석地臺石

    2) 하층 기단 갑석下層基壇甲石

    3) 하층 기단받침

    4) 우주隅柱

    5) 탱주撑柱

    6) 하층 기단 면석下層基壇面石

  나. 상층기단

    1) 상층 기단 면석

    2) 상층 기단 갑석

    3) 초층탑신받침

    4) 부연副椽

    5) 우주隅柱

    6) 탱주撑柱

2. 탑신부塔身部

  가. 탑신석塔身石

1) 탱주撐柱

2) 우주隅柱

3) 면석面石

나. 옥개석屋蓋石

1) 옥개받침

2) 낙수면落水面

3) 합각선合角線

4) 낙수홈

5) 전각轉角

3. 상륜부相輪部

가. 찰주刹柱

나. 노반석露盤石

다. 복발覆鉢

라. 앙화仰花

마. 보륜寶輪

바. 보개寶蓋

사. 수연水煙

아. 용차龍車

자. 보주寶珠

— 기단基壇 : 건물 또는 석탑을 비롯한 건축물의 가장 하면에 지면으로부터 높게 만든 단. 모든 건축물에 있어 석재로 구축하는 것이 보편적임.

단층 기단과 이층 기단의 2종류가 있다.

— 단층기단單層基壇 : 한 층으로 구성된 기단. 삼국시대의 석탑에서 축조
되다가 통일신라 후반에 다시 활용된 기단이다. 고려 및 조선시대의
석탑에서는 절대 다수가 이 형식을 보이고 있다.

— 이층기단二層基壇 : 2개의 층으로 이루어진 기단. 통일신라시대에 건립
된 절대 다수의 석탑에서 채택하고 있다.

— 하층 기단下層基壇 : 2층 기단에서 아래층 기단을 말함.

— 상층 기단上層基壇 : 2층 기단에서 위층 기단을 말함.

— 지대석地臺石 : 기단과 지면이 닿는 부분에 사용된 석재. 보통 여러 장
의 판석을 사용하여 지면을 덮고 있다.

— 하층 기단 갑석下層基壇甲石 : 하층 기단의 상면에 놓이는 부재. 여러 장
의 판석을 사용하고 있다.

— 받침(부) : 석재와 석재 사이에 놓이는 부분으로, 각형角形과 호형弧形
이 기본 양식이다. 각형 2단, 호각형弧角形 2단, 각호각형角弧角形 3단,
굽형 괴임대, 별석 받침의 5가지 형식이 있다.

— 상층 기단받침 : 하층 기단 갑석 상면에 위치하는데, 주로 호각형 2단
받침이 조출된다.

— 우주隅柱 : 상·하층 기단의 면석과 탑신석의 양쪽 가장자리에 조식되
는 기둥. 삼국시대 및 통일신라 초기에 건립된 석탑에서는 별석別石으
로 조성되지만, 이후에 건립되는 석탑에서는 면석을 깎아내어 도드라
지게 조식하고 있다.

— 탱주撑柱 : 상·하층 기단의 면석과 탑신석에서 우주의 안쪽에 조식되

는 기둥. 삼국시대 및 통일신라 토기에 건립된 석탑에서는 별석으로 조성되지만, 이후에 건립되는 석탑에서는 면석을 깎아내 도드라지게 조식하고 있다. 대체로 3주에서 1주까지 변화를 보이고 있는데, 시대가 앞설수록 그 수가 많다. 통일신라시대 석탑의 건립 시기를 구분하는 좌표로 활용되고 있다.

— 하층 기단 면석下層基壇面石 : 하층 기단을 구성하는 4면체의 면. 삼국 및 통일신라 초기의 석탑에서는 여러 장의 판석이 사용되지만, 대체로 4매의 판석을 이용하여 조립한다.

— 상층 기단 면석上層基壇面石 : 하층 기단을 구성하는 4면체의 면. 삼국 및 통일신라 초기의 석탑에서는 여러 장의 판석이 사용되지만, 대체로 4매의 판석을 이용하여 조립한다.

— 상층 기단 갑석上層基壇甲石 : 상층 기단의 상면에 놓이는 석재. 삼국 및 통일신라 초기의 석탑에서는 여러 장의 판석이 사용되지만, 대체로 2매의 판석을 이용하여 조립한다.

— 초층 탑신받침 : 상층 기단 갑석 상면에 조출되는 부분. 일반적으로 각형 2단의 받침이 기본을 이루고 있으나, 통일신라 후기의 석탑에서는 앞서 열거한 모든 형식의 받침이 등장한다.

— 부연副椽 : 상층 기단 갑석의 아래쪽에 형성되는 받침부. 주로 각형 1단으로 조성되는데, 석탑 전체에 안정감을 주고 빗물이 기단으로 스며들지 못하게 차단막의 역할을 한다.

— 탑신부塔身部 : 기단부의 상면에 놓인 부재로 탑신석과 옥개석을 지칭한다.

— 탑신석塔身石 : 석탑의 몸체에 해당하는 부분으로 목조건축물이 지닌 생활 공간의 의미를 내포하고 있다. 주로 일석一石으로 조성되며, 각 면에는 우주를 새기고 있다.

— 옥개석屋蓋石 : 탑신석 상면에 놓이는 부재로, 목조건축에서 지붕의 역할을 하고 있다.

— 합각선合角線 : 옥개석의 상면에서 지붕과 지붕이 맞닿는 선. 우동隅棟이라고도 한다.

— 옥개받침 : 옥개석의 하면에 조출되는 각형 받침. 전탑塼塔의 영향 또는 목조건축에 등장하는 공포栱包를 각으로 처리한 결과 발생되었다. 옥개받침은 석탑을 건립한 국가 및 시기에 따라 다른 양상을 보이고 있는데, 일반적으로 매 층 5단의 받침을 유지하고 있는 것이 기본 양식이다.

— 낙수면落水面 : 옥개석에 형성되는 지붕의 면面. 건립 시기에 따라 낙수면의 경사도와 길이가 다르다. 일반적으로 시대가 앞설수록 길이가 길고 경사가 완만하다.

— 낙수홈 : 옥개석의 하면에 파인 홈. 빗물이 벽체로 스며들지 못하도록 하는 역할을 한다.

— 전각轉角 : 옥개석의 처마와 처마가 마주치는 부분, 일반적으로 경사를 이루며 들려지는 형태를 보이고 있어 옥개석이 날씬하고 경쾌한 느낌을 주고 있다. 목조건축에 있어 지붕선이 처마 끝에 이르러 솟아오르는 형상과 유사하다. 통일신라시대의 석탑에서는 전각의 반전이 경쾌하고 날렵하나, 고려시대 이후의 석탑에서는 둔중한 감을 주고 있다.

— 상륜부相輪部 : 석탑의 가장 위층 옥개석 상면에 놓이는 전체의 부재. 통일신라시대에 건립된 남원 실상사 삼층석탑에서 완전한 형태를 볼 수 있다.

— 찰주刹柱 : 상륜부를 구성하기 위하여 석탑의 마지막 층 옥개석으로부터 박혀 있는 철제 축, 목조건축의 고주高柱를 구형하는 부재로 감은사지 상층석탑에서 그 예를 볼 수 있다.

— 노반석露盤石 : 마지막 층의 옥개석 상면에 놓이는 방형方形의 부재로 승노반承露盤의 준말이다. 말뜻 그대로 이슬을 받는 그릇이란 의미인데, 석탑이 신성神聖한 조형물임을 상징하고 있다.

— 복발覆鉢 : 노반 위에 엎어놓은 반구형半球形의 장식으로 중앙에 띠를 두르고 화문花紋을 새긴 경우도 있다. 극락정토極樂淨土를 상징한다.

— 앙화仰花 : 연꽃이나 잎이 하늘을 향해 활짝 핀 형상의 부재. 늘 귀하고 깨끗한 곳임을 상징한다.

— 보륜寶輪 : 전륜성왕轉輪聖王을 상장하는 둥근 형태의 부재. 불법佛法을 전파한다는 의미를 내포하고 있다.

— 보개寶蓋 : 천개天蓋라고도 하며, 귀한 신분임을 상징한다. 전륜성왕을 상징하는 보륜의 상면에서 마치 우산과 같이 덮고 있는 형상을 보이고 있어 보륜의 의미를 지니면서 석탑이 귀하고 청정한 지역임을 상징하고 있다.

— 수연水煙 : 불꽃 모양의 장식으로 불법이 사바세계에 두루 비친다는 의미가 있다.

— 용차龍車 : 원구原球형의 장식이다. 만물을 지배하고 변화시킬 수 있다

는 위대한 힘, 즉 전륜성왕의 자리임을 상징한다.

— 보주寶珠 : 상륜부의 가장 정상에 놓이는 원구형의 부재. 보배로운 구
슬이란 뜻에 비추어 득도得到의 개념으로 이해된다.

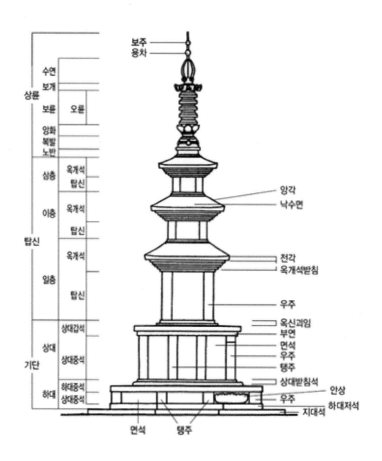

11 석탑의 명칭

2. 석불(石佛)

불상은 불교의 예배 대상이 되는 부처를 조형화한 조각상으로서 고대 인도의 범어로는 "Buddha-Prattima"라 한다. Prattima란 모방이나 모사를 의미하는 동사에서 파생한 것으로 '상像'이라는 의미를 가지고 있다. 따라서 불상은 부처의 상으로 불교의 신앙이나 의식에 있어서 부처님의 사리를 모신 탑 이상으로 예배의 대상이 되었다.

불상의 출현은 석가모니 열반 후 500년 정도 지속된 무불상시대無佛像時代 이후이다. 이 시기 석가모니의 모습을 형상화한 불상을 만든다는 것은 매우 불경스러운 일로 간주되었기 때문에 부처를 형상화한 불상을 만들지 않고, 석가모니의 행적(득도, 설법, 열반)과 관련된 장소, 사리를 모신 탑, 보리수와 같은 성수聖樹, 윤보輪寶, 불족적佛足跡, 부처가 수행한 대좌 등 부처를 상징하는 장소나 성물聖物을 숭배하고 예경하였다.

기원후 1세기경 석가모니의 본생도本生圖와 불전도佛傳圖를 중심 주제로 하는 초기 불상이 간다라의 스와트와 마투라를 중심으로 나타나기 시작하였다. 이후 석가모니의 사리와 함께 불상은 불교를 상징하는 예배와 숭배의 대상으로서 동아시아의 각 나라로 불교가 폭넓게 확산되는데 중요한 역할을 하였다.

인도에서 서역을 거쳐 전해진

12 인도 산치탑 1의 동문(East Gateway)를 장식한 본생도와 불전도

간다라 불상의 영향으로 중국에서는 4세기경인 5호16국시대(316~386)부터 불상이 조성되기 시작하였다. 이후 불교가 중국에서 널리 신앙하게 되면서 국가 주도의 대규모 불상 조성이 이루어지게 되었고, 5세기에는 재료와 종류를 막론하고 수많은 불상이 조성되었다. 우리나라는 삼국시대 중국으로부터 불교가 전래되면서 불경이나 불상이 함께 유입되었다. 이후 삼국이 고대국가의 기틀을 다지는 과정에서 불교를 통치이념으로 삼게 되었고, 이를 바탕으로 비약적으로 발전하게 되면서 불상의 제작 또한 활발해졌다. 우리나라 초기 불상은 대체로 6세기 초반경에 제작되기 시작하는데, 중국의 북위나 남조 불상의 영향을 많이 받았다.

불상은 금·은·동·철 등 금속은 물론 흙, 나무, 종이, 돌 등의 다양한 재료로 만들어지며, 재료와 신앙, 자세와 수법 등에 의하여 그 이름이 정해진다. 불상은 대좌臺座, 불신佛身, 광배光背로 구성되는데, 대좌는 불상이 있는 자리를 표현한 것이며, 광배는 부처의 광명을 표현한 것이다. 불상은 불교의 가르침과 신앙의 내용을 포함하고 있으며, 보는 사람들로 하여금 종교적인 심성을 불러일으키는 예배의 대상이라는 점에서 오래전부터 보통 인간의 모습과 구별되는 독특한 특성을 명확히 하기 위해 32길상 80종호라는 개념을 명시하였다.

따라서 좁은 의미에서 불상은 여래상을 말한다. 여래는 불교에서 최고의 경지에 이른 깨달은 사람으로 많은 중생을 교화하거나 제도하는데 중심이 된다. 대승불교가 중생을 구제하는 종교로 발전하면서 석가모니는 단순히 역사에 실존했던 존재일 뿐만 아니라 절대적인 존재인 부처로서의 의미가 강해졌으며, 부처가 행하는 중생구제의 여러 방편에 따라 여러 종류의 부처와 불상이 조성되었다. 불교에서 여래상으로는 석가여래상釋迦如來像, 비로자나불毘盧遮那佛, 아미타여래상阿彌陀如來像, 약사여래상藥師如來像 등이 있다. 이들 여래상은 머리의정수리에 육계가 솟아있고 법의만 걸치면 장식물이 없는 특징을 보인다. 이러한 여래상을 보좌하거나 대신하는 보살상, 수호신인 신장상, 고승을 조각한 조사상 등 불교에서 조각되는 모든 상을 넓은 의미에서 불상이라고도 할 수 있다. 보살菩提薩陀:Bodhi-Sattva)은 깨달음을 구하는 중생, 보리를 탐구하는 자로서 성불에 뜻을 두었으나 현세의 중생을 교화하여 제도하고자 부처를 보좌 수행하고 있다고 한다. 따라서 보살은 위로는 깨달음을 구하여 여래가 되고자 하며, 아래 오는 중생과 더불어 살아가고 구제하고자 하는 서원을 세운 자로서 아직 여래가 되지 못한 상태이므로 상像으로 표현될 경우 화려한 보관을 쓰고, 몸에 영락, 팔찌, 목걸이 등 각종의 화려한 장식물을 착용한 귀인의 모습으로 나타난다. 대표적인 보살상으로는 관음보살상觀音菩薩像, 대세지보살상大勢至菩薩像, 문수보살상文殊菩薩像, 보현보살상普賢菩薩像, 지장보살상地藏菩薩像, 미륵보살상彌勒菩薩像, 반가사유상半跏思惟像, 월광보살月光菩薩과 일광보살日光菩薩, 약왕보살상藥王菩薩像 등이 있다.

신장상은 부처에 귀의하여 불법을 찬양하고 수호하는 역할을 맡은 신들로서 대부분 불교 발생 이전 인도의 고대 신들이었다. 출가한 보살보다 한 단계 낮은 지위에 속하는 재가在家의 신들로 불교의 발전에 따라 불교에 수용되었으며, 지역의 특성이나 민간신앙에 따라 다양한 모습으로 표현되었으며, 악귀들로부터 불법을 수호하는 역할에 맞게 대부분 무기를 들고 무장한 갑옷을 입은 모습이다. 대표적으로 제석천상帝釋天像, 범천상梵天像, 사천

13 서산 마애삼존불상

14 예산 화전리 석조사면불상

왕상四天王像, 팔부중상八部衆像, 인왕상仁王像 등이 있다. 이외에도 나한상羅漢像, 비천상飛天像, 가릉빈가상迦陵頻伽像, Kalavinka) 등이 있다. 이러한 신장상들은 신앙의 대상이 될 수 없으며 신앙의 대상인 여래와 보살상 그리고 신앙인을 수호한다는 의미로 조성된다고 할 수 있다.

우리나라 삼국시대 불상들은 대부분 중국 불상 조각의 형식과 양식, 특히 남북조시대 불상의 영향을 많이 받았다. 백제는 사비시기에 들어서면서 백제적인 아름다움이 반영된 불상을 제작하였으며, 불상 제작 기술의 발전으로 돌을 이용한 마애불이나 석불을 조성하였다. 대표적인 예로는 예산 석조사면석불, 태안 마애삼존불, 서산 마애삼존불, 정읍 보화리 석불입상, 익산 연동리 석불 등이 있다. 이들 백제 불상은 세련되고 온화한 미소, 조화로운 신체 비례, 정교하면서도 부드러운 조각 기법 등에서 백제 특유의 세련미를 보여주고 있다. 신라에서도 6세기 말에는 석불이 제작되었다고 추정되는데, 경주 남산 삼화령 미륵삼존불, 봉화 북지리 마애불 등을 대표작으로 꼽을 수 있으며, 반가상의 제작이 많은 점이 주목된다. 반가상은 깊은 사색에 잠긴 듯한 사유인의 자세를 취하고 있는 특징을 보이는데 사유인은 간다라 불상에서 3세기 경부터 나타나기 시작하였다.

15 경주 남산 삼화령 석조삼존불

16 봉화 북지리 마애여래좌상

17 경주 배동 석조여래삼존입상

18 군위 아미타여래삼존 석굴

19 경주 감산사 석조미륵보살입상(좌)과 석조아미타불입상(우)

20 경주 장항리사지 석조여래입상

통일신라시대가 되면 중국 당나라의 불상 양식이 유행하면서 그 영향을 받기도 하였는데, 세부적인 조각 수법에 있어서 매우 사실주의적인 양식으로 발전한다. 특히 우리나라 조각기술이 절정에 이르면서 종교성과 예술성이 매우 뛰어난 작품들이 조성되었다. 석굴암 본존불은 우리나라 석불을 대표하는 신라시대의 작품으로 비례와 상호 표현 등에 있어서 완벽에 가까운 아름다움을 보여주는 최대 걸작이다.

고려시대에는 중국 송나라와 요나라(거란), 원나라의 영향을 받으면서 고려만의 독특한 양식이 발전하였다. 석불의 경우 크게 조성하는 거석불이 유행하며, 형식적인 옷주름 처리, 평면적이고 도식적인 인체표현 등에서 그 특징이 찾아진다.

조선시대는 통일신라나 고려시대와는 다르게 성리학을 기반으로 한 억불숭유抑佛崇儒를 대對 불교 정책으로 삼았기 때문에 불교 세력이 점차 약화되었다. 그러나 왕실이나 국가에서 많은 불사를 주도하였고 특히, 조선후기

21 논산 관촉사 석조미륵보살입상   22 거창 양평리 석조여래입상   23 서울 승가사 석조승가대사상

24 서울 사현사 석불좌상

25 서울 약사사 석불입상

26 예산 상항리석불

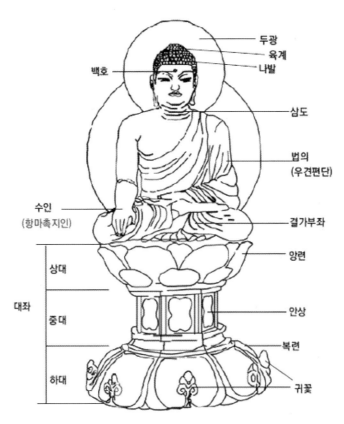

27 불상의 명칭

에 들어서는 여러 가지 이유로 불교가 크게 유행하게 되면서 많은 불상들이 조성되었다. 조선시대의 석불은 고려시대 불상양식을 계승하면서 부분적인 변화를 보이고 있다. 대표적으로는 경기 고양 상운사 석불좌상(1497년), 서울 약사사 석불입상, 서울 사현사 석불좌상, 서울 미타사 석불입상, 서울 진관사 석불좌상, 예산 상항리석불, 충주 혜원정사 석불좌상(1659년) 등이 있다.

3. 승탑(僧塔)

승탑은 석가모니의 사리를 봉안한 탑과 구별하여 고승 대덕을 비롯한 승려의 사리나 유골을 안치한 묘탑墓塔으로 승탑僧塔·사리탑舍利塔·부도浮圖·포도蒲圖·불도佛圖 등 여러 가지로 표기된다. 우리나라에서 승탑의 건립은『삼국유사』에 보이는 원광법사와 혜숙스님의 승탑이 있으며, 통일신라시대에 들어와 단속사신행선사비斷俗寺神行禪師碑 명문에 보이는 부도 등을 통해 일찍부터 석조부도가 건립되었음을 알 수 있다. 그러나 현재 실물로 존재하는 것은 양양 진전사지의 도의선사탑道義禪師塔, 9세기 중반)과 홍법사지에서 국립중앙박물관으로 옮겨진 염거화상탑廉巨和尙塔, 844년)이 가장 오래된 예라고 할 수 있다.

도의선사탑 기단부를 신라 석탑의 일반적인 형태인 사각형의 2층 기단 위에 앙련괴임 1석을 놓고 8각의 탑신석과 옥개석을 올린 형식으로 전형적인 팔각원당형 석조부도의 시원적인 형태를 보이고 있다. 염거화상탑은 건

28 양양 진전사지 도의선사탑
(9세기 중반)

29 원주 홍법사지 염거화상탑
(844년)

30 화순 쌍봉사 철감선사탑
(869년)

립 연대가 가장 오래된 것으로 지대석부터 상륜부까지 팔각의 평면으로 구성된 부재를 쌓아 올린 팔각원당형 석조부도 양식이다. 이러한 팔각원당형의 양식은 각부 구성과 장엄에서 약간의 변화를 보이지만 고려시대까지 주류를 이루는 형식으로 가장 일반적인 형태로 발전하였다.

팔각원당형의 석조부도는 전체적인 구도와 각부의 결구에 있어 치밀한 수법을 보여주고 있다. 기단부는 목조건물의 기단이나 불상의 대좌와 같은 역할을 하며, 탑신부는 목조건물을 모방하여 사리가 봉안되어 있는 장소로서의 기능을 잘 나타내고 있다고 할 수 있다. 그리고 상륜부는 각종 장엄을 장식하였다. 팔각원당형 석조부도의 각 부에 조각된 각각의 장식요소는 석조부도가 극락의 세계에 있음을 상징하는 것들로 표현되고 있다. 즉 부도의 조영을 팔각당형으로 구도하여 건립한 것은 부도 자체가 미타정토이며, 선사가 입적한 후 극락왕생하기를 기원하고, 선사의 분신이라 할 수 있는 사리가 미타의 전당에 머물고 있다는 의미가 있는 담겨있는 것이다. 이러한 의미를 더하기 위해 부도의 표면에 각종 장엄과 조각상들이 배치되었음을 알 수 있다.

석종형의 석조승탑은 인도의 복발형 탑파 형식을 수용하여 변형시킨 것으로 여겨지는데, 그 외형이 마치 종과 같아 붙여진 명칭이다. 석종형 승탑가운데 가장 오래된 것으로는 통일신라시대에 조성된 울산 태화사지 십이지상 사리탑이 있으며, 통도사와 금산사 계단에도 남아있는 석종형 승탑이 대표적이다. 이러한 석종형 승탑은 조선후기부터 크게 유행하였는데 지방색이 강하게 나타나고 있으며, 일정한 형식에 구애받지 않고 다양하게 건립되었다.

31 울산 태화사지 십이지상 사리탑

32 양산 통도사 금강계단 사리탑

33 여주 신륵사 보제존자석종(1379년)

34 완주 안심사 금강계단 사리탑(18세기)

35 고성 건봉사 부도전의 다양한 석종형 석조부도와 석비

36 충주 정토사지
홍법국사탑(1017년경)

37 양주 회암사지
무학대사 홍융탑
(1407년)

38 보은 법주사
복천암 학조화상탑
(1514년)

39 남양주 봉인사
부도암지 사리탑
(1620년)

　원구형圓球型의 석조승탑는 기단부와 옥개석 등은 팔각원당형을 유지하면서 사리를 모신 탑신부를 공과 같은 형태로 조성한 특수형의 양식이다. 대표적인 예로는 충주 정토사지 홍법국사탑이 있다. 홍법국사탑은 팔각원당형의 기본평면에 섬세한 장식을 더하고 있는 석조승탑으로서 탑신부의 독창성에서 기발한 의장을 창조하는 뛰어난 역량을 보여주는 걸작으로 평가되고 있다. 석종형 승탑의 영향을 받아 팔각원당형을 변형시킨 형식으로 알려져 있지만 당대보다는 조선시대 이후에 많이 건립되었다. 이러한 원구형 석조 승탑는 주인공의 지위와 품계에 따라 화려한 장엄이 더해지기도 하였다.

　이 외에 원주 법천사지 지광국사탑비처럼 8각 원당형이라는 일반형 승탑의 기본형에서 완전히 벗어나 평면 정사각형을 기본으로 하는 석조승탑과 원주 영전사지 보제존자탑처럼 일반형 석탑과 같이 2층 기단 위에 3층의 탑신을 건립하고 상륜부를 올린 방형 중층의 석탑형 석조승탑도 건립되었다. 원주 법천사지 지광국사탑비는 지광국사 해린의 석조승탑으로서 방형의 평면에 2층기단·탑신·옥개석·상륜을 차례로 올렸는데 각 면마다 각종의

40 원주 법천사지 지광국사탑비(1085년)   41 원주 영전사지 보제존자탑(1388년)

장식을 빠짐없이 조각하여 조형미가 매우 뛰어날 뿐만 아니라 조각의 구성
과 내용적 측면에서도 당시의 동서문화교류, 회화, 사상적 배경 등을 알 수
있게 해주는 귀중한 유물이다.

42 승탑의 명칭

4. 석등(石燈)

석등은 일반적으로 등불을 켜기 위한 석조의 등기구로 광명등光明燈이라고도 한다. 불가에서 빛은 부처님의 진리를 의미하며 이 빛이 중생들을 깨우치게 하여 불가의 세계로 안내한다는 의미가 있다. 여러 불교 경전에는 등燈 공양의 공덕을 설명하고 있는데, 먼저 『등지인연경燈指因緣經』에 의하면, 불타의 진리인 광명은 암흑과 같은 사바세계娑婆世界에서 헤매고 있는 중생들을 불신佛身의 광명이 비치는 등명燈明으로 일체의 지체없이 선한 지경으로 인도한다고 한다. 또 『불설시등공덕경佛說施燈功德經』에는 탑이나 묘의 모든 형상 앞에 등공양을 하거나, 또는 임종 때에 등불을 밝히면 복전과 삼종명三種明을 얻을 것이며 죽은 자를 위하여 탑묘제불塔廟諸佛 앞에 등불을 밝히면 33천에 다시 태어나 오종五種의 청정淸淨을 얻는다고 하였다.

『화엄경』에서는 등불 하나하나가 수미산과 같을 뿐 아니라 한 종지의 등유인 기름은 큰 바닷물과 같아서 모든 공양 중에서 가장 으뜸이 되는 법공양에 속한다고 하고 있는데, 『보현경普賢經』에서 헐벗고 가난하나 진실한 마음으로 살아가는 난다(Nanda)의 등이 바로 불타의 진리를 묘사한다고 하기도 하였다. 또한 『조상경』에는 향유香油를 구하여 부처님께 등을 공양한 사람은 죄가 사해질 것이라 하여, 불교에서 등은 조명의 기능 이외에 교리적인 의의를 상징적으로 부여하고 있음을 알 수 있다.

이러한 배경에서 등은 사찰 가람의 중요 요소로 흡수되어 부처의 지혜·해탈·자비·재생 등의 의미를 가지게 되었으며, 이에 따라 등공양은 불교의례에 있어서 매우 중요한 요소가 되었다.

우리나라에서 석등이 언제부터 만들어졌는지는 알 수 없지만, 불교 전래 이후인 삼국시대에 사찰이 창건되면서 주요 법당 앞에 건립되었을 것으로 추정되며 주로 법당이나 탑과 같이 중요한 신앙의 대상이 되는 조형물 앞에 세워졌다. 백제의 경우 부여 가탑리사지에서 발견된 석등 연화대석과 익산의 미륵사지에서 발견된 석등의 연화대석과 옥개석, 화사석 등의 부재가 남아있다.

우리나라 석등은 크게 하대석-간주석-상대석의 대석부와 화사석, 그리고 옥개석과 상륜부로 구성된다. 석등의 핵심부에 해당하는 화사석의 평면으로 구분하면 8각, 6각, 4각형의 양식으로 나뉘는데, 이 가운데 8각형은 삼국시대부터 조선시대까지 지속된 양식으로 우리나라 석등의 중심이 된다. 따라서 모든 부재가 8각형을 이루고 있는 경우를 전형양식으로 구분한다. 간주석 부분의 형태에 따라 일반적으로 가장 많이 건립된 간주석형과 고복형鼓腹型과 사자형獅子型 등으로 세분하기도 한다.

고복형은 간주석 부분을 장고나 북을 엎어 놓은 것과 같은 형태로서 통일신라시대와 고려시대에 만들어졌지만 성행하지는 못하였다. 고복형 석등

43 부여 가탑리사지 출토 석등 연화대석

44 익산 미륵사지 출토 석등 화사석과 옥개석

으로는 구례 화엄사 각황전 앞 석등, 남원 실상사 석등, 담양 개선사지 석등, 합천 청량사 석등, 임실 진구사지 석등, 양양 선림원지 석등 등이 있다. 사자형은 간주석 부분에 1~2마리의 사자를 배치하여 사자가 상대석과 화사석을 받치고 있는 형태를 취하고 있다. 통일신라시대부터 건립되기 시작하였으나, 고복형과 마찬가지로 널리 유행하지는 못하였다. 사자형 석등으로는 보은 법주사 쌍사자 석등, 광양 중흥산성 쌍사자 석등, 여주 고달사지 쌍사자 석등, 합천 영암사지 쌍사자석등, 양주 회암사지 무학대사탑 앞 쌍사자 석등, 충주 청룡사지 보각국사탑 앞 사자 석등 등이 있다. 이밖에 간주석 부분에 인물상을 배치한 경우도 있는데, 구례 화엄사 사사자 삼층석탑 앞 석등이 대표적이다.

우리나라의 석등은 시대나 지역에 따라 형식이나 장식 문양에서 약간의 차이가 나지만 기본적인 양식이나 구조는 크게 차이가 없다. 석등에서 화사석 보다 가장 특징적인 부분은 간주석이다. 즉 가장 일반적인 8각 평면의 간주석은 고려시대까지 가장 일반적인 수법이었으며, 조선시대까지 유행하

45 장흥 보림사 석등(871년)

46 구례 화엄사 각황전 앞 석등

47 담양 개선사지 석등

48 합천 청량사 석등

49 광양 중흥산성 쌍사자 석등

50 여주 고달사지 쌍사자 석등

51 충주 청룡사 보각국사탑
앞 사자석등

52 구례 화엄사
사사자삼층석탑 앞 석등

53 여주 신륵사 보제존자석종
앞 석등(1379년)

54 개성 개국사 석등(935년)

55 현화사 석등황전 앞 석등

56 화천 계성리사지 석등

57 군산 발산리 석등　　　　58 무안 목우암 석등(1681년)　　　59 양산 통도사 관음전앞 석등

는데, 통일신라시대에 가장 성행하였다. 통일신라시대의 석등은 고복형, 사자형, 인물형 간주석의 등장 이외에 화사석 면석부에 사천왕상, 인왕상 등과 같은 수호 신장상이나 보살상들을 장엄하는 경우도 빈번해졌다. 그리고 석등의 규모가 월등하게 커지고, 상륜부에는 보개석이 첨가되며, 연화문 하대석 아래에 안상을 조각한 하대석 받침과 연화대석에 귀꽃이 추가적으로 장식되는 등 장식화의 경향이 두드러지게 나타난다.

　고려시대가 되면서 기본적으로 통일신라시대의 석등 양식을 유지하지만 평면이 사각형이나 육각형 등으로 변화되기도 하면서 다양한 형태가 등장하게 되었다. 육각형은 고려 초기에 일시적으로 유행하며, 사각형은 고려시대 이후 오늘날까지도 유행하고 있는데, 여말선초에 석조부도 앞에 석등이 배치되기 시작하였고 조선시대에 들어와서는 장명등長明燈이라는 이름으로 능묘 앞에 석등을 배치하는 것으로 계승된다.

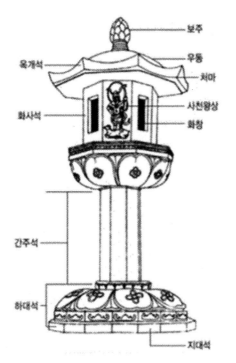

보주

옥개석

우동

처마

사천왕상

화사석

화창

간주석

하대석

지대석

60 석등의 명칭

5. 석비(石碑)

비碑는 특정한 사실을 문자로 기록하여 후세에 오래도록 전하기 위해 건립한 것으로 내용에 따라 기적비記蹟碑, 순수비巡狩碑, 국경개척비國境開拓碑, 탑비塔碑, 묘비墓碑, 신도비神道碑, 사적비事蹟碑, 송덕비頌德碑, 정려비旌閭碑 등 여러 종류가 있다. 조성 재료에 따라서는 목비木碑, 철비鐵碑, 석비石碑 등으로 구분된다. 이 가운데 석비는 기록이 많이 남아있지 않은 역사를 밝혀 줄 뿐만 아니라 비의 역사와 양식 수법 등의 연구에 있어 중심이된다고 할 수 있다. 즉, 석비를 통해 그 내용은 역사학에서, 서체는 금석학과 서지학에서 각각 중요한 연구자료가 되며, 귀부나 이수 등은 미술사 연구에 있어서 매우 중요한 연구대상이 된다.

우리나라 석비 중에서 삼국시대의 것으로는 고구려의 광개토대왕비와 충주고구려비가 있으며, 신라의 서울 북한산 신라 진흥왕순수비(569년), 창녕비, 황초령비, 마운령비, 단양 신라적성비(545년 추정), 포항 중성리 신라비, 울진 봉평리 신라비(524년 추정), 포항 냉수리 신라비, 대구 무술명 오작

61 충주고구려비　　62 부여사택지적비　　63 울진봉평리신라비　　64 대구무술명오작비

비, 영천 청제비, 남산신성비 등이 있다. 그리고 백제의 부여 사택지적비가 있다. 이상의 삼국시대의 석비는 자연석을 치석하여 비신(비몸돌)에 명문을 새긴 것으로 형태가 일정하지 않은 특징을 보인다.

신라의 삼국통일 이후 석비는 당나라의 영향을 받아 귀부-비신-이수를 갖춘 형태의 새로운 형식이 등장하였다. 대표적인 예로는 경주 신라태종무열왕릉비와 경주 서악리귀부가 있다. 이들 초기 석비는 귀부의 당당함과 생동감이 넘치는 조각이었으나, 9세기 들어서면서 점차 위축되기 시작하여 변형을 보이는데, 경주 흥덕왕릉 귀부(835년경), 남원 실상사 증각대사탑비 (9세기후반) 등에서 이러한 경향을 살필 수 있다.

한편, 통일신라시대에 등장한 귀부비는 대부분 국가의 지원을 받은 불교 사찰을 중심으로 건립되었으며, 경주지역에서는 두 마리의 귀부를 갖춘 쌍귀부 형태의 석비가 건립되기도 하였다. 특히 9세기 불교의 선종 산문을 중심으로 전개된 석조부도 건립과 이에 따른 탑비 조성의 과정에서 널리 유행하였다. 석조부도와 석조탑비는 각 산문의 성격과 종파를 상징하는 조사의 묘탑과 탑비인 동시에 조사에 대한 존경과 종파적 자부심이 내포되어 있으므로 장식과 장엄에 있어서 매우 화려하게 조성되었고, 그 결과 우리나라 석비의 정형양식으로 발전하였다고 할 수 있다.

65 신라태종무열왕릉비

66 경주 서악동귀부

67 남원 실상사 증각대사탑비

우리나라 석비는 4각형의 지대석 위에 귀부가 조각되고, 귀부의 등에는 6각형의 귀갑문이 새겨지며, 구름무늬 등의 장엄을 통해 이상세계를 표현하기도 한다. 머리는 초기 전형적인 거북머리에서 여의주를 굳게 물고 있는 용두로 변화하여 정형화되는 특징을 보인다. 귀갑의 중앙에는 구름무늬와 안상, 연화문 등으로 장식된 장방형의 비좌(비받침)를 홈으로 마련하여 비신을 끼워 세웠다. 별석의 비신(비몸)을 세워 명문을 음각하였으며, 상단에는 비좌와 대응하는 연화문을 새기고 구름 속에서 꿈틀거리는 형상의 용을 조각한 이수를 올렸다.

9세기 후반부터 귀부가 용두로 변화하고 이수도 개석형으로 바뀌며, 장식 문양이 화려해지는 경향을 보이는데, 화순쌍봉사철감선사탑비(868년), 장흥보림사보조선사탑비(884년), 양양선림원지홍각선사탑비(886년), 하동쌍계사진감선사탑비(887년), 보령성주사지낭혜화상탑비(892년), 제천월광사원랑선사탑비(890년), 창원봉림사지진경대사탑비(924년), 문경봉암사지증대사탑비(923년) 등 많은 귀부 비좌의 석비가 건립되었다.

고려시대에 들어와서는 일반적으로 통일신라 후기의 양식을 따르지만

68 화순쌍봉사철감선사탑비(868년)

69 장흥보림사
보조선사탑비(884년)

70 양양선림원지
홍각선사탑비(886년)

71 여주고달사지원종대사탑비 　72 개성현화사비(1022년)　　73 원주법천사지지광국사탑비
(975년, 비신 복원)　　　　　　　　　　　　　　　　　　(1085년)

크기가 확대되고 정교한 조각을 바탕으로 장엄이 화려해지는 경향을 보인

다. 고려전기 건립된 탑비 가운데 10세기에 건립된 것으로는 양평보리사지

대경대사탑비(939년), 원주흥법사지진공대사탑비(940년), 충주정토사지법경

대사탑비(943년), 영월흥녕사징효대사탑비(944년), 강진무위사선각대사탑비

(946년), 곡성태안사광자대사탑비(950년), 문경봉암사정진대사탑비(965년),

여주고달사지원종대사탑비(975년), 서산보원사지법인국사탑비(978년), 구

례연곡사현각선사탑비(979년)등이 있다. 11세기부터 12세기 초반에 건립된

것으로는 충주정토사지홍법국사탑비(1017년), 원주거돈사지원공국사탑비

(1018년) 개성현화사비(1022년), 천안봉선홍경사갈기비(1026년), 고양삼천사

지대지국사탑비重熙연간:1041~1050), 안성칠장사혜소국사비(1060년), 원주

법천사지지광국사탑비(1085년), 김제금산사혜덕왕사탑비(1111년), 개성영통

사대각국사비(1125년) 등이 있다. 이 가운데 현화사비를 비롯한 고양삼천사

지대지국사탑비, 안성칠장사혜소국사비, 원주법천사지지광국사탑비, 김제

금산사혜덕왕사탑비 등은 현화사와 관련되었거나 현화사의 주지를 역임한

법상종계 승려들의 탑비로서 비신의 측면과 주위에 운룡문이나 보상화문을 조각하여 화려하고, 이수는 목조건축의 처마와 같이 번쩍 들려 있는 등 여러 변화를 보이는 석비로서 주목되고 있다.

　고려 후기에는 새로운 양식이 등장하기도 하는데, 귀부와 이수 대신에 장방형의 대석, 즉 방부비좌에 몸돌을 세우고 그 위에 우진각 지붕형의 개석을 올리는 형태, 그리고 개석이 없고 비신의 상부 좌우 모서리를 귀접이한 규형圭形 등이 새롭게 나타난다. 대석과 비신, 이수의 결합에 따라 여러 형태가 확인되는데, 방부이수方趺螭首의 비의 예로는 칠곡선봉사대각국사비(1132년경)이 대표적이며, 방부규형方趺圭形으로는 용인서봉사지현오국사탑비(1124년)가 있고 이밖에 귀부규형龜趺圭形의 포항보경사원진국사비(1224년), 방부옥개方趺屋盖형의 수원창성사지진각국사탑비(1386년) 등이 남아있다. 한편, 양주회암사지선각왕사비(1377년)은 복고적인 형식으로 귀부 비좌에 몸돌과 이수를 하나의 돌로 구성한 원규형을 이루고 있다.

　조선시대에 들어와서는 고려시대 후기에 나타난 여러 가지 변화양식의

74 칠곡선봉사대각국사비
(1132년경)

75 용인서봉사지현오국사탑비
(1185년)

76 수원창성사지진각국사탑비
(1386년)

77 서울원각사지대원각사비
(1471년)

78 포천인평대군묘 및 신도비
(1658년)

79 포천인흥군묘 및 신도비
(1682년)

영향을 받아 석비가 건립되었다. 조선 태조연간에 건립된 충주억정사지대
지국사탑비(1393년), 충주청룡사지보각국사탑비(1394년), 양평용문사정지
국사비(1398년) 등은 고려말 방부규형의 양식을 띠고 있다. 이러한 방부규
형의 석비는 방부비좌에 옥개를 올린 방부옥개方趺屋蓋형 석비, 용두 거북의
비좌에 비몸돌을 세우고 그 위에 목조건물의 지붕 형태의 옥개석을 올린 귀
부옥개龜趺屋蓋형의 석비와 함께 조선시대 능묘석물의 하나로 많이 건립되
었다. 한편 서울원각사지대원각사비(1471)는 양주회암사지선각왕사비를 모
방한 형태의 귀부원규龜趺圓圭형으로 조선시대 왕릉 신도비의 한 양식으로
유행하였다.

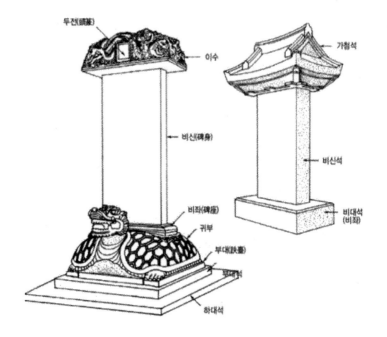

80 석비의 명칭

6. 당간과 당간지주

당간幢竿은 당幢을 매달기 위한 장대이며, 당
간지주는 당을 매단 장대를 지탱하는 지주이다.
여러 경전의 내용과 기록을 통해 사찰 가람에서
주요한 조형물이었음은 분명하지만, 그 유래와
기원에 대하여 구체적으로 전하는 기록은 없다.
우리나라에는 삼국시대에 전래되었을 것으로
추정되는데, 643년 자장이 당나라에서 귀국할
때 '번당幡幢'을 가져왔다고 한다. 한편, 『삼국유
사』에 보이는 경주에 세워진 수많은 사찰에 세
워진 '법당法幢', 우물에서 물이 솟아올라 그 높이

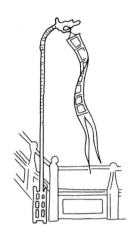

81 중국 돈황 막고굴의 당간지주
벽화 (엄기표, 2007, 『한국의 당
간과 당간지주』)

가 7장이나 되는 찰당刹幢과 같았다는 내용 등에서 사찰의 주요 시설물로서
건립되었을 추정할 수 있다. 당간과 당간지주는 신라의 수도였던 경주를 중
심으로 전국적으로 확산되어 성행하였는데, 한국 고대 사찰에서 정형화된
당간지주의 건립은 사찰의 진입공간에 배치되는 필수적인 조형물로서 중국
이나 일본과는 차별되는 한국 불교의 특징 가운데 하나라고 할 수 있다.

당간과 당간지주는 크게 기단부, 간대부, 지주부, 당간부로 구성되는데,
이러한 기본적인 조영 방식은 특별한 변화 없이 유지되지만 지주부의 치석
이나 장식수법, 당간의 재료 등에서 부분적인 변화를 보이며 고려시대까지
꾸준하게 건립되었다.

기단부는 당간과 당간지주를 받치는데 필요한 부분이지만 반드시 마련

82 경주 남간사지
당간지주

83 안양 중초사지
당간지주(827년)

84 중초사지
당간지주
명문탁본

85 김제 금산사 당간지주

되지는 않았는데, 자연석이나 사각형의 큰 돌로 마련하거나 중초사지 당간

지주와 같이 지주의 하부를 땅에 깊이 묻고 잡석으로 고정시키는 경우도 있

다. 금산사 당간지주에서 보이는 전형적인 기단은 평면 4각형으로 지대석

위에 면석부와 갑석을 올린 형태로서 석탑의 하층기단과 동일한 형식을 취

하고 있다. 이러한 기단부의 조영은 통일 신라 초기 당간과 당간지주가 처

음 건립될 때에는 별도의 기단이 마련되지 않았고, 이후에 당간지주의 건립

이 성행하고 당간을 세우는 기술이 발전하면서 다른 석조미술 특히, 석탑의

영향을 받아 전형적인 기단을 구성하기 시작된 것으로 알려져 있다.[1] 공주

반죽동(대통사지) 당간지주, 익산 미륵사지 당간지주, 김제 금산사 당간지주

등은 전형적인 기단의 모습을 잘 보여주고 있다. 그러나 고려시대에 들어와

서는 법주사, 천흥사지, 현화사, 영통사, 무량사 등의 당간지주에서처럼 통

일신라시대의 기단 구성과 수법을 계승하기도 하지만 기단을 마련하지 않

고 건립된 예가 많아지는 경향을 보인다.

---

1 엄기표, 『한국의 당간과 당간지주』, 학연문화사, 2007, p.141.

86 경주 구황동 당간지주 간대석

87 안양 중초사지 당간지주 간대석

88 천안 천흥사지 당간지주 간대석

　간대석은 기단이나 두 지주 사이에 끼워 당간을 견고하게 고정하는 부분이다. 간대석은 다양한 형태를 띠고 있는데, 주로 장대석 형태의 장방형이 다수를 이루고 있으나 경주 구황동 당간지주에서처럼 거북형으로도 조성되었다. 간대석의 상면에는 당간을 받치기 위한 원좌圓座 또는 원공圓孔을 다양하게 마련하였다.

　지주는 당간의 가장 중요한 부분으로 현존하는 당간지주의 대부분이 바로 지주부이다. 지주는 건립시기와 지역에 따라 치석 수법이 다르며, 장식과 간구와 간공의 시설 등에서 약간의 차이를 보이고 있지만 양식적 변천 과정을 살피는 데에는 한계가 따른다고 할 수 있다. 다만 통일신라시대의 당간지주는 그 외형에 따라 사천왕사지 당간지주계열, 망덕사지 당간지주계열, 삼랑사지 당간지주계열, 미륵사지 당간지주계열, 굴산사지 당간지주계열 등 5가지로 분류되기도 한다. 또한 지주 내면에 마련되는 간구杆溝와 간공杆孔은 간을 견고하게 고정하기 위한 장치로서 간구는 지주 내면의 꼭대기에 대부분 'ㄴ'형으로 마련되는데, 그 길이에 따라 단형短形과 장형長形으로 세분된다. 이외에 '十'자형(남간사지 당간지주)이나 'U'형(보문동 연화문 당간지주) 등 특수한 예가 있다. 간공은 지주의 내면에 사각형 또는 원형으로 시공되는데, 그 형태와 수, 관통 여부에 따라 다양한 모습이다. 간공은 두

89 경주사천왕사지
당간지주

90 경주망덕사지
당간지주

91 경주삼랑사지
당간지주

92 익산미륵사지
당간지주

93 강릉굴산사지
당간지주

지주 모두 관통된 경우가 있고, 2개의 지주 가운데 하나를 관통하는 경우와 그렇지 않은 경우가 있는데, 이는 지주를 고정하는 방향이나 절차를 가늠할 수 있게 해준다.

고려시대에 건립된 당간지주는 대부분 통일신라시대 양식을 계승하고 있으나, 세부적으로 살펴보면, 지주부는 지주의 폭과 너비가 넓어지고 기단이 많이 사라지고 간구만을 시공하는 경우도 많아진다. 또한 간공은 일반적으로 관통되지 않고 있어 통일신라시대와 차이를 보인다.

그러나 현재 당간과 당간지주가 완벽하게 남아있는 예가 없다. 청동과 돌로 만들어진 소수의 당간이 남아있지만 완벽한 형태는 아니어서 당이나 번

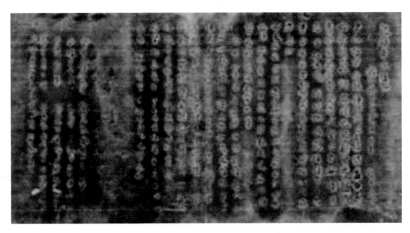

94 청주 용두사지 철당간(962년)의 명문 탁본

95 공주갑사철당간
(통일신라시대)

96 안성칠장사철당간
(고려시대)

97 담양객사리석당간
(1839년 중건)

98 복원된 철당간
(국립대구박물관)

99 청동 용두당간과
칠층탑문판(고려)

을 걸었던 상부의 모습을 알 수 없다. 그러나 풍기에서 출토된 금동 용두를 비롯하여 청동 경판에 새겨진 용두 당간, 호암미술관 소장 용두보당 등의 사례로 보아 당간의 상부에는 용머리 장식을 올렸을 것으로 추정된다.

당간은 통일신라시대 초기부터 사찰의 입구에 등장하는 조형물로서 지주는 석주형의 석재를 사용하여 건립되었다. 당간지주 역시 중국 불교의 영향으로 건립되기 시작하였으나 한국 불교 사찰의 특징으로 정립되어 고려시대까지 성행하였다. 그러나 당간과 당간지주의 건립 양상은 고려말부터

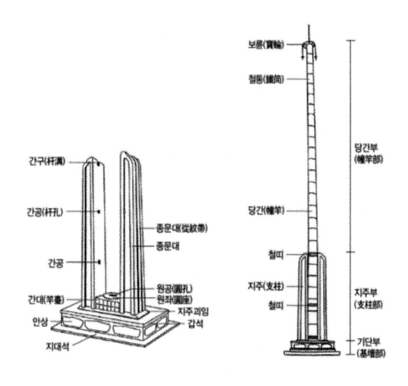

100 당간·지주의 명칭

서서히 쇠퇴하였다. 조선시대 당간과 당간지주의 건립이 쇠퇴한 이유를 특정할 수 없지만, 종교적인 것을 높이 매단다는 기능적인 측면은 조선후기 사찰의 중심공간에 조성되는 괘불지주로 이행되었다고 할 수 있다.

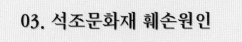

03. 석조문화재 훼손원인

암석이 오랜 세월동안 물, 공기, 식물, 기온 등의 복합작용으로 분해되어 오랜 시간에 걸쳐 조직, 색, 조성, 형태 등에 변화를 일으켜 작은 돌조각이나 흙으로 변하는 모든 현상을 풍화라고 말하며 크게 기계적 풍화, 화학적 풍화, 생물학적 풍화로 분류된다. 기계적 풍화작용은 상부 하중의 제거에 의한 압력의 감소, 물의 동결, 결정의 작용, 온도변화, 빗방울과 바람의 작용, 식물의 성장 등에 의해 암석의 조직이완, 입상분해, 박리·박락 및 절리 등의 자연적 풍화가 발생하는 현상이다.

화학적 풍화작용은 대기의 여러 가지 성분(S, CO, CO_2, SO_2, SO_4, NO등의 화합물)이 녹아있는 빗물 또는 지표수와 지하수 등이 암석의 구성광물과 작용하여 용해, 산화, 탄산화, 가수분해, 수화, 이온교환, 킬레이션을 일으켜서 암석을 분해시키는 현상이다.

생물학적 풍화작용은 암석 표면에 형성한 미소토양과 균열대를 따라 하등생물의 착생이 발생하여 여기에 영양염류, 물, 흙, 먼지 등이 축적되면서 생물 생장과 고등식물의 천이가 발생하여 암석의 물리적 및 화학적 분해를 촉진하는 현상이다. 이러한 암석의 풍화가 진행되면서 석조문화재의 훼손이 발생한다.

암석으로 이루어진 석조문화재의 경우 시간이 경과함에 따라 자연적인 풍화작용에 의해 점차 원래의 물성이 약화되게 마련이며 이는 문화재가 위치한 장소의 환경요인에 따라 크게 다르게 나타난다.

석조문화재는 지진, 화재, 집중호우, 바람, 산성비, 기온변화, 환경오염, 생물서식, 미신에 의한 훼손, 잘못된 처리, 도굴 등 여러 가지 이유로 손상되는데, 그 원인을 크게 물리적 요인, 화학적 요인, 생물학적 요인, 인위적인 요인, 구조적인요인 등으로 나누어 살펴볼 수 있다. 이러한 훼손원인은 어느 한 가지가 단독적으로 나타나는 것이 아니라 여러 가지 요인이 복합적으로 나타나 훼손을 가속화시킨다. 또한 석조문화재는 주로 야외에 위치하여 훼손원인에 쉽게 노출되어 있기 때문에 석조문화재의 보존관리에 더욱 주의를 기울여야 한다.

1. 물리적 요인

물리적 요인은 밤낮의 기온차, 사계절의 온도변화로 인한 석재 내외부의 기온차 발생으로 팽창膨脹과 수축收縮, 동절기 결빙結氷, 빗방울의 마찰, 바람 등을 들 수 있다. 특히 동절기에는 동결凍結, 융해融解가 반복되면서 석재의 팽창과 수축이 일어나 석재가 풍화된다.[1] 풍화가 진행되면 부재의 균열龜裂 탈락脫落, 마모磨耗 등이 발생하여 원형이 상실되기도 한다. 뿐만 아니

---

1 최석원·이찬희, 앞 책, pp.236~237 참조, 동파는 석재를 구성하는 광물사이 미세한 틈으로 물이 침투되어 물 자체가 가지는 모세관압에 의해 균열이 벌어진다. 기온 하강시에 침투된 물이 결빙되면서 약 9%의 부피가 증가하게 된다. 팽창압력은 -22℃에서 약 2000 기압이다.

라 구조안정에 심각한 영향을 미쳐 倒壞의 위험으로 발전할 수 있으므로 원인 제거나 감소방안 마련이 중요하다. 물리적요인으로 인한 훼손양상은 파손이탈, 다편파열, 균열, 박리, 복피, 박락, 분말입상분해 등으로 분류하여 살펴볼 수 있으며, 훼손양상에 따른 예는 (표2), 그림101~그림116과 같다.

101 파손이탈-하남 동사지 삼층석탑

102 파손이탈-경주 원원사지 동·서 삼층석탑

103 파손이탈-울진 구산리 삼층석탑

104 파손이탈-여주 신륵사 다층석탑

105 다편파열-원주 법천사지 지광국사탑비

106 다편파열-강진 월남사지 진각국사비

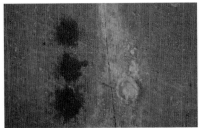

107 균열-원주 법천사지 지광국사탑비

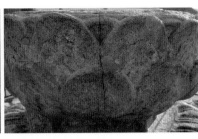

108 균열-김제 금산사 석련대

109 박리-충주 미륵리 석조여래입상 석실

110 박리-서울 삼천사지 마애여래입상

111 박리-원주 거돈사지 원공국사탑비

112 복피-김제 금산사 혜덕왕사탑비

113 복피-진도 금골산 오층석탑

114 박락-진주 묘엄사지 삼층석탑

115 박락-진주 묘엄사지 삼층석탑　　　116 분말입상분해-경주 두 대리 마애석불입상

표 2. 물리적 요인으로 발생된 훼손양상

훼손종류	훼손양상	대표적인 예
파손이탈	치밀한 조직을 가진 암석이 깨져 유실된 현상	하남 동사지 삼층석탑(보물 제13호) 경주 원원사지 동·서삼층석탑(보물 제1429호) 울진 구산리 삼층석탑(보물 제498호)
다편파열	민감한 모서리의 암석이 풍화되어 입자가 부서지는 현상	원주 법천사지 지광국사탑비(국보 제59호) 월남사지진각국사비(보물 제313호)
균열	암석에 있는 불연속면	법천사지광국사현묘탑비(국보 제59호) 김제 금산사 석련대(보물 제23호)
박리	암석표면에 넓은 판상으로 암편이 갈라져 나오는 현상	충주 미륵리 석조여래입상(보물 제96호)석실 서울 삼천사지 마애여래입상(보물 제657호)
복피	여러 겹으로 분리되어 있는 박피	김제 금산사 혜덕왕사탑비(보물 제24호) 진도 금골산 오층석탑(보물 제529호)
박락	박피가 벗겨지는 현상	진주 묘엄사지 삼층석탑(보물 제379호)
분말 입상분해	암석을 구성하는 광물입자들이 풍화작용에 의해 분말상의 입자들로 분리되어 나오는 현상	경주 두대리 마애석불입상(보물 제122호)

2. 화학적 요인

화학적 요인으로 가장 크게 문제가 되는 것은 환경오염이다. 근래에 산업화와 도심의 인구집중 등의 문제가 환경오염을 발생시켜 화학적 요인에 의한 훼손이 점차 확산되고 있기 때문이다. 석조문화재를 크게 훼손시키는 대기오염물은 지상에 건조된 상태 또는 빗물이나 수분에 녹은 상태로 침적하여 화학적 풍화를 일으킨다. SO_x, NO_x, CO_2 및 에어로졸은 화학적 풍화를 일으키는 대표적인 대기오염물로서 빗물에 녹아 산성비가 되게 하는 주요인이다. 원래 빗물은 약한 산성을 띠고 있지만 대기오염물과 만나 강한 산성을 띠면서 산성비가 되게 되는데, 산성비는 특히 대리석의 풍화를 촉진시키므로 대리석 재질의 석조문화재의 훼손에 주요 원인이 된다.[2] 따라서 대기오염이 심한 도심의 석조문화재는 화학적 훼손에 많이 노출되어 있다.

화학적 요인에서 환경오염 외에 가장 큰 영향을 주는 것은 염鹽이다. 염은 암석 자체성분, 지하수에 용해된 형태 등으로 암석에 유입되어 암석을 풍화시킨다. 즉, 수분의 이동에 따라 염분도 이동하게 되는 것이다. 또한 염은 암석 표면에서 건조에 의해 결정화되거나 내부에서 결정화 되어 부피팽창으로 암석을 탈락시키는데, 화강암의 열팽창율이 $1mm/m/100℃$일 때, 염은 화강암의 열팽창율의 2~4배의 팽창율을 가지게 된다.

---

2   김수진 · 이수재 · 장세정, 「석조문화재 보호각 등 보호시설이 석재보존에 미치는 영향」, 『석조문화재 보존관리연구』, 문화재청, 2001, pp.83~56 참조.

여러 가지 화학적 요인에 의해 암석의 풍화가 진행되면 암석의 열화劣化가 촉진되는 데, 이는 암석강도를 약하게 하고 점차 암석을 사질화 시킨다. 또한 암석의 변색變色(백화白化, 탈색脫色, 흑화黑化 등)을 유발하여 부조된 조각이나 조형물의 아름다움을 해치기 때문에 문화재적인 가치를 저하시킨다.

조류의 배설물[3]도 암석풍화를 촉진시키는 화학적 요인 중의 하나이다. 비둘기와 같은 조류의 배설물은 석재표면에 흡착되어 미관을 해치기도 하지만 배설물 내의 유기산이 환경오염 물질과 화합하여 석재표면의 부식을 가속화 시키는 것으로 예측되고 있다.[4] 비둘기 등 조류에 의한 문화재의 간접적 피해는 日本에서 먼저 보고된 바 있다. 비둘기가 도쿄東京의 신사神社, 건조물 등에 분뇨를 배설, 오염시키므로 미관적인 측면에서 관람객들에게 불결한 느낌을 주는 동시에 건조된 배설물에서 병원균이 바람에 날려 상근 관리자 및 관람객에게 폐질환을 일으키기도 한다는 위험성을 경고한 적이 있다.[5]

비둘기 등 조류의 접근이 용이했던 서울 원각사지圓覺寺址십층석탑의 경

---

3 조류 배설물에 의한 훼손은 생물피해로 분류되기도 하지만 본 연구에서는 배설물의 화학작용에 의한 훼손을 설명하고 있으므로 화학적 훼손요인으로 분류하였다.
4 비둘기 등 조류의 배설물인 오염물의 유기산을 기체크로마토그래피-질량분석계(GC/MSD)로 분석한 결과, Hexanoic acid 등 12종의 유기산이 검출되었다. 오염물이 피복되어 있던 부분은 오염물이 없는 부분에 비해 부식정도가 심하였기 때문에 오염물의 유기산이 풍화를 가속시킨다고 예측되었다. (이규식 · 한성희, 「원각사지십층석탑 오염물의 유기산 분석」, 『보존과학연구』16, 국립문화재연구소, 1995, pp. 131~143 참조)
5 이규식 · 한성희, 앞 논문, pp. 131~143 참조.

우에는 조류의 배설물이 환경오염 물질과 함께 표면에 흡착되어 석탑의 미관을 해치고, 변색, 부식 등의 화학적 훼손이 발생되었다. 따라서 조류나 산성비, 환경오염 등의 훼손원인을 차단하기 위해 보호각 설치가 논의 되었는데, 조망권도 확보하기 위해 유리로 된 보호각을 탑 전체에 설치하였다. 그러나 최근에는 유리 보호각 내의 통풍이 부족하여 먼지가 내부에 쌓이는 문제점이 있어 대책이 요구된다.[6]

앞서 언급한 바와 같이 화학적 요인에 의해 나타나는 훼손종류는 백화, 오염물 침착, 변색, 착색, 염화현상 등으로 정리 할 수 있는데[7], 이에 따른 예는 (표3), 그림117~그림125와 같다.

---

6 조류 배설물에 의한 화학적 훼손사례인 원각사지십층석탑은 IV장(사례분석 및 보존방안)의 '환경정비' 에서 자세하게 서술하였다.
7 화학적 원인으로 나타나는 훼손 양상은 단독적으로 나타나기 보다는 여러 양상이 혼합되어 나타나는 경우가 많고, 유사한 양상으로 나타나기도 한다. 예를 들어 변색과 착색은 붉은 색으로 유사한 색으로 나타나기도 하여 구별이 어렵다. 또 백화현상과 염화현상도 흰색으로 유사하게 나타나 시료분석이나 발생원인 분석을 통해 정확한 현상이 파악되기도 한다.
염화현상으로 인해 백화가 발생하는데, 염화는 강우, 수분발생 등으로 석재에 유입된 물이 잔존하다가 증발하면서 물소에 녹아있던 무기염들을 표면에 석출시켜 나타난다. 대부분의 탄산염들은 백화의 성분으로 존재하지만 불용성이므로 백화의 주원인이 되지는 않는다. 대부분의 수용성 황산염들은 백화가 주로 발생되지만, 주로 탄산칼슘($CaCO_3$), 탄산마그네슘($MgCO_3$), 탄산나트륨(Na_2CO_3), 탄산칼륨(K_2CO_3)이 백화발생의 일부 원인이 된다.
황산염에는 주로 황산칼슘($CaSO_4$), 황산마그네슘($MgSO_4$), 황산칼륨(K_2SO_4), 황산나트륨(Na_2SO_4), 황산철($FeSO_4 \cdot H_2O$), 황산바나듐 등이 있다.

표 3. 화학적 원인으로 발생된 훼손양상

훼손종류	훼손양상	대표적인 예
백화	암석표면에 백색의 침전물이 쌓인 현상	개성 경천사지 십층석탑(국보 제86호) 경주 분황사 모전석탑(국보 제30호)
오염물 침착	석조문화재 표면에 침적되어 있는 오염물로 인해 표면변색	개성 경천사지 십층석탑(국보 제86호) 경주 불국사 청운교 및 백운교(국보 제23호)
변색	암석표면의 원래 색이 달라진 현상, 주로 철과 망간의 산화 또는 규산염 광물의 분해에 기인함	하남 동사지 오층석탑(보물 제12호) 강진 월남사지 삼층석탑(보물 제298호)
착색	원래의 암석색에 다른 색이 물들어 있는 것	군위 아미타여래삼존 석굴(국보 제109호) 장흥 보림사 남·북 삼층석탑 및 석등(국보 제44호)
염화	암석 내의 수분에 녹아있던 염분들이 암석표면에서 정출된 것	경주 석굴암 석굴(국보 제24호)

117 백화-개성 경천사 십층석탑

118 백화-경주 분황사 모전석탑

119 오염물침착-개성 경천사 십층석탑

120 오염물침착-경주 불국사 청운교 및 백운교

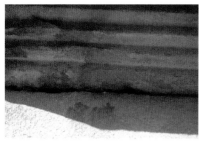

121 변색-하남 동사지 오층석탑

122 변색-강진 월남사지 삼층석탑

123 착색-군위 아미타여래삼존 석굴

124 착색-장흥 보림사 남·북 삼층석탑 및 석등

125 염화-경주 석굴암 석굴

3. 생물학적 요인

석조문화재와 주변 환경에 서식하는 균류菌類, 지의류地衣類, 이끼류, 초본류草本類 등의 생물들은 석재의 표면에 피복被覆되어 조각 등을 판별하기 어렵게 하거나 암석을 오염汚染시키고, 석재간의 균열을 발생시키는 등의 훼손을 초래한다. (그림126~그림127)

126 세균 피해-해남 대흥사 서산대사탑   127 곰팡이균 피해-영양 산해리 오층모전석탑

균류(菌類, Mycota)[8]는 다습한 환경이나 수분공급이 원활한 곳에 발생한다. 요철이 있는 석재 표면에 미소토양微小土壤, 화분花粉 등의 유기물·무기물 층위에 서식하는 데, 주로 물에서 사는 수서水棲균류와 대기에서 사는 대기성균류로 분류한다. 이들은 1~3mm 정도의 생물막을 형성한다. 수서균

---

8 동물계·식물계와 병행하여 균계(菌界)를 이루는 생물군을 말하는데, 과거에는 식물에 포함시켜 광합성을 하는 고등식물과 조류에 대하여 광합성을 하지 않는 하등식물을 총칭하였다. 균류는 유기물이 있으면 어느 곳에서나 생활할 수 있기 때문에 석조문화재 표면의 유기물을 통해 서식한다.
또 균류의 본체는 효모균이나 그 밖의 소수의 종류를 제외하면 몸이 균사로 구성되어 있고 포자를 형성하여 번식한다. 포자가 발아하면 균사가 된다.

류와 대기성균류는 바람·강수를 이용하여 이동하다가 석재표면의 요철이나 미소토양, 화분에 착생하여 번식한다. 균류는 단독으로 발생하여 서식하는 것이 아니라 조류에 의존하는 관계로 해석되는데, 발생하면 표면 판별이 어렵다. 세균[9]이 부착된 해남 대흥사 서산대사탑나 곰팡이균[10]이 표면에 부착된 영양 산해리 오층모전석탑 등에서 훼손상태를 확인할 수 있다.

지의류(地衣類, Lichen)[11]는 백색, 회색, 주황색, 노란색, 초록색 등 다양한

128 고착지의류 피해-군위 지보사 삼층석탑

129 고착지의류 피해-경주 불국사 삼층석탑

9 세균은 하등한 생물체로서 일반적으로 단세포로 이루어져서 활동하는 미생물을 총칭하며 영어이름인 박테리아로도 사용되고 있다.
10 몸의 구조가 간단한 하등 균류를 통틀어 이르는 말이다. 동물이나 식물에 붙어사는데, 어둡고 습기가 찰 때 주로 발생한다. 몸은 菌絲로 되어 있고, 대개 분열에 의하여 홀씨로 번식하나 유성 생식도 한다.
11 지의류는 하나의 식물체로 보이지만 균류와 조류의 공생체로서 생장형태에 따라 분류하면 기질에 밀착하여 분해가 어렵고 상피층이 없는 고착지의류(crustose), 가근으로 기질을 침융하여 곡형적인 엽상을 하고 있는 엽상지의류(foliose), 모상에서 수피상에 이르기까지 다양한 형태를 나타내며 나무 모양을 하고 있는 소상지의류(fruticose)로 분류된다. 이중 석조문화재의 표면에 가장 먼저 천이해 오는 것이 고착지의류이다. (공주대학교 문화재보존과학연구소, 「익산미륵사지석탑의 생물침해현황 및 보존처리제 조사보고서」, 2003, pp.18~38 참조 : 본 보고서에는 익산미륵사지석탑에 자생하는 생물류를 조사하고 종류에 따라 자세히 분류하였으며, 생물종류에 따른 보존처리제에 대한 실험이 실시되어 있어 이를 참고하였다.)

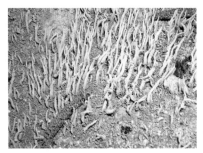

130 엽상지의류 피해-경주 감은사지 동·서 삼층 석탑 　　131 수상지의류 피해-강화 장정리 오층석탑

색으로 나타난다. 이끼류와 달리 지의류는 습한 곳이나 건조한 곳, 고온, 저온과 무관하게 서식하는데, 지의류의 대부분은 주로 대기오염이 적은 곳을 선호하기 때문에 아황산가스 농도가 높은 대도시에서는 오히려 서식이 어렵다. 따라서 산간지역의 석조문화재에서는 쉽게 지의류를 접할 수 있다 지의류는 다른 육상식물과 달리 체내의 수분 보유량을 스스로 조절할 수 없기 때문에 주변에 물이 많을 때는 지의류 표면 전체에서 수분을 흡수하여 매우 많이 팽창하고, 건조 시에는 반대로 상당히 축소되는 데, 이러한 과정 중에 암석의 결정을 들어 올려 떨어져 나가게 된다. 또한 지의류의 균사는 암석의 내부로 침투하기 때문에, 건조기에 지의류가 축소하게 되면 표면층이 절단되며 분리될 수 있다. 또한 지의류가 분비하는 지의산은 암석을 표백시키거나 표면에 작은 구멍을 만들기도 한다.

　　이끼류(蘚苔類, moss)[12]는 지의류보다 훨씬 진화된 생물로서 원시적이기는

12　약 2만 3000종으로 이루어진 최초로 육상생활에 적응한 식물군이다. 분류학상으로는 양치식물 가까이에 놓이지만, 특별한 통도조직은 발달해 있지 않으며, 엽록체가

132 이끼류 피해-순천 동화사 삼층석탑   133 이끼류 피해-영주 부석사 삼층석탑

하나 잎과 뿌리의 형태를 갖추고 있다. 건조한 환경보다는 습한 환경에서 주로 서식하여 석조문화재의 기단부에 많이 분포한다. 간혹 이끼가 낙수면이나 탑신부에 서식하는 경우가 있는데, 자세히 보면 이끼분포 주변부에 틈이 벌어져 있거나 홈이 패여 있는 등 이끼 서식 환경이 조성되어 있는 것을 볼 수 있다. 이끼가 서식하는 것만으로 일차적인 훼손원인이 되는 것은 아니지만 습기를 보유하기 때문에 이끼가 서식한다는 것은 그 부분이 습한 상태가 계속 유지되고 있다는 것이므로 환경개선을 필요한 것이다.

초본류[13]는 석조문화재에 서식하면서 뿌리 근압根壓으로 석재간의 균열

있어 독립영양생활을 한다. 형태적으로는 줄기·잎의 구별이 있거나, 편평한 엽상체로서 조직의 분화는 적다. 또 헛뿌리가 있지만 고등식물과 같은 수분 흡수작용은 거의 없다.

이끼류의 몇 종류는 潭水 속에서 자라지만, 대부분 육상에서 생육한다. 습한 땅, 바위 위, 썩은 나무, 나무줄기 등에 착생한다. 또 활엽수의 잎에 착생하는 특수한 것도 있다.

13 야외 석조문화재 주변에서 흔히 발견되는 초본류는 고들빼기, 닭의장풀, 엉겅퀴, 이질풀, 쑥, 쑥류, 괭이밥, 쥐꼬리망초, 땅비싸리, 개똥쑥, 개망초, 씀바귀, 곰딸기, 당느릅나무, 일엽초, 실새풀, 뱀고사리 등이 있다. (문화재보존지침서-〈석조문화재 생물침해와 처리방안〉, 국립문화재연구소, 2006. 참조)

을 발생시키는 데, 특히 석탑이나 전탑塼塔과 같은 여러 부재의 조립으로 구성된 경우에 석재사이 서식하는 초본류는 부재의 이탈이나 균열을 초래한다. 여주 신륵사 다층석탑神勒寺多層塼塔이나 구미 도리사 석탑 등은 부재의 틈새 사이에 초본식물이 자생하여 부재간의 균열을 확장시키고 있었는데, 이런 경우에는 생물류를 제거해야만 도괴를 막을 수 있다.

석조문화재에 직접 서식하는 이끼류, 지의류, 초본류 외에 주변에 서식하는 소나무와 같은 큰 수목들도 생물적 피해를 야기 시킬 수 있다. 야외에 위치한 석조문화재 주변의 큰 수목은 문화재와 함께 고풍스럽고 자연적인 경관을 형성하여 제거 시에 반대의견도 많다. 그러나 벼락이나 집중호우 등의 자연재해 시 수목이 도괴되면 석조문화재도 함께 도괴될 위험이 있어 관리가 필요하다. 캄보디아의 앙코르 사원에서는 수목의 뿌리가 석조문화재 부재간의 틈새에 파고들어 서식함에 따라 붕괴 위험에 노출되기도 했다.(그림 134) 한국 창경궁昌慶宮 석연지 옆 석축도 수목이 서식하여 석축에 이격離隔이 발생한 예가 있다.(그림135)

134 수목피해-캄보디아 앙코르 사원

135 수목피해-창경궁 석축

4. 인위적 요인

석조문화재가 인위적으로 훼손되는 원인은 미신, 이단 종교異端 宗敎, 산
불, 무지無知, 교통사고, 전쟁, 도굴, 잘못된 수리복원 등이 있다. (그림136~그
림145)

개성 경천사지십층석탑의 불교관련 도상圖像들이 모두 파손되어 있는 것
[14]도 미신이나 종교적 신성성을 감소시키기 위한 인위적 훼손이며, 사적 제
252호 서울 약현성당에 발생한 화재[15]는 이단 종교 광신자들에 의한 훼손
사례이다. 청나라에 굴욕을 당했던 역사를 기록한 서울 삼전도비에 칠한 락
카칠 낙서도 인위적인 훼손이었다. [16] 또 보물 제387호 양주 회암사지 선각

---

14 세키노 타다시가 촬영한 1902년 경천사십층석탑 사진이 『朝鮮古蹟圖譜』에 전하는데,
　이 당시에도 석탑 조각상이 훼손되어 있는 것을 확인할 수 있다. 약 13.5m 높이의 석
　탑은 기단부부터 4층 탑신까지 불교관련 도상들의 모든 두상이 인위적으로 파손되어
　있다. 이는 불교적 종교성을 감소시키기 위한 것으로 보이는데, 5층 이상 조각상에는
　파손이 없는 것은 사람이 4층까지 올라갈 수 있었기 때문으로 생각된다. 경천사석탑 4
　층에 사람이 올라간 옛 사진(정은우, 「敬天寺址十層石塔과 三世佛會考」 『미술사연구』19
　호, 미술사연구회, 2005. p.33, 圖2 참조)이 전한다.
15 약현성당은 한국에서 가장 오래된 천주교 성당으로써 1998년 2월 11일에 발생한 화재
　로 첨탑이 소실되었다. 이후 성당은 1892년 건축당시의 주변지형도와 1940년대 찍은
　전경사진 등을 참고로 하여 원형을 고증, 복원하였다. (관련기사는 1999.2.6, 한국경제,
　1999.3.19. 한국경제 등이다.)
16 1639년에 세워진 삼전도비는 병자호란 때 청나라 태종이 조선 인조의 항복을 받고 자
　신의 공덕을 자랑하기 위해 세운 전승비(戰勝碑)이다. 2007년 2월 한 시민이 정치계에
　경고를 하기 위해 붉은 락카로 '철거'라고 낙서를 하였다. 비신의 표면은 풍화되어 있어
　낙서 제거가 매우 신중한 작업이었는데, 국립문화재연구소에서는 습포법을 사용하여
　제거하였다. (관련기사는 2007.2.14. 동아일보, 2007.2.21. 중앙일보, 2007.2.7. YTN
　TV 등이다.)

136 화재-양주 회암사지 선각왕사비

137 화재-서울 인조별서 유기비

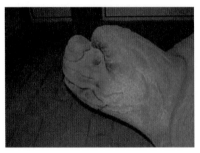

138 낙서-서울 인조별서 유기비

139 도굴-의성 관덕리 삼층석탑

왕사비[17]나 최근 발생한 숭례문 화재 등은 부주의나 고의에 의한 화재로 입
은 치명적인 훼손이다. 뿐 만 아니라 교통사고로 인해 사천왕사지당간지주
가 손상되기도 하였고, 도굴범들에 의해 국보 제4호 여주 고달사지 승탑가
도괴 된 것이나, 구례 연곡사 북 승탑이 도괴되는 등 인위적 요인에 의한 훼
손사례는 빈번하게 발생하고 있는데, 이는 석조문화재가 야외나 산속에 위

---

17 1997년 등산객의 부주의를 발생한 산불로 인해 회암사지 선각왕사비가 전소된 이후
    보존처리를 거쳐 복원하였다. (관련기사는 2006. 3. 7. 현대불교, 2006. 3. 21. 법보신문,
    2008. 4. 29. 주간동아 등이다.)

치하고 있어 관리가 미흡한 것도 큰 원인이다. 문화재 도굴[18]은 현재에도 계속 발생하고 있는데, 한번 도굴 당한 문화재가 다시 도굴되기도 하고 있어 철저한 관리와 주의가 요구되고 있으며 도굴로 훼손된 부분이나 재처리 된 부분을 표기하여 문화재안내판에 기록하는 등의 방법으로 인식시켜 더욱 주의 할 수 있도록 해야 한다는 방안도 제기되고 있다. 또한 관람객에 의한 낙서와 오물 투기도 끊이지 않고 발생하는 문제점이므로 관람자세 개선도 요구된다.

한편 과거의 열악한 보수방법, 수리시기의 경과, 잘못된 복원으로 인하여 석재의 손상이 가중되어 원형이 변형된 경우도 있다. 그러나 전근대적 보수재료를 사용한 경우와 원형이 변형된 경우는 수리복원이 매우 힘들다.[19] 경주 남산 삼릉계 석조여래좌상도 결실된 두상頭像 일부를 시멘트모르타르로 복원하였는데, 형태가 형식적이고 색감이 원부재와 이질감을 주고 있어 원형을 크게 왜곡시키고 있다.

현재 실시하는 보수는 가역적可逆的이어야 하는데, 그렇지 못할 경우 경

---

18 도굴, 불법해체 등으로 인한 인위적 훼손은 일제 강점기에 가장 빈번하게 이루어졌다. 특히 석조문화재의 불법반출은 짧은 시간에 이루어지기 때문에 해체 및 운반 과정에서 많이 훼손되었다. 예를 들어 경북 월성군 정혜사지십삼층석탑(국보 제40호)은 1911년 불법반출 되려다 마을 사람들의 제지로 실패하였는데, 이때 해체된 상륜부를 포함한 3개층 부재들은 복원되지 못하고 한동안 땅에 내려진 채로 보관되었다고 하며, 그때 상륜부는 소실되었다고 한다. 또 탑이나 부도는 내부의 사리장치를 가져가기 위해 도굴하는 경우가 많았는데, 1930년대 중반에 현화사칠층석탑도 천둥치는 밤에 다이너마이트로 탑신을 폭파하고 내부의 사리장치를 갈취해 가는 사건도 발생하였다. (이구열,『한국문화재 수난사』, 돌베개, 1996, pp.117~118참조)

19 최석원·이찬희, 앞의 책(주 44), pp.239~241 참조.

140 잘못된 보수로 이질감발생
-경주원원사지삼층석탑

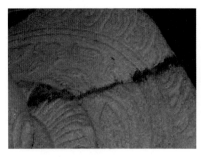

141 잘못된 보수로 이질감발생
-남원 만복사지 석조여래입상

142 과거에 보수한 보수재료 분리
-경주 나원리 오층석탑

143 보수재의 풍화로 인한 사질화
-경주 고선사지 삼층석탑

주 나원리 오층석탑과 같이 과거 보수한 부분의 물질이 표면에서 떨어지면서 원 암석과 이질감을 일으켜 시각적으로 문화재가치를 저하시키기도 한다. 또 고선사지삼층석탑과 같이 보수물질에 의한 암석의 용해작용으로 박리와 사질화가 발생되기도 한다.

이와 같이 인위적 훼손요인으로 과거에 사용한 고임편 등 부속재료의 노화老化를 들 수 있다. 여러 부재간의 조립으로 구성되는 석조문화재의 경우에는 부재간의 수평맞춤을 위해 과거에는 철편을 고였는데, 오랜 세월이 지나면서 녹이 슬어 녹물이 석조물 표면으로 흘러 내리거나 부식된 경우이다.

144 고임편 부식-구례 연곡사 동 승탑비

145 고임편 부식-진주 묘엄사지 삼층석탑

원주 영전사지 보제존자탑, 함양 승안사지 삼층석탑, 구례 연곡사 동 승탑
비에서 보듯이 고임철편의 녹이 발생하여 부재 표면까지 오염시키는 훼손
이 발생하였다. 이처럼 부속재료의 노화는 찰주, 고임편, 결구장치인 은장
등에서도 발생된다.[20]

20 부재간의 수평맞춤이나 기타 보강을 위한 고임편은 과거에 무쇠를 주로 사용하였는데,
무쇠는 가공이 용이하고 쉽게 구할 수 있는 재료이므로 보편적으로 사용되었다. 그
러나 오랜 시간이 지나 무쇠는 공기와 수분의 영향으로 산화하면서 녹물발생, 석재
풍화 가속 등의 훼손을 야기 시키기 때문에 현대에는 녹이 슬지 않는 재질로 교체하
는 추세이다. 그러나 너무 강도가 강할 경우에는 부재의 무게하중을 흡수하지 못해 고
임편이 있는 부분의 부재에 균열이 발생할 수도 있기 때문에 적당한 강도가 요구된다.
무쇠를 대체할 수 있는 재질로 스테인레스 스틸, 티타늄, 강화플라스틱 등에 대한 물성
조사와 비교실험이 실시된 바 있는데, 실험결과 스테인레스 스틸이나 티타늄이 내
식성이 강하고 물성이 우수하고 밝혀져 사용이 권고되고 있는 추세이다. (김사덕, 「석
조문화재의 과학적보존」『문화재관리자교육』 문화재청, 2001, p.140 참조)

5. 구조적 요인

앞서 언급했듯이 석조문화재는 주로 여러 개 부재간의 결합으로 이루어 지는 경우가 많기 때문에 보존에 있어 구조적 안정이 필수적이다. 그러나 오랜 시간이 지나면서 부재들이 약화弱化되거나 훼손되어 부분적인 침하沈 下, 부재결합 이완 등이 발생하고 이는 심할 경우 붕괴로 이어지기도 한다. 특히 주변에 도로가 있을 경우 차량 통행 시 발생하는 진동[21]이나 지진은 구 조적 불안정의 원인이 되어 훼손을 발생시킨다. (그림146~그림153)

영주 가흥동 마애여래 삼존상 및 여래좌상은 2003년 6월 28일 집중호우 가 발생되었을 때에 암반이 붕괴되어 불상조각이 크게 훼손 될 뻔하였다. 주변에는 아파트가 생기고, 마애불 앞으로 도로가 개설되어 대형차량 운행 이 빈번함에 따라 암반이 허용치 이상의 진동의 영향을 받아 약화된 상태였 는데, 집중호우가 발생했기 때문에 붕괴로 이어지게 되었다.[22]

보물 제545호인 홍천 물걸리 삼층석탑은 탑신이 전체적으로 기울어져 있

---

21 도로에 인접한 석조물이 차량진동에 의해 훼손된 예로 경주 첨성대가 부분침하가 발 생하여 주변으로 차량통행을 금지하였다. 또 담양석당간은 붕괴위험이 있어 도로에 방지턱을 설치하여 차량이 서행하도록 하고 대형차량은 우회하도록 하고 있다.

22 2004년에는 가흥리 마애삼존불상의 구조안전진단이 실시되었다. 구조안전진단에서 는 마애불상으로부터 약 20m 거리에 있는 국도 28번 도로의 시간별 차량통행량을 조 사하였는데, 마애불상이 받는 진동영향과 차량통행량은 비례관계를 보이며, 중·소형 차량보다는 대형차량에 의한 진동영향을 더 크게 받는 것으로 나타났다. (「가흥리 마 애삼존불상주변 정밀구조안전진단」, 공주대학교 문화재보존과학연구소, 2004, 참조)

146·147 기울어짐-홍천 물걸리 삼층석탑　　　148 부재이격-원주 법천사지 지광국사탑비

는데 이는 기단부 중심이 침하沈下[23]하여 구조불안이 발생한 것이다.[24](그림 146, 147) 이와 같은 기울어짐은 문화재의 해체, 이전, 잘못된 주변정비에 의해서도 발생하는 데, 지반다짐이 약할 경우 지대석의 침하를 초래하기도 한다.

또한 국보 제59호인 원주 법천사지 지광국사탑비처럼 부재사이의 이격離

---

23 침하란 가라앉거나 꺼져 내린 것을 말하는 데, 석조문화재에 있어서는 지반이나 부재가 내려 앉아 구조적으로 불안정한 상태가 되는 것을 지칭한다.
24 2005년 조사에 따르면 물걸리삼층석탑은 북동쪽으로 2도 기울어져 있었다고 한다, 지대석이 어긋나 있어 하대석과 하대갑석의 블록이탈이 심하다고 조사되었다. (『석조문화재보존관리연구』강원도, 경기도, 추가지정 및 누락분 석조문화재 현황조사, 국립문화재연구소, 2005, p.972 참조)

149 편하중으로 균열발생-예천 개심사지 오층석탑　　　150 절리-파주 용미리 석불입상

隔[25]이 발생하여 기울어지는 경우도 있다. (그림148)

　주로 석불에서 발생하는 내부의 절리[26]와 균열[27]은 암석풍화가 구조적으로 불안정을 일으키면서 나타나는데 파주 용미리 석불입상(사진150)은 수직절리와 수평절리가 발생하여 불안정한 상태를 보이는 경우이며, 이천 영월암 마애여래입상과 같이 기반암의 절리로 인해 도괴가 우려되기도 한다.

　그 외에도 하절기 집중호우 시 석조물 주변 토양이 유실되어 구조 붕괴가 우려되기도 하고, 하천에 인접해 있는 경우에는 수몰水沒로 도괴될 수도 있다. 이러한 경우에 대비하여 주기적인 경계와 관리를 강화하고, 주변토양을 다지는 등 토양유실을 방지할 수 있도록 미리 예방조치를 해야 한다. 또한

25　이격은 사이가 벌어지는 것인데, 내부 적심물 유출이나 편하중 등으로 주로 이격이 발생하여 구조적으로 불안정하게 된다.

26　절리는 암석에 외력이 가해져서 생긴 금을 말하며 단층과 달리 금을 경계로 양쪽의 전이는 일어나지 않는다. 퇴적암의 경우는 판상절리, 화성암의 경우에는 방상절리·판상절리·주상절리 등이 생긴다.

27　균열은 외부의 힘이나 기온차에 의한 부피변화 등 여러 가지 요인에 의해 갈라져 터진 것을 말한다.

양양 선림원지 삼층석탑에서와 같이 연약한 지반으로 지대석이 침하되는
경우도 있다.

151 구조 불안정
-충주 미륵리석조여래입상 석실

152 기반암의 절리, 도괴위험
-이천 영월암 마애여래입상

153 부재이격, 기단부 침하로 구조불안정
-양양 선림원지 삼층석탑

04. 석조문화재
현황 및 보수통계

1. 현황

과거부터 현재까지 실시된 보수에 대한 전반적인 통계를 살펴보기에 앞
서 한국 석조문화재는 유형별, 지역별로 어떻게 분포되어 있는 지 전체적인
현황에 대해 먼저 살펴보도록 하겠다. 문화재청에서는 매년 12.31. 기준으
로 문화재 현황 등 문화재관리 현황을 발표한다

본장에서는 석조문화재의 유형별, 지역별 현황은 통계로 본 문화유산
2017(2017.12.31.)자료를 기본으로 정리하였고 구성석재별 현황과 보존상태별
통계는 매년 현황이 바뀌지 않기 때문에 2001년부터 2005년 국립문화재연구
소가 주관하고 한국문화재보존과학회가 조사한 자료를 바탕으로 정리하였다.

1) 유형별

2017년 현재 전국의 석조문화재는 국보 72기, 보물 501기로 총 573기가 국
가지정문화재로 보존되고 있다. 한국 지정 문화재 가운데 석조문화재가 많은
비중을 차지하는 것은 우리나라가 풍부한 화강암을 바탕으로 하고 있어 석조
문화재의 조성이 용이하였기 때문이다. 뿐만 아니라 불교가 국교로써 국가의
지원 속에 많은 조형물들이 조성될 때 숭배禮拜·신앙信仰 대상이나 장엄물

등으로 석조조형물이 다수 조성되었기 때문이다. 또 수차례의 전란戰亂으로 지류나 목재류 등의 문화재가 소실되었던 것에 비해 석재의 내구성이 강하여 현존할 수 있어 지정문화재 가운데 많은 건수를 차지하고 있는 것이다.

현존하는 국보, 보물의 중요석조문화재를 살펴보면 탑은 192기(33.5%)로 가장 많은 수를 차지한다. 불교적 종교물을 조성할 때 시대에 상관없이 탑과 불상은 지속적으로 만들어 졌기 때문에 탑과 석불의 조성 비례가 가장 높은 것으로 해석된다. 또 불상은 석조 외에도 목조木造, 소조塑造, 철조鐵造, 건칠乾漆 등 다양한 재질로 조성된 데 반해 탑은 주로 석조石造로 조성되었기 때문에 수량이 가장 많은 것이다. 탑(33.5%) 다음은 133기(23.2%)의 불상이 가장 많이 현전하고 있으며, 비는 73기(12.7%), 승탑은 60기(10.5%), 당간은 28기(4.9%), 석등은 25기(4.4%), 기타는 62기(10.8%)이다. (그림154)

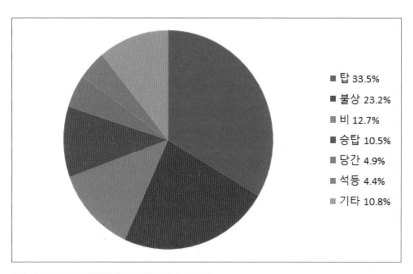

154 유형별 석조문화재 현황(2017년 현재 총 573기)

2) 지역별

석조문화재의 지역별 분포에서 지역은 현행 행정구역을 기준으로 하여
1개 특별시(서울특별시), 6개 광역시(인천, 대전, 대구, 울산, 부산, 광주), 9개 도
(경기도, 강원도, 충청북도, 충청남도, 경상북도, 경상남도, 전라북도, 전라남도, 제주
도)로 분류하여 통계를 작성하였다. (표 4, 그림155)

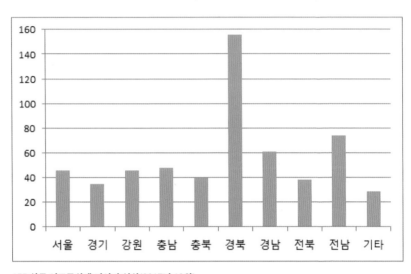

155 한국 석조문화재 지역별 현황(2017년 12월)

표 4. 한국 석조문화재(국보, 보물) 지역별 현황(2017년 12월)

	서울	부산	대구	인천	광주	대전	울산	경기	강원	충북	충남	전북	전남	경북	경남	제주	계
국보	9	0	0	0	1	1	2	1	4	7	5	3	8	27	4	0	72
보물	37	1	13	2	3	0	5	34	42	33	43	35	66	129	57	1	501
계	46	1	13	2	4	1	7	35	46	40	48	38	74	156	61	1	573

통계분석 결과 경주를 포함한 경북지역이 156기로 가장 많고 전라도, 충청도 순이다. 이처럼 경주를 포함한 경북지역의 석조문화재가 가장 많은 이유는 불교가 국교로 숭상 받던 통일신라시대의 고도古都로써 사찰이 많고, 찬란한 불교 예술품이 다수 조성되던 지역이었기 때문이다.[1]

전남과 전북은 각각 74기와 38기로 경상도 다음으로 많은 석조문화재를 보유하고 있는데 이 지역의 불교조형물은 지리산과 가지산을 중심으로 활발히 조성되었다. 지리산은 화엄사를 중심으로 연곡사, 쌍계사, 실상사 등의 사찰에 석조물이 분포되어 있고 장흥을 중심으로 한 가지산은 보림사와 인근에 쌍봉사가 건립되어 이를 중심으로 석탑, 석불, 부도, 석등 등 사찰의 건립에 따르는 모든 석조물이 건립되었음을 알 수 있다.[2]

서울지역의 석조문화재는 46기이지만 이들 중 일부는 일제강점기와 그 이후 훼손과 도굴 등의 이유로 서울로 이전되었으며 현재 박물관등에 소재하고 있다.

3) 구성석재별

근래에는 석조문화재의 구성석재를 분석하여 석재의 원산지를 찾는 연구가 활발하게 진행되고 있다.[3] 이는 석조문화재 보수 중 결실부 복원에 있

---

1 통일신라시대의 古都였던 경주지역은 佛敎가 번성하여 寺刹建立과 조형물 조성이 많았음은 『三國遺事』에서 경주의 모습을 '寺寺星張 塔塔雁行(절은 밤하늘의 별처럼 많고, 탑은 기러기 행렬과 같다)' 이라고 기록한 데서 잘 나타난다. (『三國遺事』, 권3, 原宗興法 條 참조)
2 박경식, 『통일신라석조미술연구』, 학연문화사, 2002, pp.39~47.
3 석재의 원산지를 찾는 연구는 석조문화재의 암석과 채석지 암석의 지질학적 조사분석

어 동일(혹은 유사)암석으로 대체할 때 매우 중요한 자료가 된다.

2001년부터 2005년까지의 조사연구에서도 석조문화재의 구성석재에 대한 연구가 진행되어 기연구旣硏究에서 통계분석 된 바 있는데, 구성석재는 성인형成因形에 따라 화성암, 퇴적암, 변성암으로 분류하였다. 화성암은 화강암, 화강섬록암, 섬록암, 안산암, 각섬암, 유문암, 규장암, 반려암, 반암, 빈암, 섬장암, 조면암, 현무암, 회장암이 포함되며, 퇴적암은 사암, 응회암, 석회암, 각력암, 세일, 역암, 각력응회암이 포함된다. 변성암에는 화강편마암, 점판암, 대리암, 혼펠스, 편마암, 변상변정질편마암, 안구편마암, 호상편마암, 천매암이 있다. (표5)은 구성석재 종류에 따른 대표적인 석조문화재의 예이다.

한국 석조문화재는 전체 구성의 약 84%가 화성암으로 조성되었으며, 변성암과 퇴적암이 약 8%를 차지한다. 화성암 가운데에는 화강암이 70%를

을 통해 이루어지고 있다. 최근에는 부여정림사지오층석탑, 미륵사지석탑, 불국사, 석굴암 등의 석조물에 사용된 석재의 원산지를 찾는 연구가 육안조사, 전암대자율조사, 미량원소, 희토류원소, 불이동성원소 등의 조사 · 분석을 통해 이루어졌다.
연구결과, 부여정림사지오층석탑의 암석은 반상흑운모화강섬록암으로, 강경 서북부 근처의 산지에서 채석되었음이 밝혀졌다. (이찬희 · 김영택 · 이명성, 「부여 정림사지오층석탑 구성암석의 원산지 추정」, 『지질학회지』 제43권 2호, 2007, pp. 183~196 참조)
또한 익산 미륵사지석탑에 사용된 석재는 사지 근처의 彌勒山에서 채석하였을 것으로 추정되기도 하였다. (조기만 · 좌용주, 「석조문화재의 석재공급지에 관한 연구-익산 지역에 대한 지형학적 암석학적 접근-」2005, pp. 24~37 참조)
석굴암의 암석은 토함산 화강섬록암에서 채취되었다고 추정되었으며, 불국사의 암석은 대부분남산화강암으로 사용하였고, 부분적으로는 토함산 화강섬록암을 사용하였다고 연구되었다. (좌용주 · 이상원 · 김진섭 · 손동운, 「경주 불국사와 석굴암의 석조 건축물에 사용된 석재의 공급지에 대하여」, 『지질학회지』 36권, 3호, 2000, pp. 335~340 참조)

차지하고 있다[4].

한국은 지질 특성상 약 50%가 변성암류이며, 약 30%가 화성암류, 약 20%가 퇴적암류이다. 그러나 한국 석조문화재의 주류를 이루는 화강암은 변성암이나 퇴적암의 기반암에 비해 노두露頭[5]에 드러나 있어 채석이 쉬웠기 때문에 많은 비중을 차지하고 있다고 해석된다.[6]

현존하는 석조문화재의 경우 유형별 구성석재는 화강암이 모두 50%이상을 차지하고 있다.[7]

---

4 전병규 외, 앞 논문 참조.
5 露頭는 암석이나 지층이 흙이나 식물 등으로 덮여 있지 않고 지표에 직접적으로 드러나 있는 곳을 말한다.
6 한반도의 지질사에서 큰 지각변동이 많았던 중생대(대부분 쥐라기와 백악기)에 세 번의 커다란 화산활동이 있었는데, 이로 인하여 화산활동에 의해 오늘날 한반도를 구성하는 대부분의 지각이 형성되었다. 화성암은 지각운동에 의해 지표에 노출되거나 지표 가까이에 있어 채석이 쉽다는 것은 화강암 문화재가 많은 원인일 것이다. 화강암은 퇴적암이나 변성암과 달리 방향성이 없고, 밀도가 균질하여 조형물 제작에 적합하였기 때문에 한국에 화강암으로 조성된 석조문화재가 많은 것은 당연하다 하겠다.
7 이 중 석탑은 화강암이 127기로 약 69%이다. 석비는 화강암이 43기로 약 63%, 석불은 화강암이 66기로 약 75%이다.

표 5. 구성석재별 대표적인 석조문화재

구성석재			예
대분류	중분류	소분류	대표적인 석조문화재
화 성 암	화강암류	화강암	불국사다보탑, 석굴암석굴, 삼천사지 마애여래입상, 경주첨성대
		흑운모화강암	부여정림사지오층석탑, 서산마애 삼존불상, 고선사지삼층석탑, 지지사 비로전앞삼층석탑
		각섬석화강암	옥구발산리석등, 월출산마애여래좌상, 금산사오층석탑, 쌍봉사철갑선사탑비
		각섬석흑운모화강암	태평흥국명마애여래입상, 안성죽산리오층석탑
		홍장석화강암	표충사삼층석탑, 용연사석조계단, 창녕술정리동·서삼층석탑, 영암사지쌍사자석등
		우백질화강암	부석사삼층석탑, 월남사지석탑, 대흥사응진전전삼층석탑, 합천치인리마애불입상
	섬록암류	화강섬록암	부여정림사지석불좌상, 안동석빙고, 구미황산동마애여래입상
		각섬석화강섬록암	영동반야사삼층석탑, 영동신항리삼존불입상
		섬록암	진전사지삼층석탑, 마곡사오층석탑, 함안대산리석불, 소태리오층석탑
	안산암류	안산암	경주서악리마애불상, 개선사지석등
	유문암류	유문암	선운사도솔암마애불, 태화사지십이지신상부도
퇴 적 암	사암류	사암	단양적성신라비, 진양효자리삼층석탑, 현일동삼층석탑
		함력질사암	도리사석탑, 지보사삼층석탑, 영천화남동석불좌상
		역질사암	봉감모전오층석탑
	응회암류	응회암	월성골굴암마애여래좌상
		유문암질응회암	보림사삼층석탑 및 석등, 보림사보조선사창성탑, 운문사석조여래좌상
		각력질응회암	금오산마애보살입상
	석회암류	석회암	정암사수마노탑, 신륵사보제존자석종비
	셰일류	셰일	서봉사현오국사탑비
		흑색셰일	보경사원진국사비
	역암류	역암	보성우천리삼층석탑
변 성 암	편마암류	화강편마암	대원사다층석탑, 법계사삼층석탑, 단속사지동, 서삼층석탑
		흑운모화강편마암	담양읍석당간
		편마암	예산화전리사면석불
		메타테틱편마암	선산죽장동오층석탑
		반상변정질편마암	보성유신리마애여래좌상
		안구편마암	당유인원기공비
		페크마타이트질편마암	연곡사삼층석탑
		호상편마암	개령암지마애불상군
	대리암	대리암	원각사지십층석탑, 신륵사다층석탑
	혼펠스	혼펠스	울산대곡리반구대암각화, 방어산 마애불, 쌍계사진감선사대공탑비

4) 보존상태별 통계

2001년부터 2005년의 조사연구에서는 석조문화재의 보존상태가 풍화정도, 생물분포 피해정도, 구조안정성 정도에 따라 등급이 산정되어[8] 이를 참고하였다.[9] 암석의 보존상태는 (표6)를 기준으로 하여 분류되었다.

표 6. 암석의 보존상태 기준

등급	풍화상태	생물분포	구조안정성
0	신선한 암석	-	-
1	대단히 미약한 풍화	대단히 미약	아주 안전
2	미약한 풍화	미약	안전
3	보통	보통	보통
4	정기점검 필요	정기점검 필요	정기점검 필요
5	정밀진단 필요	정밀진단 필요	정밀진단 필요

보존상태에서는 3등급이 가장 많이 차지한다. 3등급의 풍화상태기준[10]은 중간풍화의 단계로 암석이 상당히 많은 부분이 변색되어 있는 상태이다. 절리에 있어서는 절리면 안쪽까지 변질되어 있고 강도는 신선한 암석과는 쉽게 구분된다. 특히 흑운모와 사장석의 풍화가 많이 진행된 상태를 말한다.

8　보존상태에 대한 등급은 과학적 기준으로 작성된 것이 아니라 조사자들의 현장 조사 시 육안판단에 의해 이루어 졌기 때문에 다소 주관적일 수 있을 것으로 생각된다. 또한 2007년 현재는 훼손이 더욱 진행되어 조사 당시의 현황과 차이가 있을 수 있다.
9　보존상태에 관한 내용은『석조문화재 보존관리 연구』(국립문화재연구소, 2001년~2005년)에서 발췌하여 정리하였다.
10　석재풍화에 대한 분류는 본 장의 (표 6)에 등급별로 정리하였다.

또한 생물분포의 3등급은 지의류나 이끼류가 암석표면의 40~60%정도 피복되어 있는 상태를 뜻하고, 구조안전성 3등급은 구조적으로 붕괴의 위험은 없으나 일부 부재의 간극이 벌어져 원위치에서 이탈되어 있는 상태로 구분된다.

이와 같은 보존상태 3등급은 즉시 보수가 필요하다기 보다는 훼손 상태를 주기적으로 점검하고, 훼손을 일으킬 수 있는 주변 환경정비를 해주는 것이 필요하다. 야외에 위치한 석조물의 훼손은 신선한 암석인 보존상태 1등급이나 2등급에서는 훼손이 더디게 진행되지만 3등급 이상의 상태에서는 암석자체가 열화되어 있으므로 주변 환경조건에 따라 훼손진행이 가속화 될 수 있다. 그러므로 미리 예방적 조치가 필요한 것이다.

풍화상태에서 가장 많은 3등급은 약 44%를 차지하고 있으며, 정밀진단이 필요한 5등급은 약 8%정도에 해당한다. 생물분포는 3등급이 약 30%를 차지하고 있으며, 정밀진단이 필요한 경우 5등급은 약 9%에 해당한다. 구조안정성도 3등급이 약 53%를 차지하고 있으며, 정밀진단이 필요한 5등급은 약 3%에 해당한다. 종합적으로 살펴볼 때 한국 석조문화재 훼손상태는 3등급이 가장 많고, 정기점검이 필요한 4등급이 다음 순이었다. 그러므로 4등급이상의 대상은 특히 주의 관찰해야 할 것이다. (표7, 그림156)

표 7. 보존상태별 현황

분류	등급	전체비율(%)[11]
풍화상태	5	약 8%
	4	약 28%
	3	약 44%
	2	약 15%
	1	약 2%
	조사불가	약 3%
생물분포	5	약 9%
	4	약 19%
	3	약 31%
	2	약 17%
	1	약 22%
	조사불가	약 2%
구조안정	5	약 3%
	4	약 19%
	3	약 52%
	2	약 21%
	1	약 3%
	조사불가	약 2%

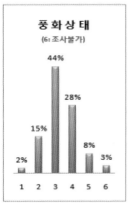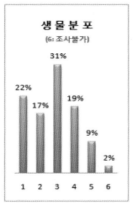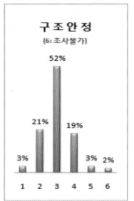

156 보존상태별 현황 그래프

11 소수점 이하 자리는 반올림, 반내림 하였다. 비율은 풍화상태, 생물분포, 구조안정별
    비율 100% 중 해당 등급이 차지하는 비율은 의미한다.

2. 보수 통계[12]

　석조문화재의 보존을 위한 노력은 과거부터 계속되어 왔고 일제강점기와 해방 후 근대에도 이루어져 왔지만 1980년대 이전까지는 주로 일제강점기 문화재 약탈에 관한 일부 기록[13]과 응급 보수내용이 미술사학자들의 논고와 구술口述에 의해서만 전해지고 보고서와 같은 기록, 자료의 형태로 현존하는 것이 많지 않다.[14] 과거에는 기록의 중요성에 대한 인식이 부족하였고, 또 기록되었다 하더라도 지금과 같이 체계적인 양식을 갖추지 못했을

12　보존과학 분야에서 보수는 '보존처리, 수복, 보수, 복원' 등 여러 가지 용어로 혼용되고 있는데, 본 연구에서는 '보수'라고 지칭하였다. '수복'은 일제 강점기시대에 사용하던 개념의 용어이며, '보존처리'는 현재 보존과학 분야에서 주로 사용하는 것으로 훼손 부분에 대한 처리의 의미가 크다. 그러나 본 연구에서는 훼손부분의 처리 뿐 아니라 주변환경 정비, 모니터링, 예비조사 등 보존 전반에 걸친 작업을 언급하고 있기 때문에 보다 광범위한 용어로써 '보수'를 사용하였다. 사례분석이 위주인 본 연구는 보수현장에서의 현장사례를 대상으로 하기 때문이다.

13　다음과 같은 책에서는 일제 강점기시대 일인들에 의한 문화재약탈과 반출, 도굴 등으로 훼손된 문화재들에 대해 정리되어 있다.
이구열, 『한국문화재 수난사』, 돌베개, 1973.
이순우, 『제자리를 떠난 문화재에 관한 보고서』, 하늘재, 2002.
정규홍, 『석조문화재 그 수난의 역사』, 학연문화사, 2007.

14　1970년대까지는 보수 기록이 현존하지 않는 경우가 많고, 기관별 자체보고서도 협조가 어렵기 때문에 전체적인 현황 파악이 어려움이 있었다. 1960년~1970년대의 보수이력을 기록한 『문화재수리목록』등과 같은 자료들은 구체적인 내용 없이 간략하게 보수일시와 처리 내역만 전하고 있어 당시 현황을 상세히 이해하는 데 한계가 있다. 또 기록에서는 '해체공사, 해체복원, 보수복원, 조립복원' 등 여러 가지 용어가 혼용되어 사용되고 있어 정확한 작업 내역 이해에 어려움이 있으며, 현재 주요 보존처리 공정인 세척, 예비조사 등도 과거에 이루어졌을 것이나 당시에는 주요 과정으로 인식되지 않아 기록에서 생략되는 경우도 있었다. 이러한 한계들로 인해 1960년~1970년대의 보수현황에 대한 분석은 한계가 있으며 앞으로 누락된 자료의 발굴로 계속 보완해 나갈 계획이다.

것이며, 전해지는 동안 소실된 경우도 많기 때문일 것이다. 당시 보수 후에 보수사유, 수리 전 후 상태에 대해 기록을 했다면 보수 시 재료와 방법을 후대에 올바로 알고 상황에 맞는 적절한 보존조치를 취할 수 있을 뿐 아니라, 원형에 대한 논란도 줄일 수 있다.

석조문화재 보수에 대한 이력은 일제 강점기시대부터 출발하며, 그 시대의 기록은 문화재수난사로부터 전해진다. 이 시기는 일본인들이 사리장엄을 도굴하기 위해 많은 탑과 부도를 도괴盜魁시켜 이를 복원한 것이 주된 보수였다.[15] 그 이후 1950년 중반까지는 한국전쟁과 일반인의 무관심, 도굴에 의한 문화재의 훼손도 심하였다. 해방 이후 전란을 겪으면서 국가재건과 민생안정에 치우쳐 문화재에 대한 관심을 갖기가 어려웠을 것으로 판단되며 기록도 거의 없다.

1950년대 후반부터 석탑을 중심으로 수리기록이 남아있는데 이때부터

---

15 일제 강점기를 지나면서 도굴범들에 의해 탑과 부도가 도괴된 사례는 무수히 많다. 경주 남산의 용장사지삼층석탑(보물 제186호)은 1922년 탑 내 보물탈취를 목적으로 도괴되어 옥개석, 탑신 등이 모두 흩어져 떨어지고 기단 양측이 깨져 1923년에 복원되었다. 그러나 1932년 다시 파괴되어 같은 해 11월 복구하였다고 한다. 1922년 도괴 시 상륜부가 소실되고, 탑신이 파손되었다고 전한다.
경주장항리오층석탑도 도굴범에 의해 1925년 도괴되어 계곡에 부재가 흩어져 있었다가 1932년 복원되었다.
경주 정혜사지십삼층석탑은 1911년~1912년경에 탑 안의 보물과 상륜부가 도굴되면서 탑이 도괴되었다. 1922년에 붕괴된 탑을 복원하고, 기단은 시멘트로 수리하였다고 한다. 그러나 1968년 2월 28일 다시 도굴되려다 미수에 그쳤고, 1998년 9월 2일에도 도굴되려다 미수에 그쳤다. 이와 같이 탑이나 부도 등은 특히 내부의 사리장엄물을 탈취하기 위해서 도괴되는 경우가 빈번하였으며 정혜사지탑과 같이 여러 차례 도굴되기도 하였다. 이와 같은 석조문화재 수난사는『석조문화재 그 수난의 역사』(정규홍, 학연문화사, 2007)에 많은 사례들이 언급되어 있어 참조하였다.

전반적으로 국가가 다소 안정되어 문화재에 대한 관심을 갖게 되었을 것이다. 1960년대~1970년대 이루어진 보수작업은 기록이 미비한 가운데,『문화재위원회 회의록文化財委員會 會議錄』이나『문화재수리보고서文化財修理報告書』등을 통해 현황을 살펴 볼 수 있다. 그러나 일부 연도의 자료는 누락되어 있어 통계를 내는 데 있어 부족함이 있다.

분석된 자료를 통하여 1961년부터 2016년까지 석조문화재 보수의 전체적인 현황(표8)을 파악한 결과, 573기의 석조문화재가 총 1,072건의 보수작업이 이루어졌음을 알 수 있다.

표 8. 1961~2016년까지의 보수통계

	탑	승탑	불상	비	석등	당간	기타	합계
1961년	4		0				0	4
1962년	4		0				0	4
1963년	1		0				2	3
1964년	1	1	1	1	1		1	6
1965년	7		0	2	2		1	12
1966년	5	1	0	2		3	1	12
1967년	5		1				1	7
1968년	8	2	1	1			0	12
1969년	1	2	2				1	6
1970년	4		0	2	1		3	10
1971년	15		6	6	3		1	31
1972년	8		0	1		1	0	10
1973년	17	1	3		1	2	0	24
1974년	11	6	3	5		3	2	30
1975년	8	2	4	4		1	0	19
1976년	1		2	1			1	5
1977년	1		1		1		3	6
1978년	5	2	3	3		1	0	14
1979년	7	3	7	9	1		2	29
1980년	10	2	1	1	2	1	1	18

	탑	승탑	불상	비	석등	당간	기타	합계
1981년	3	1	0	5	1	3	3	16
1982년	2	1	3	1			2	9
1983년	4	1	2			1	0	8
1984년	4	2	2	2			1	11
1985년	0	1	0				1	2
1986년	2	2	3	1			3	11
1987년	1	1	1	2			1	6
1988년	3		4		2	1	0	10
1989년	8		3	1	2		2	16
1990년	3	1	6	1		1	0	12
1991년	4		2		1	1	0	8
1992년	4	3	4	5	1		1	18
1993년	4		7		2		1	14
1994년	2	7	10	2	1		1	23
1995년	13	1	8	1			1	24
1996년	16	1	9	2	1	1	1	31
1997년	14	4	7	4			1	30
1998년	7	1	7	5	1		1	22
1999년	11		11	5		1	0	28
2000년	24	3	17	6	1	1	2	54
2001년	11	3	8	3	2	1	1	29
2002년	14	2	7	2			2	27
2003년	14	1	6			2	2	25
2004년	22	5	7	4	1	2	2	43
2005년	23	1	6	3	2	1	5	41
2006년	17		11	4	2	1	4	39
2007년	14	1	2		3	2	1	23
2008년	6	3	9	8	1	1	2	30
2009년	13	1	8	3	1	1	2	29
2010년	9	4	5	4	2		2	26
2011년	13	1	9	2	1		1	27
2012년	10	2	9	5	2		2	30
2013년	12	6	13	3	1	3	3	41
2014년	15	2	3	5		3	5	33
2015년	7		3	2			1	13
2016년			1				0	1
합 계	452	84	248	129	43	39	77	1072

1,072건의 보수건수는 국보, 보물 등의 국가지정문화재의 사례만을 조사한 것이므로, 시도지정문화재까지 포함한다면 더욱 많은 건의 사례가 있었을 것으로 추정된다.

본 장에서는 전체적인 보수현황을 유형별, 지역별, 연도별로 구분하여 자세히 살펴보도록 하겠으며, 보수는 시공형태에 따라 해체복원, 보존처리, 환경정비, 기타로 분류하였다. 해체복원은 문화재를 해체 조립하는 전반적인 시공을 의미하며, 보존처리는 세척, 접착 및 보강, 원형복원 등의 부분적인 처리를 의미한다. 환경정비는 주변 수목 정비나 배수로 정비, 보호책 설치, 보호각 설치 등 환경개선을 위한 시공을 의미하며 기타는 모형제작이나 기타를 포함하고 있다.

1) 유형별

1961년부터 2016년까지 보수는 총 1,072건이 실시되었고, 그 통계를 유형별로 살펴보면 탑이 540건(50.3%), 불상이 247건(23.1%), 비가 126건(11.7%), 석등이 43건(4.0%), 당간이 39건(3.6%), 기타 77건(7.2%)으로 탑이 가장 많은 보수가 이루어졌다.

보수가 이루어진 건수의 정도는 석조문화재의 유형별 수량분포와 비례하고 있어서 많은 수량을 차지하는 문화재가 많은 건의 보수가 이루어졌음을 파악할 수 있다. (표9)에서 석조문화재(국보, 보물) 수량(573기)보다 보수건수가 1,072건으로 많은데, 이것은 하나의 대상에 여러 번의 보수가 이루어졌기 때문이다. 경주석굴암, 서울원각사지십층석탑과 같이 6회 이상 실시된 경우들도 있다.

표 9. 석조문화재 유형별 수량분포와 보수건수 비교

유형	수량(비율)	보수건수(비율)
탑	252기 (44.0%)	540건 (50.3%)
불상	133기 (23.2%)	247건 (23.1%)
비	73기 (12.7%)	126건 (11.7%)
석등	25기 (4.4%)	43건 (4.0%)
당간	28기 (4.9%)	39건 (3.6%)
기타	62기 (10.8%)	77건 (7.2%)
합계	573기 (100%)	1,072건 (100%)

탑은 해체복원이 가장 많았는데, 탑은 특성상 여러 매의 부재가 연결되어 구성된 조적체組積體이므로 내부적심內部積心 유출, 부재部材 이격離隔, 이탈 離脫 등의 작은 원인에도 도괴위험이 있기 때문이었다. 또한 접근이 쉬운 야 외에 위치하고 있고, 사리 등의 내부 장엄물을 봉안하기 때문에 도굴로 인 한 도괴도 빈번하다. 공주 청량사지 오층석탑과 칠층석탑도 1960년대 붕괴 되어 복원되었고, 석가탑은 1966년에 도굴로 도괴되어 1층 탑신 윗부분이 해체복원 되었다. 그 외에도 경주 무장사지 삼층석탑, 울주 청송사지 삼층 석탑 등이 1960년대, 부산 범어사 삼층석탑, 해남 대흥사 서산대사탑 등이 2000년대에 해체복원 되었다. 도굴로 인한 피해나 도굴미수피해가 있었던 대표적인 승탑으로는 여주 고달사지 승탑(1979년, 2002년), 구례 연곡사 북 승탑(1969년, 2001년), 서산 보원사지 법인국사탑(1968년, 2004년), 화순 쌍봉 사 철감선사탑(2004년) 등이 있다.

여러 부재의 결구로 이루어진 탑은 구조안정이 매우 중요한데, 이것은 내 부 적심상태에도 큰 영향을 받는다. 탑의 내부는 일반적으로 자갈, 흙, 강회 등을 혼합, 충전하여 다져지는데, 오랜 시간이 경과하면서 강우 등의 영향

으로 내부 충진물이 유실되고, 공극이 발생하여 상층 부재 침하로 이어지게
된다. 부재의 침하는 이격발생과 부재이탈에 영향을 미쳐 구조불안이 야기
되는 것이다. 진전사지오층석탑, 봉화서동리오층석탑, 청양 서정리 구층석
탑, 해남 대흥사 삼층석탑 등은 적심유출로 인한 구조불안으로 해체복원 되
었다. 또한 탑 주변 지하수위변동 등의 영향으로 지반이 약해져 보강을 위
해 해체, 보수하는 경우가 많다.

해체복원 다음으로는 환경정비가 많이 이루어졌다. 탑은 야외에 위치하
고 있어 접근이 용이하기 때문에 인위적 훼손을 방지를 위해 보호책을 설치
하거나, 수목제거, 배수로 정비, 보호각 설치 등 적합한 보존환경 조성이 필
수적이다. 환경정비는 1970년대에 충주 탑평리 칠층석탑, 부여 정림사지 오
층석탑, 안동 법흥사지 칠층전탑 등이, 1980년대에는 양양 진전사지삼층석
탑, 영양 산해리 오층모전석탑, 남원 만복사지 오층석탑 등이, 1990년대에
는 의성 탑리리 오층석탑, 익산 왕궁리 오층석탑, 당진 안국사지 석탑 등이
실시되었다. 2000년대의 환경정비는 경주 분황사 모전석탑, 안동 조탑리 오
층전탑, 동해 삼화사 삼층석탑 등이, 2010년대에는 원주 흥법사지 삼층석
탑, 김제 금산사 육각 다층석탑, 함양 승안사지 삼층석탑 등이 실시되었다.

석불의 경우 전체 247건 중 환경정비 119건(47.9%), 보존처리 110건
(44.3%), 해체복원이 10건(4%), 과학적 조사 2건(1%) 기타 6건(2.4%)으로 나
타났다. 석불은 탑과 달리 해체복원보다는 보호각 설치, 주변 수목정비, 배
수로 설치 등 환경정비가 47.9%로 가장 높게 나타났다. 기타는 이전을 포함
한다.

마애불을 포함한 석불은 대부분 몇 개의 부재 결합으로 조성되어 이격발

생, 기단침하와 같은 붕괴요소가 적어서 해체복원 보다는 부분적인 보존처리만으로 훼손요인을 제거·감소시킬 수 있기 때문이다. 또한 석불은 종교적 숭배의 대상이기 때문에 법당이나 보호각 등에 봉안하기 위한 공사가 많아 주변정비 건수에 반영되어 있다. 야외 암반에 위치한 마애불은 보호각을 설치하거나 수목정비, 배수로 설치 등 암반 보호를 위한 조치들이 취해지는 경우가 많으므로 환경정비 건수가 많았던 것으로 해석된다.

환경정비 중 암반의 풍화방지와 조각보호를 위한 보호각 설치의 예를 살펴보면 1960년대 서산 용현리 마애여래삼존상, 1970년대 봉화 북지리 마애여래좌상, 1980년대 경주 골굴암 마애여래좌상, 1990년대 해남 대흥사 북미륵암 마애여래좌상, 2000년대 구미 황상동 마애여래입상 등이 대표적이다. 그러나 봉화 북지리 마애여래좌상이나 해남 대흥사 북미륵암 마애여래좌상과 같이 보호각 설치 후에 새로운 문제들이 대두되어 철거, 보완하는 경우들도 있다.[16]

110건이 실시된 보존처리는 주로 세척, 균열부 접착 등이 이루어졌다. 1960년대에 이루어진 논산 관촉사 석조미륵보살입상은 균열부 접착과 시멘트모르타르 제거 작업이 이루어졌고, 1980년대에는 경주 배동 석조여래삼존입상, 경주 골굴암 마애여래좌상, 청양 읍내리 석조여래삼존입상의 균열부 접착처리가 실시되었다. 1990년대에는 경주 단석산 신선사 마애불상

16 보호각은 석조문화재를 강우, 바람 등으로부터 보호하여 풍화를 억제시키는 방안이지만 협소하거나 통풍이 안되는 경우 습도를 높여 오히려 보존에 악영향을 줄 수 있다. 따라서 보호각 건립에 대한 찬반논란도 많이 있다. 보호각에 관한 자세한 검토는 VI장(석조문화재 보수방법)에서 사례를 통해 알아보았다.

군의 세척작업, 남원 만복사지 석조여래입상의 절단부 접착이 있었으며, 2000년대에는 군위 아미타여래삼존 석굴의 강회 모르타르제거와 균열부 접착이 실시되었다.

석비의 경우 전체 126건 중 환경정비 53건(41.4%), 보존처리 47건(36.7%), 해체복원이 12건(9.38%), 과학적조사 2건(1.5%), 기타 12건(9.5%)으로 환경정비가 가장 많았다.

보호각 설치 등 환경정비가 41.4%로 가장 높은 것은 석비 재질材質이 대부분 글씨를 각자하기 쉬운 대리석, 사암, 점판암 등의 연질암석軟質巖石이어서 비, 바람 등 자연환경에 풍화를 받기 쉽기 때문이다.

대표적인 주변정비 사례는 1960년대 천안 봉선홍경가 갈기비 비각 보수공사, 1970년대 창녕 신라 진흥왕 척경비 보호각설치, 서울 원각사지 대원각사비 배수로 정비, 서산 보원사지 법인국사탑비 보호책설치, 1980년대 원주 법천사지 지광국사탑비 석축보수, 충주 고구려비 보호각신축, 1990년대 충주 억정사지 대지국사탑비 보호각신축, 문경 봉암사 정진대사탑비 보호각신축, 2000년대 사천 흥사리 매향비 주변정비, 강진 월남사지 진각국사비 주변 수목정비 등이 있다.

47건의 보존처리는 대부분 세척, 균열접착이었다. 점판암인 원주 법천사지 지광국사탑비의 경우는 표면균열과 마모가 진행 중이나 보호시설이 미흡하여 주기적으로 균열접착 처리가 실시되어 왔다. 1987년에도 에폭시수지를 이용하여 균열부의 접착이 이루어졌고, 2000년, 2004년, 2014년에도 반복되어 실시되었다.

서울 북한산 신라 신흥왕 순수비는 원위치에서 훼손이 심해 국립중앙박물관으로 이전하고, 2006년 모형제작을 하여 원 위치에 건립하기도 하였다.

당간지주의 경우는 전체 39건 중 해체복원 4건(10.2%), 보존처리 11건(28.2%), 환경정비 23건(%), 과학적 조사 1건(2.5%)으로 나타났다. 지주 해체복원으로는 안양 중초사지 당간지주(1999년), 익산 미륵사지 당간지주(1972년)가 있고 세척 및 강화처리로는 청주 용주사지 철당간(2006년, 2014년), 김제 금산사 당간지주(2013년), 영주 부석사 당간지주(2004년) 등이 있으며 청주 용주사지 철당간은 1996년 표면부식에 대한 과학적조사가 실시되었다.

기타의 경우는 전체 77건 중 해체복원 6건(7.7%), 보존처리 40건(51.9%), 환경정비 29건(37.6%) 기타 1건(1.3%)으로 나타났다. 기타의 보수현황을 보면 당간지주가 가장 많이 차지하고 있으며 석교, 석빙고, 석조의 순으로 보수되었다.

안동석빙고가 1976년 안동댐수몰로 이전하였으며 순천 선암사 승선교, 함편고막천석교, 고성육송정홍교, 건봉사능파교[17]도 해체복원 되었다.

지금까지 서술한 유형별 보존처리 현황을 정리하면 (그림157)와 같다.

---

17 건봉사 능파교는 해체 후 복원 도중에 홍예석이 무너져 파손되어 많은 부재를 신재로
    교체하고 부재가 절단되었으나 재사용 가능한 것은 수지로 접합하여 2005년에 복원
    하였다. 능파교의 경우 홍예석만을 남기고 전체를 해체하였는데 무너짐에 대비한 안
    전비계나 지지대를 전혀 설치하지 않았고 복원과정에서도 한편으로만 쌓기를 하여
    홍예부재 간에 편하중이 발생하여 한쪽 끝의 홍예부재가 빠져 이탈하면서 전체가 무
    너지는 사고가 일어난 것이다.

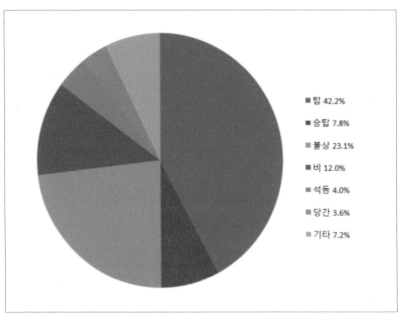

탑 42.2%

승탑 7.8%

불상 23.1%

비 12.0%

석등 4.0%

당간 3.6%

기타 7.2%

157 석조문화재 유형별 보수 현황

2) 연도별

연도별 보수현황[18]을 분석해보면 1960년대 66건, 1970년대 178건, 1980년대 107건, 1990년대 210건, 2000년대 340건, 2010년대(2011-2016) 171건으로, 점차 증가추세를 보이고 있다. (그림158)

---

18 보수 연도별 현황에서 1960년대 이전은 보수에 대한 현전 자료가 미흡하여 객관적인 파악을 하기가 어려웠기 때문에 통계에서 제외하였다.

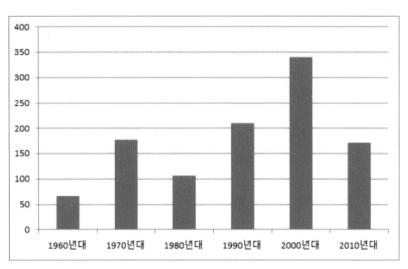

158 석조문화재 연도별 보수현황

1960년대에는 전쟁 후 피해복구가 시급했고, 이로 인해 문화재에 대한 국민적 관심이 적었기 때문에 석조문화재의 보수가 최소로 이루어졌던 것으로 해석된다.[19] 특히 이 시기에는 정부에서도 문화보다는 국민의 보다 나은 의식주 문제가 시급하여 경제개발에 집중적인 관심과 투자가 이루어졌기 때문에, 문화재보수 건수가 다른 년대에 비해 적은 것으로 판단된다.

1970년대에는 사회적 분위기가 안정되어 가면서, 경제성장 등의 발전에 집중하게 되었다. 경제발전은 문화향유文化享有에 대한 관심을 높이게 되었고, 백제문화권, 경주문화권 등이 지정되어 문화관광자원 개발과 문화재에 관심을 갖게 되었다. 따라서 문화재 보존에 대한 관심도 증대되어 보수 건

---

19 1960년대의 보수는 주로 도굴로 인한 해체복원이 많이 실시되었다.

수가 자연스레 증가하게 되었다.

1980년대에는 석조문화재의 보수재료로 에폭시수지가 사용되는 등 보수재료, 보수방법 등이 발전했지만 보수 건수는 줄어들었다. 당시는 정치적 불안정과 민주화 투쟁의 시대로써 문화재의 보존에 대해 그만큼 관심을 갖기 어려웠기 때문일 것이다.

1990년대 이후 건수가 증가하고 있는 것은, 석조문화재에 대한 연구가 점차 활기를 띠면서 보존상태가 평가되고 보수재료가 개발 되었고 또 환경오염의 영향으로 점차 석조문화재의 훼손이 증가하였기 때문으로 해석된다.

2000년대는 보존건수가 급격한 증가추세를 보이고 있다. 이는 2001년 ~2005년까지 실시된 '석조문화재 보존관리 연구용역'에서 한국 석조문화재에 대한 현황조사와 진단을 통해 훼손상태, 보존관리상의 문제점과 대책 및 전반적인 보존관리방안이 제시되고 보수가 지역별로 이루어졌기 때문이다.

2010년대는 문화재 행정체계 전환의 필요성을 공감하며 지속 가능한 문화재 보호정책이 주요과제로 부각하되었다. 이에 문화재 기본계획 수립을 법적 의무사항으로 변경하여 기본계획의 법적 지위를 한층 강화하는 시기였다.

'석조문화재 보존관리 연구용역'에서 조사된 국가지정문화재 중에서 보존상태 4등급, 5등급으로 분류된 대상들은 보수가 이루어지고 있다.[20]

3) 지역별

보수는 지역별로 경상북도 290건, 경상남도 118건으로 경상도 지역이 가장 많은 보수가 이루어졌다.(그림159) 석조문화재의 보존현황에서도 경주를 중심으로 한 영남권에서 가장 많으며 다음으로 호남권에 많이 분포되어 있

---

20 5개년의 조사결과로 보수가 진행된 대상들은 다음과 같이 정리할 수 있다.

년도	유형	문 화 재 명
2002	탑	영양 산해리 오층모전석탑, 안동 조탑리 오층전탑
	기타	현풍석빙고,
2003	탑	의성 탑리리 오층석탑, 상주 화달리 삼층석탑, 송림사오층석탑, 선산낙산동삼층석탑, 도리사석탑,
	석불	영주신암리마애삼존불,
2004	탑	창녕술정리동오층석탑, 선산죽장동오층석탑, 청양 서정리 구층석탑,경주 서악동 삼층석탑, 산청 대원사 다층석탑, 옥천 용암사 동·서 삼층석탑, 보성 우천리 삼층석탑, 영양 화천리 삼층석탑, 영양 현리 삼층석탑, 청원 계산리 오층석탑, 울진 구산리 삼층석탑, 해남 대흥사 북미륵암 삼층석탑, 정읍 천곡사지 칠층석탑
	석불	부여 정림사지 석조여래좌상, 서울 북한산 구기동 마애여래좌상, 논산 관촉사 석조미륵보살입상,천안 삼태리 마애여래입상, 서울 삼천사지 마애여래입상
	석비	원주 법천사지 지광국사탑비 ,남원 실상사 증각대사탑비 ,강진 월남사지 진각국사비
	부도	남원 실상사 증각대사탑, 서산 보원사지 법인국사탑, 영동 영국사 승탑
	기타	영주 부석사 당간지주, 담양 객사리 석당간
2005	탑	김제 금산사 오층석탑, 김제 금산사 육각 다층석탑, 김제 금산사 심원암 삼층석탑,나주 북망문 밖 삼층석탑, 봉화 서동리 동·서 삼층석탑, 예천 개심사지 오층석탑, 상주 상오리 오층석탑, 군위 지보사 삼층석탑, 구례 논곡리 삼층석탑, 담양 남산리 오층석탑, 예천 동본리 삼층석탑, 천안 천흥사지 오층석탑
	석불	경주남산탑곡마애조상군, 함양석조여래좌상, 예천동본동석조여래입상
	석비	서산 보원사지 법인국사탑비,
	부도	보림사서부도
	기타	보원사지석조, 보원사지당간지주, 청도석빙고, 부석사무량수전앞석등
2006	탑	중원탑평리칠층석탑, 부여장하리삼층석탑, 동화사금당암삼층석탑,합천청량사석탑, 영국사망탑봉삼층석탑, 월남사지삼층석탑, 청량사지오층석탑, 청량사지칠층석탑
	석불	함안대산리석불, 방어산마애불, 동화사입구마애불좌상, 함안마천면마애여래입상
	석비	거돈사원공국사승묘탑비
	기타	금산사석련대, 금산사방등계단, 관촉사석등

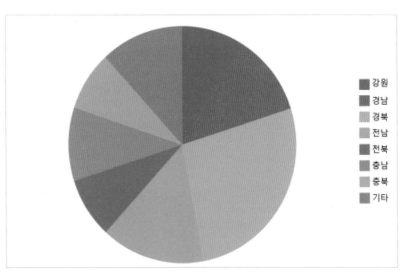

| | 강원 |
| 경남 |
| 경북 |
| 전남 |
| 전북 |
| 충남 |
| 충북 |
| 기타 |

159 석조문화재 지역별 보수현황

어 분포수량과 처리건수가 비례함을 알 수 있다. 즉 분포현황과 처리건수는

경북, 전남, 경남, 충남, 강원, 전북 순으로 비례하고 있다.[21]

  그러나 지역적 처리 건수(표10)는 문화재의 분포 건수 외에도 지역자치단

체의 보수 예산 편성 상황, 기후에 따른 훼손진행 속도 차이 등 여러 가지 요

인에 의해 달라질 수 있다.

21 지역별 석조문화재 수량은 경북이 156기, 경남이 61기, 전남이 74기로 지역별 보수현
    황과 비례한다.

표 10. 석조문화재 지역별 보수통계(1961년~2016년)

	탑	불상	비	석등	당간	기타	합계
강원	55	11	15	2	10	4	97
경기	22	11	17	1	1	0	52
경남	52	38	11	6		11	118
경북	152	79	18	2	9	30	290
광주	9	1		1		0	11
대구	5	3				5	13
부산	1	0				0	1
서울	14	7	8			3	32
울산	10	1				1	12
인천	1	2				0	3
전남	100	14	26	7	4	7	158
전북	45	16	3	14	2	8	88
제주	2	0				0	2
충남	36	44	11	2	10	5	108
충북	36	20	17	8	3	3	87
합계	540	247	126	43	39	77	1072

지금까지 문화재회의록, 문화재수리보고서, 기관별 자체 보고서 등을 중심으로 보수 현황에 대해 살펴보았다.[22] 전반적으로 보수 건수는 유형별, 지

22　다음 자료들을 참조하였다.

『경상북도 문화재위원회 회의록(1981년~1984년)』, 경상북도, 2004.

『경상북도 문화재위원회 회의록(1985년~1987년)』, 경상북도, 2005.

『경상북도 문화재위원회 회의록(1988년~1991년)』, 경상북도, 2006.

『경상북도 문화재위원회 회의록(1992년~1994년)』, 경상북도, 2006.

『문화재위원회 회의록(1995년)』, 문화재관리국, 1996.

『문화재위원회 회의록(1996년)』, 문화체육부·문화재관리국, 1997.

역별로 석조문화재 수량과 비례하고 있음을 알 수 있었다.

유형별로는 여러 부재의 결합으로 구성된 조적체인 탑이 수량이나 처리 건수에서 가장 큰 비중을 차지하고 있었으며, 지역별로는 통일신라 고도古 都인 경주지역이 포함된 경북지역이 가장 많은 비율을 차지하고 있었다. 시

『문화재위원회 회의록(1997년)』, 문화관광부, 1998.
『문화재위원회 회의록(1998년)』, 문화재청, 1999.
『문화재위원회 회의록(1999년)』, 문화재청, 2000.
『문화재위원회 회의록(2000년)』, 문화재청, 2001.
『문화재위원회 회의록(2001년)』, 문화재청, 2002.
『문화재위원회 회의록(2002년)』, 문화재청, 2003.
『문화재위원회 회의록(2003년)』, 문화재청, 2004.
『문화재위원회 회의록(2004년)』, 문화재청, 2005.
『문화재수리보고서』, 대구광역시, 2006.
『문화재수리보고서-1987』, 문화재관리국, 1989.
『문화재수리보고서-1988』, 문화부, 1990.
『문화재수리보고서-1989』, 문화부, 1991.
『문화재수리보고서-1990』, 문화재관리국, 1992.
『문화재수리보고서-1991』, 문화재관리국, 1993.
『문화재수리보고서-1992』, 문화재청, 1994.
『문화재수리보고서-1993』, 문화재청, 1995.
『문화재수리보고서-1994』, 문화재청, 1996.
『문화재수리보고서-1996』, 문화재청, 1967.
『문화재수리보고서-1997』, 문화재청, 2000.
『문화재수리보고서-1999』, 문화재청, 2002.
『2010-2012문화재수리보고서-1』, 문화재청, 2017.
『2010-2012문화재수리보고서-2』, 문화재청, 2017.
『2010-2012문화재수리보고서-3』, 문화재청, 2017.
『2010-2012문화재수리보고서-4』, 문화재청, 2017.
『2016국가지정 건조물문화재(국보·보물)정기조사-1』, 문화재청, 2017.
『2016국가지정 건조물문화재(국보·보물)정기조사-2』, 문화재청, 2017.
『2016국가지정 건조물문화재(국보·보물)정기조사-3』, 문화재청, 2017.
『2016국가지정 건조물문화재(국보·보물)정기조사-4』, 문화재청, 2017.

기별로는 현대에 올수록 점차 처리 건수가 증가하고 있는데, 특히 2001년 ~2005년 '석조문화재 보존관리 연구' 조사 이후로 처리가 필요한 대상들은 처리가 실시되었으므로 처리 건수가 급격히 증가하고 있음을 알 수 있었다.

한 대상에 여러 건의 보수가 실시된 경우도 많았는데, 1961년~2016년까지 6회 이상의 보수가 이루어진 석조문화재는 익산 미륵사지 석탑, 충주 탑평리 칠층석탑, 영양 산해리 오층모전석탑, 경주 석굴암 석굴, 서울 원각사지 십층석탑, 경주 감은사지 석탑, 구례 연곡사 동승탑, 군산 발산리 오층석탑, 청주 계산리 오층석탑, 서산 용현리 마애여래삼존상, 원주 법천사지 지광국사탑비, 태안 동문리 마애삼존불입상 등 12기였다.

6회 이상 보수가 있었던 사례들 중에 대표적인 영양 산해리 오층모전석탑은 1980년에 주변정비, 1989년 해체보수, 1999년에 표면의 백화제거 및 세척, 2000년에 석축보수 및 환경정비, 2002년에 초본류 제거와 세척, 2005년에 세척, 2010년에 세척 및 강화처리가 실시되었다. 세척작업은 수년 후 반복 실시되었는데, 여기서 살펴 볼 수 있듯이 보존상의 근본적인 문제가 해결되지 못하면 같은 보수가 반복되어야 하므로 종합적이고 근본적인 보존대책이 요구된다.

5회의 보수가 이루어진 석조문화재는 17기로 경주 분황사석탑, 의성 탑리리 오층석탑, 경주 나원리 오층석탑, 여주 고달사지 승탑, 경주 남산 미륵곡 석조여래좌상, 칠곡 송림사 오층전탑, 서울 북한산 구기동 마애여래좌상, 군산 발산리 석등, 사천 흥사리 매향비, 경주 배동 석조여래삼존입상, 공주 마곡사 오층석탑, 속초 향성사지 삼층석탑, 논산 관촉사 석조미륵보살입상, (전)광주 성거사지 오층석탑, 강릉 신복사지 삼층석탑, 익산 왕궁리 오층석탑, 평창 월정사 팔각구층석탑 등이다.

5회의 보수가 있었던 경주 분황사 모전석탑의 경우에는 1998년 주변건물 정비, 2000년 주변 환경정비, 2003년 구조안정성 조사, 2006년 오염물 제거 방안 연구, 2011년 세척 및 강화처리가 실시되었다.

4회의 보수가 이루어진 석조문화재는 구례 연곡사 북승탑, 구례 연곡사 삼층석탑, 경주 불국사 삼층석탑, 경주 서악동 마애여래삼존입상, 공주 반 죽동 당간지주, 군위 아미타여래사존 석굴, 강릉 신복사지 석조보살좌상, 강진 월남사지 삼층석탑, 거창 양평리 석조여래입상, 광주 지산동 오층석 탑, 김천 청암사 수도암 동.서 삼층석탑, 나주 철천리 석조여래입상, 남원 개령암지 마애불상군, 남원 실상사 동.서 삼층석탑, 담양 개선사지 석등, 대 구 동화사 금당암 동.서 삼층석탑, 문경 봉암사 지증대사탑, 부여 대조사 석 조미륵보살입상 등 45기 이다.

4회의 보수가 있었던 구례 연곡사 북 승탑의 경우에는 1969년 도굴로 인 해 파손된 부분 접착, 1974년 보호책설치 등 환경정비, 1992년 세척, 2001년 도굴로 인한 파손부 접착, 상륜부 복원 등이 실시되었다. 이와 같이 몇 년에 걸쳐 보수가 반복되고 있으며, 2회 이상의 도굴로 파손이 발생하여 재보수 되기도 하였다.

여러 번의 보수가 이루어진 대상들은 종합적인 처리가 이루어지지 못하 고 부분적인 처리나 일차적인 훼손 원인만이 제거되는 처리가 이루어져, 몇 년 경과 후 훼손이 재발생 되는 대상들이 많다.

수차에 걸쳐 보수가 되었지만 석굴암 석굴의 내부 환경문제, 원각사지십 층석탑의 보호각내 분진 문제, 불국사삼층석탑의 구조안전 문제, 서산 용현리 마애여래삼존상의 보호각 문제[23] 등 현재도 많은 석조문화재들이 보존 상의 근원적인 문제점을 해결하지 못하고 있다.

이와 같이 계속된 보수와 정비에도 지속적으로 문제가 있는 석조문화재 에 대하여는 훼손부분의 단편적인 보수방법보다 종합적으로 훼손원인을 제 거해야 하며, 예방적인 차원에서의 보존대책도 함께 강구되어야 한다. 경우 에 따라서는 원위치에 복제품을 설치하고 영구적인 보존을 위한 실내이전 도 검토되어야 할 것이다.

또한 보수가 이루어진 석조문화재에 대해 현장답사를 통해 확인한 결과, 세척작업은 3~5년 정도가 경과한 후, 오염이 재 발생한 경우가 많으므로 세 척 후 시간이 경과한 대상은 다시 점검해보는 것이 필요하다고 판단된다. 특히 주변에 수목이 우거져 습기문가 많고, 햇빛의 차단이 있는 경우에는 세척 후 1년 이내에 이끼와 지의류가 다시 생겨나고 있는 것으로 확인된다. 뿐 만 아니라 대조사석조미륵보살입상은 위쪽 암반에 소나무가 자라고 있 어 수목정비가 필요하지만 보호수로 지정되어 있어 제거가 어렵다. 따라서 지의류 등이 다시 서식하기 좋은 환경을 만들어 주고 있기 때문에 세척처리 후에 모니터링을 통해 수시 점검하는 것이 필요하다고 판단된다.

1961부터 2016년까지의 석조문화재 보수현황은 (부록 표 11)에 정리하 였다. 보수형태는 필자의 주관적 판단에 의해 구분하였는데(표11), 석조문

---

23 서산 용현리 마애여래삼존상의 누수와 채광문제로 2007년 보호각이 해체되었고, 2008년 세척과 균열부위에 대한 보존처리, 2014년 예비조사, 보존처리 및 주변정비 공사가 진행되었다. 앞으로 보호각 재건립을 포함한 정확한 보호방안에 대해 검토중 이다.

화재 보존에 있어 주요 내용을 기준으로 하여 이전, 해체복원, 보존처리, 환경정비, 기타로 분류하였다. 보존처리는 세척, 접착 및 보강, 원형복원의 작업이며, 환경정비는 수목정비, 배수로정비, 보호책·보호각 설치 등이다. 기타는 모형제작, 기타 등을 포함하였다.[24]

표 11. 보수 구분 분류표

No	보수형태	세부내역
1	이전	이전
2	해체복원	해체복원
3	보존처리	세척, 접착 및 보강, 원형복원
4	환경정비	수목정비, 배수로정비, 보호책·보호각 설치
5	과학적조사	정밀실측, 정밀진단, 발굴조사, 종합정비계획
6	기타	모형제작, 기타

24 총 1,072건의 보수내역을 보수 구분별로 분류하면 이전 39건(3.6%), 해체복원 177건 (16.5%), 보존처리 436건(40.7%), 주변정비 386건(36.0%), 조사 25건(2.3%), 기타 9건(0.8%)으로 나타났다. 본 표에서는 통계를 위해 주된 공사를 기준으로 분류하였으나 실제 보수는 여러 작업이 동시에 이루어지는 경우가 많다.

05. 석조문화재
보수사례 분석

앞에서 서술한 바와 같이 석조문화재는 물리적 요인, 화학적 요인, 생물학적 요인, 인위적 요인, 구조적 요인 등이 단독적으로 혹은 복합적으로 발생하여 훼손이 발생하게 된다. 또한 여러 요인들이 함께 발생하면서 훼손은 급속하게 가중되므로 훼손 원인이 먼저 파악되어야 적합한 보존처리와 보존방안이 마련될 수 있을 것이다.

이번 장에서는 훼손에 따른 보수의 사례들을 해체복원解體復元, 보존처리保存處理(세척, 접착 및 보강, 원형복원), 환경정비環境整備(수목 및 배수로 정비, 보호각 정비), 기타其他(모형제작, 기타)로 나누어 살펴보고, 각 처리 사례의 적합성을 분석하여 앞으로의 보존방안을 제시해 보고자 한다.

사례분석 대상은 (표12)와 같다.[1]

---

1 사례분석은 총 27기의 석조문화재를 대상으로 실시하였다. 27기의 대상은 보수의 주요공정인 해체복원, 보존처리, 환경정비, 기타의 작업이 실시된 사례 중 대표적인 문화재를 선정하여 분석하였다. 보존처리 방법에 있어 새로운 방법을 시도한 경우나, 새로운 보수재료를 적용한 경우, 처리 후 논란이 되었던 대상을 우선 대상으로 선정하여 분석하였다.

표 12. 보수 사례분석 대상 목록

종류	구분	해당 문화재명	주요 보수 내용
해체복원	해체복원	원주거돈사지삼층석탑(보물 제750호)	내부 적심 설치
		해남대흥사삼층석탑(보물 제320호)	내부 적심 설치
		울진구산리삼층석탑(보물 제498호)	지대석 노출
보존처리	세척	함안방어산마애약사여래삼존입상(보물 제159호)	약품(Arte Mundit No.1) 사용
		경주서악리삼층석탑(보물 제65호)	스팀세척
		산청대원사다층석탑(보물 제1112호)	건·습식세척, 스팀세척
		개성경천사지십층석탑(국보 제86호)	레이저세정기기를 이용한 표면 검은 오염물 세척
		서울삼전도비(사적 제101호)	습포법을 사용한 붉은색 락카제거
		인조별서유기비(보물 제1462호)	겔상태의 박리제로 락카제거
		부여대조사석조미륵보살입상(보물 제217호)	화학약품(K201) 사용
	접착 및 보강	남원실상사백장암삼층석탑(국보 제10호)	에폭시수지AW106를 처음 사용하여 접착
		양주회암사지선각왕사비(보물 제387호)	산불로 인한 파손 후 접착
		경주원원사지동·서삼층석탑(보물 제1429호)	에폭시수지L-30 사용
		하남교산동마애약사여래좌상(보물 제981호)	실리콘성형 후 FRP 보강
	원형복원	구례연곡사동승탑, 북승탑(국보 제53,54호)	상륜부의 위치 수정 복원
		대구동화사비로암석조비로자나불좌상(보물 제244호)	불상 표면의 채색 제거
		개성경천사지십층석탑(국보 제86호)	잘못 복원되었던 10층 옥개석 부재의 원형 복원
		경주남산용장사곡삼층석탑(보물 제186호)	위치가 바뀌어 조립된 기단 부재를 원래 위치로 수정
환경정비	수목, 배수로정비	충주미륵리석조여래입상(보물 제96호)	석축 뒤편 수목제거
		경주남산탑곡마애조상군(보물 제201호)	주변수목 정리, 배수로 정비
		영주가흥동마애여래삼존상및여래좌상(보물 제221호)	배수로 정비
	보호각 정비	서울원각사지십층석탑(국보 제2호)	유리로 보호각 설치
		김제금산사혜덕왕사탑비(보물제24호)	아크릴로 보호막 설치
		해남대흥사북미륵암마애여래좌상(국보 제308호)	보호각 교체·확장
		서산마애삼존불(국보 제84호)	건축형 보호각 해체
기타	모형제작	서울북한산신라진흥왕순수비(국보제3호)	원형의 모형제작
	기타	부여관촉사석등(보물 제232호)	설계변경 문제

1. 사례분석

1) 해체복원

부재의 개별단위에 대해 주로 실시되는 보존처리와 달리 석조물 전체에 적용되는 의미로서 복원에는 이전, 해체조립 작업이 포함된다.

비교적 규모가 크고, 여러 부재의 결합으로 이루어진 석조문화재의 해체나 이전은 신중하게 진행되어야 하는데, 그동안 방법과 기술이 계속 변화, 발전해 왔다. 잘못된 해체복원이나 이전으로 인해 부재가 파손되거나 원형이 변형이 되는 경우도 발생하는데, 특히 불법적으로 문화재를 반출하던 일제강점기日帝强占期에는 주로 밤을 이용하여 단시간에 무단해체를 하는 과정에서 많은 훼손이 발생하였을 것이다. 불법반출 당시에는 부재를 짚으로 묶어 달구지에 싣고 운반하였다고 전해지고 있어 운반과정에서도 부재들이 많이 파손되었을 것으로 추정된다.

해체조립의 경우 전통방법으로는 그림160(『거돈사지3층석탑-정밀실측 및 수리공사보고서』, p.66 발췌)와 같이 거중기擧重機[2]를 사용한 드잡이를 하였지만 현대에는 크레인을 주로 이용하고 있다. 해체조립을 통해서 내부 적심 및 보강상태를 파악할 수 있는데, 해체대상이 되는 대부분의 탑들은 적심 내 다짐층이 유출되고 약화됨에 따라 부재가 이격離隔되어 있거나 구조적 불안

---

2 거중기는 무거운 물건을 들어 올릴 때 사용하던 재래식 기계로써, 조선시대 다산정약용이 고안하였다. 도르래의 원리를 이용하여 작은 힘으로 무거운 물건을 들어 올리도록 고안된 것으로 1792년 수원 화성을 쌓는데 이용되었다. 전통적인 해체조립 방법으로 드잡이 될 때 사용되었다.

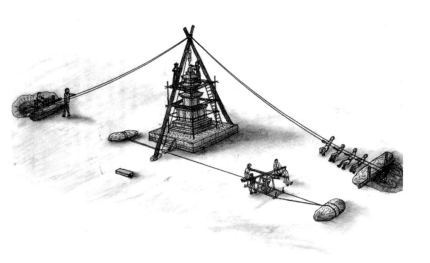

160 거중기로 해체조립 하는 전통 드잡이 방법

하게 된다. 조립은 해체 후 기단내부를 암석과 강회로서 다시 충진하고 다지는 작업으로 이루어진다.

원주거돈사지삼층석탑과 해남대흥사삼층석탑은 전통 거중기를 사용해 해체조립을 실시하였으며 내부 적심을 보완한 사례이다. 울진 구산리삼층석탑은 해체조립을 통해 매몰埋沒되어 있던 지대석을 노출하여 복원한 사례이다.

① 원주거돈사지삼층석탑(原州居頓寺址三層石塔)[3]

명 칭	원주거돈사지삼층석탑	수 량	1기
지정번호	보물 제750호	지정일	1983. 12. 27
소유자	국유	관리자	원주시
소재지	강원 원주시 부론면 정산리	조성시대	신라
구성석재	흑운모화강암	보존위치	거돈사지 내
훼손등급	풍화상태 3등급, 생물분포 3등급, 구조안전 3등급		
보수현황	보수 일시	보수 내역	
	1차 : 2000년	해체보수	

강원도 원주시에 위치한 거돈사지삼층석탑은 통일신라 후기의 전형적인 양식으로 계단이 있는 금당기단과 같은 모양위에 세워진 점이 특이하다.

2000년 보수 전에 삼층석탑의 지대석이 침하沈下되어 있었는데, 하부기단이 1984년까지 석렬石刿이 넘어지고 흩어져 있어져 있었던 것과 관련이 있을 것으로 추정된다. 즉, 하부기단의 불안정은 석탑을 지탱하지 못하고 침하가 진행된 것으로 보인다.

석탑은 조성된 후 3번에 걸쳐 해체·보수가 이루어졌는데, 하부 기단부의 해체보수 시 확인할 수 있다. 먼저 사지의 확장과 건물의 규모확대로 인하여 하부 기단부를 설치할 고려시대에 해체조립이 있었던 것으로 추정되며, 두 번째는 기초부 확인으로 파악되는 데 하부기단 면석을 기준으로 하부기초에

---

3 원주거돈사지삼층석탑의 해체복원에 관한 내용은『거돈사지3층석탑-정밀실측 및 수리공사보고서』를 참조하여 정리하였다. (원주시,『거돈사지3층석탑-정밀실측 및 수리공사보고서』, 2001) 그 외 원주거돈사지삼층석탑에 관한 연구는『경기남부와 남한강』(한국문화유산답사회, 돌베개, 2000),『통일신라 석조미술연구』(박경식, 학연문화사, 1994) 등을 참조하였다.

서는 신라, 고려시대의 와편이 다량 출토되고, 상부기초에서는 조선시대 와편이 출토되었다. 또 기초다짐의 기법이 서로 다르기 때문에 구분 할 수 있다. 세 번째는 조선시대 판축 기초위에 왕모래를 깔고 지대석을 설치한 기존 층이 발견됨으로써 조선시대에 해체, 보수가 있었던 것으로 밝혀졌다.

석탑은 지대석 일부가 지반地盤속으로 침하하여 크게 벌어져 있으며, 이로 인해 하대하석과 하대중석들도 이격이 발생하여 구조적으로 불안정하였다. 기단의 내부는 잡석들로 충진, 보강되어 있는데, 시간이 지나면서 점차 잡석사이의 공극이 벌어지고 잡석이 내려앉아 침하가 진행되게 되었다. 내부 적심역할을 하던 잡석들이 침하되자 그 위에 올려져 있던 부재들이 침하되게 되면서 구조가 불안정해졌다.

2000년 실시한 해체복원에서는 빗물에 의한 내부적심 유출을 방지하기 위해 잡석대신 통돌을 적심으로 넣어 윗부재들을 안정적으로 받힐 수 있도록 하였다.[4] 외부 부재와 내부 적심 사이의 공극은 강회모르타르를 충진시

161 원주거돈사지삼층석탑 해체(거중기 이용)   162 원주거돈사지삼층석탑 해체(거중기 이용)

4 2000년 해체복원에서는 거돈사지석탑 내부에 잡석, 강회다짐으로 하는 것이 원형이지만 구조안정을 위해서 통돌로 교체한 것이다. 그러나 원형이 아니므로 반드시 보고서 등에 기록하도록 하였다.

컸다. (그림161~166)

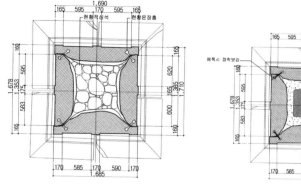

163 내부 적심 현황 (복원 전-잡석다짐)   164 내부 적심 현황 (통돌로 복원 후)

165 복원 전 적심잡석 다짐 유출로 기단부 이격발생

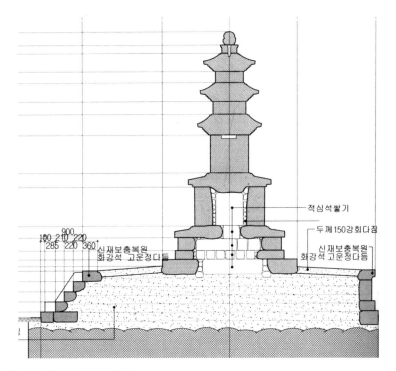

적심석쌓기

두께150강회다짐

신재보충복원
화강석 고운정다듬

신재보충복원
화강석 고운정다듬

900
100 2 110 220
285 220 360

166 적심석 쌓기로 복원 후 단면도

167 해체 복원 후 현황 (2007년 조사)

2007년 현지조사에서 확인결과, 구조적으로 안정된 보존상태를 유지하고 있었다. 원주거돈사지삼층석탑 공사이후로 해남대흥사삼층석탑이나 상주상오리칠층석탑의 경우에도 내부적심을 같은 방법으로 통돌을 사용하여 충진하였다. 그러나 조성당시 내부 충진방법이 어떠한 것인지 연구가 필요하며, 통돌을 넣은 방식이 안정적인지는 향후 몇 년간 지속적으로 현상변화 모니터링 실시가 필요하다고 사료된다.

② 해남대흥사삼층석탑(海南大興寺三層石塔)

명 칭	해남대흥사삼층석탑	수 량	1기
지정번호	보물 제320호	지정일	1963.01.21
소유자	대흥사	관리자	대흥사
소재지	전남 해남군 삼산면 구림리	조성시대	통일신라
구성석재	우백질화강암	보존위치	사찰 내
훼손등급	풍화상태 3등급, 생물분포 3등급, 구조안전 4등급		
보수현황	보수 일시		보수 내역
	1차 : 1967년		해체보수
	2차 : 2004년		해체복원, 실측, 세척

해남 대흥사 응진전 앞에 위치한 삼층석탑은 2층의 기단에 전형적인 신라 양식을 계승한 단아한 탑이다. 높이 5m에 미치지 못하는 규모가 그리 크지 않은 탑이지만, 하층기단에서 보여준 2주의 탱주, 정제된 옥개받침, 상·하층의 갑석상면에 나타난 고핵형弧刻形의 몰딩과 정연하게 각출된 2단 각형角形의 탑신괴임 등은 통일신라 9세기 석탑 중 비교적 이른 시기인 전반기의 양식을 보여준다.

1967년 1월, 해체보수 시에는 기단부 내에서 높이 12cm의 동조여래입상

銅造如來立像이 발견되었다. 또 최근 2003년 11월~2004년 1월까지 해체 수리
가 있었다. 1층 탑신상면에는 가로 8cm, 세로 7.5cm, 깊이 8.7cm,의 작은
사리공이 있었으나 규격이 너무 작아 새로운 사리함舎利函(석함 높이 33.5cm,
직경 30cm)을 제작하여 상층기단 내부에 안치하였다. 사리함 내에는 석탑
수리기 및 진신사리 5과, 기타 금동불(높이 16cm), 경전 등을 봉안하였다.[5]

보수 전 석탑은 옥개석 하부와 기단부에 이끼류, 지의류 등이 서식하
고 있었고, 기단부는 내부 적심이 유출되어 침하가 진행 중이었다. (그림
168,170) 지의류는 50%정도 면적에 피복되어 있었고, 비교적 습한 석탑 후
면에는 담록색, 황갈색, 암흑색을 띠는 지의류가 피복되어 있었다.[6]

그림을 통해 확인할 수 있듯이 기단부는 외부의 면석 안에는 잡석과 강회모
르타르를 채워 놓았는데, 점차 유실되어 적심에 공극이 발생하고 있었다. 공

168 기단부 침하로 이격발생(해체 조립 전)

169 기단부 정비 후(2007년 조사)

5 성춘경, 「대흥사 응진전앞 삼층석탑에 대한 양식사적 고찰」, 『해남 대흥사 응진전 앞
    삼층석탑 실측 · 수리보고서』, 대흥사 · 해남군 · (주)유성종합건축사사무소, 2004,
    pp.15~19 인용.
    그 외에도 『전남』(편집부, 돌베개, 2001)을 참조하였다.
6 지의류, 이끼류 등의 생물제거는 먼저 대나무 칼을 이용한 건식세척을 실시하고, 이후
    습식세척으로 보완하여 작업하였다. 또 석탑 해체에는 한식 거중기를 사용하였다.

극발생으로 석탑의 구조불안정이 발생되어 기단부 부재가 이격되어 있었다.

2003년~2004년 실시된 해체수리에서는 내부 적심의 잡석을 제거하고, 윗부재들을 안정되게 지지할 수 있는 화강석을 재단하여 넣고, 적심석과 외부 면석 사이의 작은 공극에는 잡석다짐을 하였다. 내부에 잡석만으로 충진하였을 경우, 오랜 시간이 경과하면서 잡석이 유출되거나 공극이 발생할 수 있으므로 내부는 적심을 재단하여 충진한 방법이었다. 이는 원주거돈사지 삼층석탑의 상층기단 적심을 통돌로 채운 것과 같은 방식이나 해남대흥사 삼층석탑은 상층기단 적심은 사리장엄을 안치하고 잡석과 강회다짐을 하였으며 하층기단은 화강석을 장대석으로 재단하여 충진하였다.

2007년 현지조사를 한 결과 탑 외곽으로 배수로排水路를 설치되어 외부에서 들어오는 빗물의 유입을 차단하였고 하층기단의 지대석을 충분히 노출

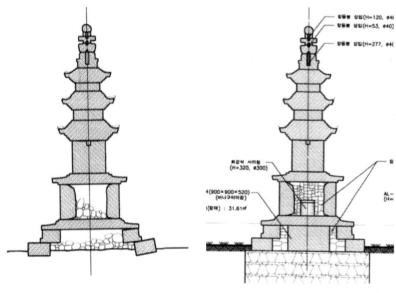

170 적심 잡석유출로 기단부 침하　　　171 잡석을 통돌로 교체 후

하여 지면으로부터 올라오는 수분의 유입도 최대한 방지되어 있었다. 탑 주변의 수목도 잘 정비되어 보존환경은 양호했으며, 기단부를 비롯한 부재간의 결합도 안정된 상태를 유지하고 있었다. (그림 169, 171, 172)

172 해체조립 후 안정된 구조(2007년 조사)

③ 울진구산리삼층석탑(蔚珍九山里三層石塔)

명 칭	울진구산리삼층석탑	수 량	1기
지정번호	보물 제498호	지정일	1968. 12. 19
소유자	국유	관리자	울진군
소재지	경북 울진군 근남면 구산리	조성시대	신라하대
구성석재	화강암	보존위치	농경지 내
훼손등급	풍화5등급, 생물분포5등급, 구조안전4등급		
보수현황	보수 일시	보수 내역	
	1차 : 1971년	도굴로 도괴된 것을 복원	
	2차 : 2004년	해체조립, 주변정비	

173 해체복원 전 (전경)　　　　　　　　　　174 기단부 매몰상태

　　울진 구산리삼층석탑 주변은 농경지로 경작되고 있는데, 석탑 주변 대지보
다 높게 밭이 있었다. (그림173) 석탑 주변에는 보호철책이 둘러져 있으며, 보
호철책 안에는 잔자갈들을 깔아 주변 지형보다 약간 높게 되어 있다. (그림174)
　　전체적으로 약간 기울어짐을 보이고 모서리 부재들의 마멸磨滅과 파손破
損이 있었다. 과거 주변에 산재해 있던 석탑재石塔材를 다시 쌓아 올리면서
당시 최고의 접합재료였던 시멘트 모르타르를 과다하여 사용하여 암석 풍
화와 균열이 발생되게 되었으며 탑 주변의 경작으로 인한 배수로 설치 등으
로 인해 손상된 것을 2004년에 주변의 시굴과 주변 정비, 해체보수가 실시
되었다. (그림175)
　　해체 시 상층기단의 내부는 잡석과 시멘트 모르타르로 충진되어 적심전
체가 하나의 통돌처럼 붙어 있었다. 이것이 지반의 침하로 탑이 기울어지면
서 부재 특히 상, 하대 갑석이 크게 훼손되었다. 이 탑의 경우처럼 적심을 시

175 해체복원 완료 후

멘트 모르타르로 채우는 경우 백화현상은 물론 부재와 부재가 붙어 전혀 유격이 없으므로 작은 지반 침하에도 석조물이 큰 훼손을 입는다는 것을 알 수 있다.

또한 석탑 주변은 잔자갈을 깔았는데, 해체조립과정에서 잔자갈 아랫부분에 석탑의 지대석이 매몰[7]되어 있음을 발견하였다. 매몰된 지대석은 노출시키고, 노출된 부분만큼 마사토로 도포한 후 다짐작업을 실시하였다. 다짐작업은 인력으로 나무를 사용하여 진행하였고, 배수로를 설치하여 석탑 주

---

7 지반에서 약 20cm 정도 깊이로 매몰되어 있던 지대석은 비교적 양호하였고, 지대석 중심부는 적심재 대신 콘크리트 모르타르로 채워져 있었다. (울진군, 『울진구산리삼층석탑 정밀실측조사보고서』, 2005, 참조)

176 기단부 해체복원 전(매몰된 상태)

177 기단부 해체복원 후(지대석 노출)

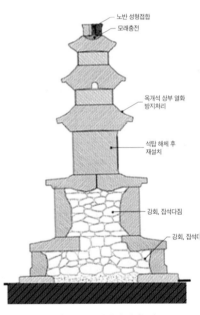

노반 성형접합
모래충전

옥개석 상부 열화
방지처리

석탑 해체 후
재설치

강회, 잡석다짐

강회, 잡석디

178 해체복원 전 단면도(지대석 노출 전)

179 해체복원 후 단면도(지대석 지상노출)

변에 빗물 등의 수분이 고이지 않도록 하였다.

울진구산리삼층석탑과 같이 야외에 있는 석조물 하단부가 매몰되어 있

어 해체조립과정에서 시굴을 통해 원형이 밝혀지기도 한다(그림176~179).[8]

2017년 현재는 정비된 주변 보존환경이 잘 유지되고 있어 비교적 안정된 보존상태를 보인다.

이상과 같이 3건의 해체복원 사례를 알아보았다. 해체복원은 석조물이 도괴되었거나 구조적으로 불안정하여 도괴위험이 있는 경우에 주로 실시된다. 특히 조적체인 탑은 도굴과 같은 인위적 파손 이외에 지반약화, 적심유출, 부재이탈이 구조를 불안정하게 만들어 다른 유형에 비해 해체복원 사례가 많다.

해체복원 시에 지켜야 할 사항으로 첫째, 지반地盤을 견고하게 해야 한다. 과거에 탑을 건립할 때는 기초를 판축版築다짐을 하여 단단히 다진 후 그 위에 지대석과 기단을 쌓았기 때문에 기단위의 탑신이 안정적으로 유지될 수 있었다. 그러므로 지반이 약해져 있을 경우에는 강회다짐을 하여 지반을 보강하는데 완전히 굳어진 후 복원해야 한다. 또 안정되어 있는 지반이라면 굳이 새로 지반다짐을 하지 않고 과거의 지반 다짐을 유지하여야 한다.

둘째, 기단내부나 탑신내부에 공극이 발생하지 않도록 해야 한다. 적심을 채우는 전통방법은 면석을 외부에 세우고 내부에는 잡석과 강회를 다져 넣는 것이었는데, 이러한 방법은 시간이 지나면서 빗물 등의 유입으로 내부 강회다짐이 흘러내려 공극이 발생하고, 잡석이 내려앉는 등 보강이 부실해져 부재部材침하, 이격離隔발생으로 이어지는 경우가 빈번하였다.

---

8 이와 같이 야외에 있는 석조문화재는 오랜 세월 방치되어 오면서 지반이 높아져 고산사석불, 법주사쌍사자석등, 운문사 석등, 태안마애삼존불, 방어산마애불 등과 같이 지대석, 대좌 등의 하부 조각이 매몰되어 있어 원형이 왜곡되기도 하였다. 이러한 부분은 암석의 풍화방지와 원형 복원 등의 보존을 위해 원래 상태대로 노출시켜야 한다.

따라서 근래에는 통돌을 적심으로 보강하는 방법이 사용되고 있는데, 이것은 적심 통돌과 외부 면석이 골고루 윗부재의 하중을 받기 때문에 비교적 안정된 방법이라고 생각된다. 특히 강회유출로 인한 백화현상문제나 부재 이격발생 등의 문제를 보완할 수 있다. 그러나 이와 같이 적심석을 통돌로 사용하는 경우는 윗부재 아래면과 통돌의 윗면이 맞닿는 부분이 잘 맞물려서 골고루 하중을 분산할 수 있도록 해야 한다. 건축에서 초석과 기둥 접합면을 그랭이하여 압착되도록 하였던 것과 같이 통돌과 면석부재가 만나는 면을 그랭이하여 잘 맞물리는 방법도 검토해 보아야 할 것 같다.

통돌을 적심으로 보강하는 방법은 근래 주로 사용되고 있으며 아직까지는 문제점이 발생되지 않았지만 몇 년 더 지속적인 보존 모니터링으로 관찰할 필요가 있다. 특히 잡석雜石다짐이 아닌 통돌을 사용하였을 때는 내부에 충격흡수를 위한 유격이 부족하여 지진이나 진동발생 시 충격을 흡수하지 못해 문제가 발생할 수도 있으므로 이러한 점에 대한 보완도 필요하다.

셋째로 복원 시 부재마다 수평을 잘 맞추고 고임편(쐐기)의 사용을 최소화 하여야 한다. 과거에 사용한 고임편은 녹 발생, 부식 등으로 수평맞춤의 역할을 제대로 하지 못하면서 편하중 발생이 되어 오히려 부재의 균열을 촉진시키는 등 문제점이 발생되고 있어 교체되는 경우가 많다. 현대에 사용하는 고임편은 부식이 잘 되지 않는 스테인레스 스틸이나 티타늄 재질을 주로 사용하고 있기는 하나 되도록 자연적으로 수평을 맞출 수 있도록 부재의 위치를 잘 조절하는 것이 필요하다.

넷째, 반복되는 해체조립 과정에서 부재의 방향이 틀어지거나 위치가 바뀌어 원형이 훼손되는 경우도 있으므로 해체와 조립시에는 정확한 현황 기록을 통해 위치가 바뀌지 않도록 해야 한다. 또 과거에 해체된 적이 있는 경우에는 원형대로 조립되었는지 재차 확인하여 조립해야 한다는 점에 주의를 기울여야 한다.

현재 해체조립과정은 매우 짧은 기간에 이루어지고 있는데, 석조물을 해체하고 복원하는 것은 충분한 시간과 예산을 책정하여 신중하게 진행되어야 하며, 건축, 토목 및 미술사학자, 보존과학자들이 참여한 가운데 설계와 시공이 이루어져야 할 것으로 생각한다.

2) 보존처리

(1) 세척

세척작업은 석조문화재의 표면에 발생한 오염물을 제거하는 작업을 말하는 데, 제거하는 오염물에는 분진, 조류 배설물 등을 비롯하여 표면에 자생하면서 석조문화재 풍화와 균열의 원인이 되는 균류, 지의류, 이끼류와 같은 생물 등을 모두 포함한다.

세척작업은 건식세척, 물세척과 같은 간단한 세척작업부터 화학약품, 블라스팅, 스팀, 레이저세척기 등을 사용한 세척작업에 이르기까지 방법과 정도가 다양하다.

문화재의 보존처리가 본격적으로 이루어지기 시작한 1960년대 이후 세척작업은 모든 보존처리 과정에 포함되어 있었으나 간단한 세척작업은 경미하게 생각하여 기록에 포함되어 있지 않는 경우가 대부분이다. 특히 기록이 간단하게 전해지는 1960년대~1980년대의 처리기록에는 세척을 했다는 기록이 거의 없다. 그러나 보존처리 후에는 분진粉塵이 발생하기 때문에 처리 전

후에 반드시 세척작업이 필수적으로 이루어지게 된다. 일부 세척방법은 시행 후 새로운 문제점을 발생키도 하였고, 세척 정도에 따른 기준이 모호하여 세척여부에 대해 논란이 대두[9]되고 있어 대책마련이 요구되고 있다.

문화재의 세척은 1934년부터 실시한 석굴암(그림180~182)의 지의류와 선태류 같은 생물학적 오염물 제거 작업이 시초라고 할 수 있다. 1914년 일본인에 의해 해체복원 된 석굴암은 이후 보존에 있어 여러 가지 문제점이 발생하였다. 가장 큰 문제는 석굴암 내에 누수漏水와 결로結露가 발생하고 석재표면에 이끼가 서식하게 된 것이다.[10] 1934년에 석굴암의 생물적 오염제거를 위한 세척을 실시하였는데, 물을 끓여서 증기로 세척하는 방법을 사용하였다.[11] 이

---

9 문화재 세척에 대한 기준은 심미적 관점, 역사적 관점, 보존적 관점 등 관점에 따라 서로 다르기 때문에 세척의 정도에 대해서는 서로 이견(異見)이 발생된다. 본문에서 언급하는 금산사의 석조문화재 세척에 대한 비판도 분야마다 관점이 달라 대두된 문제이다.

10 일제는 1914~1915년 석굴암에 콘크리트 돔을 설치하고 1917년에 석회모르타르로 콘크리트 돔에 방수처리를 실시하였다. 그러나 종합적으로 '보존'에 대한 개념보다는 토목공사적인 입장에서 실시되어 자연적인 공조가 무시되었다. 따라서 석굴암 내부는 누수와 결로가 발생하고 이끼 발생 등의 문제점이 대두된 것이다.

11 당시 실시한 증기세척의 정도와 방법, 처리 부분 등 자세한 사항이 기록으로 전하지는 않아서 정확한 현황은 파악할 수 없으나 세척이 실시되었다는 내용과 석굴암의 보존처리에 대한 내용은 다음 연구를 참조할 수 있다.
    문교부, 「석굴암석굴의 현황과 보수대책(안)」, 1961.
    진홍섭, 「석굴암 보존의 경위」, 『고고미술』 2, 8, 1961.
    황수영, 「석굴암공사를 끝내고」, 『신동아』 1, 1964.
    문화재관리국 편, 「석굴암의 보존연구자료」, 1971.
    한국과학기술연구소 편, 「석굴암·다보탑 및 석가탑의 세척과 보존에 관한 연구」, 1971 한국과학기술연구소 편, 「석굴암의 과학적 보존을 위한 연구」, 1974.
    1900년대 초반에 실시된 보존처리나 복원은 주로 일본에 의한 공법으로 이루어졌는데, 석굴암은 일본이 처리공법의 실험적 대상으로 실시한 것이어서 원형훼손에 대한 논란이 제기되고 있으며 현재까지도 수회에 걸쳐 원형이 변형되어 왔다.

후에도 세척작업이 이루어 졌는데, 경주역에 있는 기관사를 불러다 기름보
일러에 불을 때서 뜨거운 물을 스프레이식으로 세척하는 방법을 사용했다

180 석굴암 완전 해체 후 현황 (1941년)

181 석굴암 이중돔 설치공사장면 (1963년)   182 석굴암 이중돔 설치공사장면 (1963년)

고 한다[12].

1957년에도 석굴암의 세척이 이루어졌는데, 일제강점기에 일본인들이 장치한 스팀을 이용하여 닦는 방법을 사용하였다.[13] 세척으로 인해 석재표면의 이끼는 깨끗하게 제거되었지만 강한 압력에 의해 표면이 박락현상을 갖게 되어 벽과 천장에 조각된 조각상들의 표면 입상분해가 발생하였다.[14] 그러나 석굴암의 세척사례를 현재의 관점에서 볼 때 첫째, 처리 전 철저한

---

12 문화재관리국 문화재연구소, 『석굴암의 과학적 보존을 위한 국내 전문가 회의록』, 1991. pp. 10~11.
    석굴암 보존을 위해 1990년 12월 11일~13일 실시된 전문가 회의에는 김원룡(고고학), 황수영(미술사), 장경호(건축사), 신영훈(건축사), 이태녕(자연과학), 김효경(기계설비), 김종희(재료공학), 전상운(과학사), 민경희(생물), 이상헌(지질) 위원 등이 참석하였다. 석굴암 세척에 관한 구술은 황수영위원의 회고이다.
13 이는 공식적인 보존작업이 아니라 UN사절단이 석굴암을 방문한다고 하여 임의로 세척을 실시한 것이었다.
14 고압의 증기세척 후 석굴암 바닥에는 많은 돌가루가 떨어져 있었다고 전해지고 있어 조각면이 심하게 훼손되었음을 알 수 있다.

실험을 통해 처리의 정도와 방법을 신중하게 결정해야 함이 필요하며 둘째, 어떠한 보존처리 방법이라도 처리 후 다시 원래 상태로 되돌아갈 수 있는 가역성可逆性이 있어야 하고 문화재에 다른 훼손이 있어서는 안되며 셋째, 시간이 걸리더라도 문제의 근본적 원인을 찾아 제거하는 방법이 우선되어야 했다.

한편 과학의 발달과 함께 보존처리의 방법은 늘 개선되고 있고, 새로운 방법들이 시도되고 있기 때문에 어느 한 가지 방법이 최선이라고 단정 지을 수는 없다. 따라서 계속적인 모니터링을 통해 검증을 하고, 방법을 개선시켜 나가는 것이 중요하다 하겠다.

석굴암에서 실시된 증기세척 이후 건식세척, 습식세척, 블라스팅을 이용한 세척, 화학약품을 이용한 세척, 레이저기기를 이용한 세척 등 세척방법은 외국 선진사례 접목과 함께 다양하게 발전하였으나 일부 작업에서 새로운 문제점이 야기되기도 하였다.

일부 세척방법은 석재표면을 마모시키는 결과를 초래하여 작업자의 주의가 요구되는 데, 블라스팅과 같은 물리적 세척방법을 사용할 때 석재가 풍화되어 있으면 마모가 쉽게 발생되므로 석재와 오염의 상태에 따라 방법 선택이 고려되어야 한다.

최근의 환경오염은 석조문화재의 풍화를 더욱 촉진시키는데 오염물질 중 NOx, SOx 및 분진들은 유기물로 침착되어 표면을 오염시키고 미생물의 영양원이 된다. 미생물이 발생한 석재는 생물막(Biofilms) 형성으로 인해 표면이 훼손되고, 이끼류, 초본류와 같은 고등식물의 생육을 가속화하여 훼손을 가중시키고 있다.[15] 따라서 1990년부터 석조문화재 표면에 발생한 생물을 제거하기 위해서 살생물제를 사용하여 괴사시키는 방법이 사용되기도 했다.[16] 일반적으로는 생물피해를 절감시키기 위해 주로 중성세제를 사용한 세척이나 고압으로 물을 분무하는 방법 등이 그동안 사용되어 왔다. 그러나 세제의 경우 필연적으로 인과 질소 등을 다량으로 함유하고 있어 1차 세척 후 생물훼손의 재발생이 곧바로 일어나며 표면에 잔류하는 이들 물질 때문에 도리어 생물의 착생을 쉽게 만드는 문제점이 나타나기도 한다. 고압으로 물을 분무하여 세척하는 방법은 유럽의 대형 구조물에 많이 사용되고 있으나 2차 오염과 표면손상이 발생하기도 한다. 또한 세척 후 석재 표면이 너무 깨끗하면 역사적인 흐름을 느낄 수 없어서 이질감이 느껴진다고도 한다. 이와 같이, 여러 가지 세척 방법이 있지만 발생되는 문제점에 대한 개선방법이 명확하지 않아 현재는 주로 증류수를 이용한 습식세척을 권장하고 있는데, 습식세척만으로 제거되지 않는 오염물도 있어 이에 대한 대안이 요구되고 있다.[17]

---

15 「(문화재보존지침서-석재) 석조문화재 생물침해와 처리방안」, 국립문화재연구소, 2006, p.3 참조. 2006년 배포한 지침서에는 석조문화재에 발생되는 조류 · 균류, 이끼류, 지의류, 초본류의 종류와 제거방법이 정리되어 있다.

16 현재 석조문화재의 생물제거를 위해 주로 사용되는 약품의 종류는 AC322, AB57, CT-1, CT-2, K101, K201 등이 있다. 생물의 화학적 처리를 위한 약품은 현장 여건을 고려하여 선택되어야 하며, 먼저 피복되어 있는 식물종과 상태를 파악하여 처리 계획을 세우는 것이 가장 중요하다. (한병일, 「마애불 보존상태 및 보존방안에 대한 연구」, 동국대학교문화예술대학원 석사학위논문, 2003, p.74 참조)

17 2003년 9월~2004년 4월에 실시된 산청대원사다층석탑(보물 제1112호)의 세척의 경우는 본래 건 · 습식세척으로 처리공사가 설계되었으나 현황점검에서 오염의 피복정도가 심해 습식 후 스팀세척을 실시하는 것으로 변경되었다. 오염의 정도가 심할 경우에는 건 · 습식세척만으로는 완전 제거가 어려운 사례이다.

오염의 정도에 따라 세척방법이 다르게 적용되어야 하겠지만 일부 오염은 제거하지 않을 경우 석재 풍화를 가속시키고, 심미적으로도 좋지 않으며, 심하면 석재와 함께 박락될 수도 있기 때문에 반드시 제거해야 하는 경우도 있다.[18] 지금까지는 세척의 정도에 대해 명확한 기준이 없고 세척방법들마다 장단점이 있어 많은 논란이 되고 있는데, 2006년 금산사 석조문화재의 세척결과(그림183,184)에 대한 언론 내용[19]은 세척의 기준이 모호하여 발생된 논란의 대표적인 경우이다. 2005년 실시한 금산사 석조문화재의 습식세척으로 석조물 표면이 깨끗해졌는데, 한 미술사학 연구자가 석조물에 묻은 때도 고색창연함으로 석조문화재와 함께 역사의 흔적인데 이를 세척함으로써 원형을 손상시켰다고 게재한 것이다. 보존과학의 입장에서 볼 때는 이끼류 등을 방치하여 확산될 경우 균열, 표면 탈락 등의 훼손발생이 우려되므로 오염물을 제거하는 것이 바람직한 보존방안이었으므로 세척을 실시한 것이나 세척정도의 기준이 미술사학, 역사학적 측면과 보존적 측면에서 서로 다르기 때문에 이와 같은 異見이 대두된 것이었다. 오염물을 완전히 제거하면 고색 또한 제거되어 석조문화재의 표면은 우리에게 익숙한 색감이 아닌 신선한 암석색인 백색을

---

18 개성경천사지십층석탑에 피복된 흑색오염의 경우, 옥개석 하부 등 통풍이 잘 안되어 오염이 두껍게 피복되어 있는 부분에서 오염층이 표면에서 떨어져 나오는 경우가 빈번하게 발생하였다. 그러나 오염층은 원석 표면에 견고하게 고착되어 있어 탈락 시 원석의 표면과 함께 동반탈락하여 탈락된 부분은 원석의 내부층이 드러나고 있었으며, 이로 인해 표면의 부조조각이 소실되기도 하였다. 그러므로 두꺼운 오염층으로 발전되어 원석훼손이 발생되기 전에 오염층의 제거가 필요하다.

19 2006년 4월 30일 중앙일보에서는 '천년 묵은 때가 국보인 것을'이라는 제목으로 김제 금산사 석조물의 이끼를 모두 제거하여 역사의 흔적을 잃었다고 게재하였다. (2006년 4월 30일, 중앙일보, 정재숙 기자)

183 금산사 방등계단 세척 전   184 금산사 방등계단 세척 후

떠게 되는 경우가 있는데, 이에 대해서 거부감을 불러일으키는 것이다.

세척의 정도가 지나칠 경우에는 석조물 표면이 마모되어 조각이나 각자

가 훼손될 수도 있기 때문에 객관적인 기준이 필요한데, 지금까지는 자문회

의를 바탕으로 한 작업자의 주관적 판단이 현장에서 크게 작용해왔다.

2006년 김제 금산사 석조문화재 보존처리 관련에 대한 논란 이후 보존과

학 분야에서는 세척에 관한 많은 연구들이 진행되었는데, 발전적인 방안마

련을 위해 2007년 5월 석조문화재보존 국제심포지엄이 개최되었다. 심포

지엄에서는 영국, 독일, 이탈리아 등 외국의 세척사례들이 발표되고 세척에

대한 기준이 논의되었는데[20], 영국의 경우에는 '주요 건축물의 리스트가 있

---

20 현재 세척은 적합한 정도에 대해 미술사학적, 종교적, 지질학적, 심미적(예술적), 보존
과학적 기준이 모호하여 작업에 논란의 여지가 있어왔다. 이러한 기준에 관한 논의를
위해 2007년 5월 29일 개최된 '석조문화재보존 국제심포지엄'에서는 한국, 일본, 이탈리
아, 영국, 독일에서 참석한 미술사학자, 지질학자, 보존과학자 등 여러 분야의 연구진이
참석하여 석조문화재 세척사례와 연구에 관해 발표하고, 토론하였다. 논의 결과, 각 나
라마다 주요석조문화재의 대상이 다르고, 세척의 정도나 방법은 차이가 있지만, 손상이
나 훼손에 대해 여러 분야(미술사적, 지질학적, 보존과학적, 종교적, 예술적 등)의 공통
적인 정의를 찾는 것이 중요하며, 지나친 세척은 止揚되어야 한다고 종합되었다.
발표와 토론은『석조문화재보존 국제심포지엄』(국립문화재연구소, 2007)에서 참조할
수 있다.

어 정부에서 특별관리 되고 이들 건축물이 세척될 때는 오염으로 인해 구조적 손상이 우려되거나 오염으로 인해 건물의 기능이 저해될 경우에만 허가가 난다'고 발표하였다.[21]

현재 한국에서는 화학세척이나 물리적 세척은 석재에 훼손을 줄 수 있다고 평가되어 주로 증류수를 이용한 세척방법이 실시되고 있다. 석조문화재에 있어서 세척은 필요한 과정이기는 하나 세척정도와 기준이 심미적, 예술적, 보존과학적 분야에서 모두 다르기 때문에 공통적인 기준마련과 합의가 우선시되어야 할 것이다.

따라서 본 장에서는 지금까지 세척이 이루어진 사례들을 방법별로 검토해 보고 이를 분석해보고자 한다. 사례분석으로 살펴볼 수 있는 세척의 예는 압축공기세척기와 고온스팀세척기, 약품을 사용한 함안방어산마애약사여래삼존입상, 스팀세척을 실시한 경주 서악리삼층석탑, 건·습식 세척으로 오염물제거가 부족하여 스팀세척을 추가한 산청대원사다층석탑, 레이저세척기를 통해 검은 오염을 세척한 개성경천사지십층석탑, 붉은색 락카칠을 습포제로 세척한 서울삼전도비, 겔상태의 박리제를 이용하여 세척한 인조별서유기비, 화학약품(K201)을 사용해 오염을 제거한 부여대조사석불입상 등이다.

21　영국의 보존과학자 Maureen E. Youne(로버트 고든대학교)는 「영국 화강암 재질의 석조문화재 보존과 세척사례 연구」논문에서 영국에서 실시한 석조건축물의 세척사례를 발표하였다.

① 함안방어산마애약사여래삼존입상(咸安防禦山磨崖藥師如來三尊立像)

명 칭	함안방어산마애약사여래삼존입상	수 량	1좌
지정번호	보물 제159호	지정일	1963. 01. 21
소유자	국유	관리자	함안군
소재지	경남 함안군 군북면 하림리	조성시대	통일신라
구성석재	혼펠스(hornfels), 세립질변성암	보존위치	산밑
훼손등급	풍화 3등급, 생물피해 3등급, 구조안전 3등급		

	보수 일시	보수 내역
보수현황	1차 : 2000년	불상세척, 보호각설치
	2차 : 2002년	석축, 예불단, 세척, 휀스공사, 보존처리공사
	3차 : 2006년	배수로설치, 세척, 보존처리 공사

  보물 제159호인 함안방어산마애약사여래삼존입상은 통일신라 애장왕 2년(801년)에 만들어진 마애불로써 방어산 정상에서 남북방향을 갖는 작은 산맥을 따라 동쪽으로 연장된 능선의 상단부에 위치한다. 마애불의 전면은 정남에서 약 5°정도 서쪽을 향하고 있으며, 이 마애불을 중심으로 10m 정도의 좌우측에는 동일 종류의 암석이 절벽을 이루고 있다.[22]

  대부분의 석조문화재가 화강암 또는 화강편마암인데 비해, 이 마애불은 세립질 퇴적암 기원의 세일질 혼펠스(shale hornfels)로 이루어져 있다.[23]

---

22 함안방어산마애약사여래삼존입상에 대해서는 다음과 같은 연구들이 있다.
    공주대학교 문화재보존과학연구소, 『방어산 마애불 보존처리』, 2002.
    문명대, 『한국의 불상조각』, 예경출판사, 2003.
23 마애불이 노출된 지역의 기반암은 함안층의 회색 세일이나 방어산 서쪽에 분포하는 섬록암의 관입에 따른 열에 의한 접촉변성작용을 받은 청회색 또는 녹회색을 띠는 치밀하고 견고한 혼펠스로 변질되어 있다. 원암의 층리와 평행하게 박판으로 박리되어 약한 충격에도 암석의 박리를 따라 잘게 박락되는 경우가 많다. (공주대학교 문화재보존과학연구소, 앞 책, p.6 참조)

1992년까지 발목 이하가 묻혀 있었고 주위에 기와편과 주춧돌이 산재해 있었으나 2000년대에 들어 실시한 발굴조사로 인해 매몰되어 있던 대좌까지 드러나게 되었다.

함안방어산마애약사여래삼존입상은 지의류나 이끼류가 표면에 고착, 기생하면서 청남색 또는 진녹색의 반점상으로 산출되었다.[24] 이들은 성장이 멈추면 암흑색 또는 흑갈색으로 변색되어 미관을 해치고 암석의 풍화도 촉진시킨다.

2002년 보존처리 당시 표면에는 박락이 진행되어 있었는데, 특히 하단부의 박락이 심했다. 또 중앙본존불은 암흑색으로 변색되어 있었는데, 이는 생물피해와 잘못된 탁영으로 인한 훼손으로 추정된다. 또 마애불의 좌우측과 후면에 발달된 절리면에는 잡목과 잡초가 서식하고 있어 식물에 의한 기계적 풍화가 가속되고 있었다. 뿐 만 아니라 표면에서는 고등식물과 지의류의 기계적 풍화작용이 현저하여 얇은 선각의 조각판별은 시간이 경과할수록 어려워지고 있다.

2002년 보존처리에서는 생물체로 인한 풍화를 막기 위해 세척이 실시되었다. (그림184, 185) 세척은 물리적 방법과 약품을 모두 사용하였다. 먼저 물리적 세척방법으로 압축공기를 이용한 세척과 스팀세척을 실시하였다.[25]

---

24 마애여래입상의 암반에는 남조류3종, 지의류5종, 선태류4종, 양치류1종이 채집되었으며, 암반 표면에는 토양 남조류인 Lyngbya와 Gloeocapsa가 mat를 이루고 있는 것이 확인되었다. (공주대학교 문화재보존과학연구소, 앞 책, p.21 참조)
25 방어산 마애불은 빗물로 인해 위에서 흘러내린 흙물 자국들이 세척에 방해되므로 흙물제거가 선행되었다. 이는 스폰지나 부드러운 솔을 이용하여 제거하고 물을 분사하여 표면을 적신 후 압축공기로 부착생물과 오염물질을 제거하는 것이다. 압축공기를

184 세척 전 암반의 오염 현황　　　　185 세척 후 암반 현황

생물학적 오염이 심해 압축공기나 스팀세척으로는 시간이 오래 걸리거나 세척효과가 적을 것 같은 부분에는 영국 STONE HEALTH 사의 석재클리닝 약품인 ARTE MUNDIT No. I 을 사용하였다. ARTE MUNDIT은 오염부분에 부드러운 붓을 사용해 여러 차례 바르고 24시간 경과 후에 팩을 떼어내 듯이 제거하면 석재면과 접촉했던 부분에 남조류 등의 생물류가 붙어 세척되는 방법이다.(그림186) 이 방법은 날씨에 큰 영향을 받지 않기 때문에 야외에서 언제나 사용할 수 있다.

방어산마애불의 경우 새로운 세척기계와 방법이 시도되어 의의를 가진다. 그러나 4년 후인 2006년에 다시 세척과 보존처리를 시행하였는데 문제점으로는 첫째, 외국의 새로운 방법을 도입하면서 한국 현황에 맞는 지 충분한 임상실험이 부족하였다는 점이고, 둘째 예산, 공사 일정 등으로 인해 보존시민공만을 위주로 진행되었기 때문에 환경정비(상부 배수로설치, 수목제거 등)가

이용한 세척은 다소 시간이 걸리지만 손상을 주지 않는다고 알려져 있다. 그러나 방어산마애불에서 검은색으로 변질된 부분과 지의류의 세척은 압축공기를 이용한 세척만으로는 어려워 스팀세척과 화학약품 세척을 실시하였다.

186 오염제거를 위해 처리제 도포

함께 종합적으로 이루어지지 못한 것이다. 어떠한 새로운 약품이나 방법이라도 충분한 검토 후에 문화재에 적용되어야 하며 주변환경 요인을 제거하지 않으면 수년이내에 다시금 훼손이 진행된다는 것을 알 수 있다.

② 경주서악동삼층석탑(慶州西岳洞三層石塔)

명 칭	경주서악동삼층석탑	수 량	1기
지정번호	보물 제65호	지정일	1963. 01. 21
소유자	국유	관리자	경주시
소재지	경북 경주시 서악동 92-1	조성시대	통일신라
구성석재	화강암	보존위치	산밑
훼손등급	풍화 4등급, 생물피해 5등급, 구조안전 3등급		
보수현황	보수 일시	보수 내역	
	1차 : 1995년	해체복원	
	2차 : 2004년	세척	

보물 제65호인 경주서악동삼층석탑은 모전석탑模塼石塔 계열에 속하는 삼층석탑이다. 상륜부는 결실되었고 이형기단 위에 3층의 탑신을 세웠다. 址臺石은 長臺石 4매로 구성되어 있으며 그 위에 8개의 대석을 2단으로 쌓아 이형기단을 구성하고 있다.[26]

2004년에 보존처리(세척)가 실시된 바 있는 경주서악동삼층석탑은 처리 당시 기단부와 옥개석 상부에 지의류 등의 생물피해가 심각한 상태였다. 또 석탑의 지대석과 기단을 이루는 8매의 석재는 표면에 녹색의 고착지의류가 광범위하게 서식하고 있어 미관을 해칠 뿐 아니라 석재의 풍화를 촉진시키고 있었다. 석탑은 주변에 일조량을 방해하는 수목이 형성되어 있고 야산이 있어 통풍 및 수분증발이 원활치 않아서 초본류의 서식이 진행 중 이었고, 이로 인해 습한 환경이 조성되어 지의류 발생이 증가하고 있어 관리가 요구되고 있었다.

생물피해를 방지하기 위해 2004년에는 국립경주문화재연구소에서 보존처리를 실시하였다. 석탑 전면의 지의류, 이끼류 등의 생물제거와 과거 보수되었던 접합부 합성수지 등의 재처리, 주변 잔디제거 후 마사토로 교체

---

26 서악동삼층석탑에 관해서는 다음과 같은 연구들이 진행되었다.
국립경주문화재연구소 · 경주시청,『경주석탑 및 석조문화재보수 정비 보고서- 서악동삼층석탑 보존처리, 주변정비 및 분석결과』, 2005.
강철홍,「한국석탑의 감실 및 문비에 관한 연구」, 전남대학교산업 대학원 석사학위논문, 2005.
도진영,「서악리삼층석탑에 형성된 표면오염물의 특징과 그 제거방안 연구」, 경주대학교 문화재연구소, 2005.
이명성 · 정민호 · 정영동 · 이찬희,「경주서악리삼층석탑의 훼손상태 및 보존처리」『보존과학회지』18, 한국문화재보존과학회, 2006, pp.63~74.

187 표면 오염물 세척 전 188 표면 오염물 세척 후

및 주변수목 가지치기, 배수로 정비 등의 주변환경 정비가 이루어졌다.[27]

세척은 석재에 손상이 가지 않도록 부드러운 솔과 나무칼로 건식세척을 실시(1차 세척)하고, 지의류 등 잘 제거되지 않는 부분은 증류수를 뿌려 충분히 불린 다음 부드러운 솔과 나무칼로 제거하는 습식세척(2차 세척)이 실시되었다. 이끼류처럼 암석표면에 깊이 서식하는 생물은 증류수 세척만으로

27 『경주석탑 및 석조문화재보수 정비 보고서-서악리삼층석탑 보존처리, 주변정비 및 분석결과』국립경주문화재연구소 · 경주시청, 2005.
2004년 경주석탑 및 석조물문화재의 보수 · 정비사업은 경주시가 분황사석탑, 서악동삼층석탑, 경주석빙고의 생물피해 제거 등의 세척과 배수로 및 주변환경 정비를 국립경주문화재연구소에 의뢰한 사업이다. 조사와 자문회의를 통해 처리방법이 논의되었고, 암석학적 조사와 풍화상태 조사 등의 예비조사가 이루어졌다.

189 2007년 조사 현황   190 세척 후 세부 (2007년 조사)

는 제거가 잘 되지 않아 고온스팀 세척기를 사용해 제거하였는데, 고온스팀
은 남아있는 균사까지 제거하는 데 유리하였다. (그림187, 188)

삼층석탑 주변의 수목과 잔디는 완전히 제거되었으며 동쪽 비탈에서 흘
러내리는 빗물 피해를 최소화하기 위해 동측에 배수로를 설치하였다.

세척 후 석재표면에 도포되어 있던 이끼나 지의류 등은 제거되었으나 너
무 깨끗하게 세척되어 지나치게 하얗게 되었다고 평가되기도 하였다. 2007
년 관찰 결과 생물류의 서식은 발견되지 않고 있으며, 전반적으로 하얗게
보여 탑이 밝게 느껴진다. (그림189, 190)

서악동삼층석탑의 세척에 대해서도 금산사 석조문화재와 마찬가지로 지
나친 세척논란이 있었다. 석조문화재는 세척 전에 자문회의를 통해 작업 내

역이 정해지기는 하지만 세척방법에 대해 논의되고, 세척의 정도에 대한 정확한 기준은 미흡하기 때문에 이러한 문제점이 발생할 수 있다. 그러므로 추후 세척 시에는 중간 점검을 통해 세척의 정도를 보존적 입장과 심미적·미술사적 입장에서 조율하는 과정이 필요하다고 생각된다.

③ 산청대원사다층석탑(山淸大源寺多層石塔)

명 칭	산청대원사다층석탑	수 량	1기
지정번호	보물 제1112호	지정일	1992. 01. 15
소유자	대원사	관리자	대원사
소재지	경남 산청군 삼장면 유평리	조성시대	조선시대
구성석재	화강편마암	보존위치	사찰 내
훼손등급	풍화상태 4등급, 생물분포 1등급, 구조안전 3등급		
보수현황	보수 일시	보수 내역	
	1차 : 1989년	해체보수, 균열부 접합	
	2차 : 1997년	주변정비	
	3차 : 2004년	세척, 배수로 위치변경, 담장해체	

경남 산청군 대원사 사리전 앞에 서있는 대원사다층석탑은 2단의 기단위에 8층의 탑신을 세운 모습으로 상륜부는 일부만 남아있다. 자장율사가 처음 세웠던 탑은 임진왜란 때 파괴되었으며 조선 정조8년(1784년)에 다시 세워놓은 것이며, 전체적인 체감비율이 뛰어나고 조각이 소박하다.

석탑 표면에는 균류, 지의류, 이끼류가 고착되어 황갈색, 녹색 등의 다양한 색을 띠고 있었으며 생장이 멈춰 암흑색 또는 흑갈색으로 변색된 부분은 미관상 좋지 않고 암석의 풍화를 촉진시키고 있었다. 지의류 피복은 전체 50%를 넘는 면적을 차지하고 있어 심각한 상태였으며, 특히 옥개석은 90%

정도가 피복되어 있었다.

뿐 만 아니라 흑색층의 오염층은 인근 선방이나 전각에서 난방을 위해 배출되는 불완전 연소가스[28]가 석탑 표면에 집적되어 발생된 것으로 추정되는데, 석탑의 40% 이상의 면적에 피복되어 있었다.

석탑에서 가장 심각하게 보이는 것은 변색에 의한 적화현상이었다. 적갈색 산화물의 집적에 따른 적화현상으로 철산화물 비중이 4~6정도로 다른 광물질보다 조금 높기 때문에 나타나고 있었다. 그 외에도 시멘트 모르타르의 노화에 의한 백화현상이 나타나는 등 석탑 표면 오염이 심각하여 세척이 실시되게 되었다.

세척작업에 앞서 가장자리 한곳을 지정하여 샘플링 세척작업을 실시하였다. 샘플링을 통해 세척의 강도와 회수, 세척 적용범위를 결정하였다.

세척작업은 1차로 대나무칼, 수술용 메스(mess)외 불소수지가 Blending 된 부드러운 솔을 이용하여 표면에 집적되어 있는 지의류, 이끼류 및 오염물질을 제거하였다. (그림191)

1차 건식세척 후에는 증류수 및 알콜을 이용한 습식세척을 실시하였다. 건식세척 후 남아있는 오염물층은 증류수와 알콜을 4:1로 혼합하여 오염된 부위에 적용하였다. 방법적으로는 수분 보유력이 강한 거즈를 덮어 충분히 불린 후 오염입자를 분상화粉狀化 시킨 후 플라스틱 솔을 이용하여 습식세척을 실시하였다. (그림192) 습식세척이 완료된 뒤 증류수로 충분히 린스하

---

28 대원사에는 5개의 굴뚝이 있는데, 2개는 현재까지도 난방용으로 사용되고 있다. 난방용으로는 땔감을 사용했는데, 땔감에는 고분자화합물인 송진이 다량 함유되어 있으며 이는 연소 시 불완전연소작용을 유발시켜 석탑에 영향을 주고 있다.

191 1차 세척- 건식세척

192 2차 세척- 습식세척

193 3차 세척- 스팀세척

여 약품성분이 남아있지 않도록 하였다.

붉은 산화물 오염층과 백색 산화물층을 제거하기 위해 EDTA$(C_{10}H_{16}NaO_8)$[29]

증류수에 약 3~5%로 혼합하여 오염된 부위에 적용하였는데, 방법적인 부분

---

29 무색의 결정성(結晶性) 분말로 에틸렌디아민테트라아세트산 이라고 하는데 금속이
    온에 배위되거나 염이 되어 있을 때는 H를 잃는 방법에 따라 EDTA라는 기호를 사용
    하는 것이다. 물에 대한 용해도는 22℃에서 100ml의 물에 0.2g 녹으며 에탄올 · 에테
    르 등의 유기용매에는 녹지 않는다.

194 오염물 세척 전   195 오염물 세척 후

은 거즈를 이용한 앞서의 방법과 동일하다. 처리 후에는 거즈를 덮어 증류수로 내부 약품을 흡착, 잔존 약품을 최소화 하였다.

일부 오염층은 앞서 시행한 건·습식 세척으로 제거되지 않았으므로 추가로 스팀세척을 실시하였다. (그림193) 스팀세척작업은 순수한 물의 증기를 이용하는 방법으로 그리즈 부분의 제거에 적용되며 0.5bar(10psi)~5.5bar(80psi)의 증기압으로 분사 시 크러스트의 제거도 용이하며 굴곡이 심하여 물리적 세척이 어려운 표면에 이용한다. 스팀의 뜨거운 열기를 이용하여 이끼류처럼 암석표면에 뿌리를 내리며 기생하는 생물의 고사를 유도하고 균사까지 제거가 가능하였다. (그림194)

대원사다층석탑은 구성석재가 철성분을 많이 함유하고 있어 산화가 잘되고 시멘트 모르타르에 의한 백화현상이 심하게 진행되는데, 2004년 세척을 실시한 후 현재 다시 산화와 백화현상이 진행되는것으로 파악된다. 이를 저지할 완벽한 대책은 현실적으로 어렵지만 가능하면 예방적 차원에서 오염물이 두껍게 피복되기 전에 증류수 등을 사용하여 정기적으로 관리하는 것이 필요하다고 판단된다.

④ 개성경천사지십층석탑(開城敬天寺址十層石塔)

명 칭	개성경천사지십층석탑	수 량	1기
지정번호	국보 제86호	지정일	1962. 12. 20
소유자	국유	관리자	국립중앙박물관
소재지	서울 용산구 용산동 6가	조성시대	고려시대
구성석재	대리암	보존위치	박물관 내 보존
훼손등급			
보수현황	보수 일시	보수 내역	
	1차 : 1960년	결실부 보강, 균열접착, 해체복원	
	2차 : 1995년~2005년	세척, 결실부 보강, 균열접착, 해체복원 및 이전	

개성경천사지십층석탑은 1348년 조성되었다는 명문이 있는 고려시대 후기 기년명 석탑이다. 다양한 불회도상이 조각되어 있고, 당시의 건축양식을 충실히 표현하고 있어 건축사와 불교사, 미술사 등에 있어 매우 중요한 자료가 되고 있다. 그러나 1907년 일본에 불법반출 되었고, 1918년경 다시 한국으로 반환되었으나 훼손이 심해 조립되지 못하고 한동안 경복궁 회랑에 보관되어 있었다.

1959년~1960년에는 국립박물관에서 시멘트 모르타르로 결실부 복원과 접착 등의 처리 후에 경복궁 전통공예관 앞에 전시하였다. 그러나 도심 한복판에 위치하여 환경오염과 조류배설물 등으로 인해 오염이 가중되고 시멘트 모르타르의 풍화로 구조불안이 야기되었다. 따라서 1995년~2005년에 걸쳐 해체복원을 실시하게 되었다. 균열부의 접착과 결실부 복원, 세척 등의 보존처리가 이루어졌는데, 기존에 일반적으로 사용되는 보존처리 방법 외에 새로운 시도들이 이루어지기도 하였다.

세척작업의 대상이 된 개성경천사지십층석탑의 오염물은 주로 흑화된 흑색오염물이다.[30] 흑색오염물은 통풍이 적은 옥개석 하부에 집중적으로 발생하고 있었는데, 오염층이 점차 두꺼워지면서 탈락될 때 원석과의 동반 탈락 현상이 발생하였다. 또 오염정도의 차이가 심해 물리적 방법을 통한 오염물 세척 시 석재 퇴화층이나 조각부분의 결실과 같은 원형 손상이 우려되어 레이저세척을 실시하게 되었다.[31]

레이저세척은 물리적, 화학적 세척방법과는 달리 레이저의 단색성單色性을 이용하여 오염물질만은 선택적으로 제거하는 것이 가능하다. 석재 표면의 접촉으로 인한 마모가 발생하지 않으며 레이저에 의한 고온 효과로 표면 위에 존재하는 미세한 유기물도 살균하는 효과도 있다.[32]

경천사석탑에 사용한 레이저세척기는 Q-Switch를 적용한 Nd-YAG 레이

---

30 야외에 위치한 다른 석조문화재와 달리 도심한복판에 위치했던 경천사석탑은 대기오염의 영향으로 이끼류나 지의류 서식이 어려워 이들 생물류의 서식은 거의 없었고, 자동차 매연 등으로 발생한 분진으로 흑색오염물이 넓게 피복되어 있었다.

31 레이저를 이용한 세척은 유럽에서 먼저 적용되었다. Arthur Schwlow가 레이저를 개발한 이후 1972년 John Asmus는 레이저를 이용해 세척을 실험, 효과적인 결과를 얻었다. 홀로그래픽에 사용된 펄스파 루비레이저를 이용하여 표면세척을 실시한 것이 있는데, 석재표면에 손상없이 표면 오염물만이 선택적으로 제거되었다.
이후 영국의 Victoria & Albert 에서는 기계적 세척을 한 시편, 화학적 세척을 한 시편, 레이저 세척을 한 시편들의 환경영향 실험을 실시하였는데, 레이저 세척을 한 시편이 자연풍화작용에 훨씬 강하다는 결과를 얻었다. 1975년에는 베니스 Palazzo Ducale 기둥장식을 레이저로 세척하였는데, 이는 문화재의 레이저 세척 최초 사례이다. 이후 1990년대에는 레이저 기술과 시스템의 발전으로 문화재 복원을 위한 중요한 공정 기술로 현재 유럽을 중심으로 많은 연구가 진행되고 있다. (이종명,「문화재복원을 위한 레이저세정기술」, 보존과학회지 Vol. 10, 2001, pp. 10~20 참조)
레이저세척기를 통한 문화재의 세척은 일본 동경문화재연구소와 한국 국립문화재연구소의 공동연구 과정에서 도입된 것이다. 일본에서 사용하던 것을 기술협조 받아 한국 석조문화재에 적용한 사례이다.

32 이종명,「문화재복원을 위한 레이저세정기술」,『보존과학회지』Vol. 10, 2001, p. 15.

저 세척기(일본적외선주식회사)로써, 정해진 레이저빔의 출력에서 렌즈를 통해 방사되는 레이저빔이 모암의 노출면적으로 넓히거나 좁혀서 반응출력을 조절하는 방식으로 이루어져 있다.[33]

레이저세척기를 통한 세척작업은 1회에 매우 적은 부분이 세척되기 때문에 오랜 작업시간이 소요된다는 단점이 있으며, 처음 실시하는 방법이기 때문에 석탑에 도포된 일부 검은 오염만을 선택적으로 제거하였다. 검은 오염이 얇게 도포되어 있는 경우에는 비교적 세척작업이 용이하였으나 두껍게 도포되어 오염층이 파티나층을 이루고 있는 경우에는 세척 시 많은 주의가 요구되었다. 사진에서 보는 바와 같이 석재 표면의 오염층은 진행 단계에 따라 차이를 보이고 있는데, 검은 오염이 얇게 생성된 부분과 오염층 생성

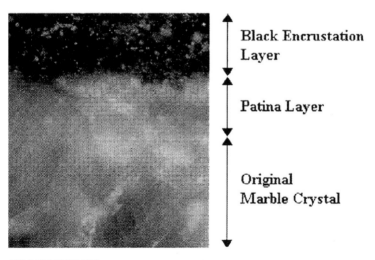

Black Encrustation Layer

Patina Layer

Original Marble Crystal

196 오염된 대리석 단면

33 김진형, 「Laser를 이용한 석조문화재 오염물의 제거에 관한 연구-경천사십층석탑에 발생된 오염물 중심으로」, 경주대학교대학원 석사학위논문, 2003년, pp.64~67 참조.

이후 반복적 생성 매커니즘의 진행으로 파티나층이 형성된 부분이 나타난다. 파티나층은 검은 오염층 아래층에 형성되는데, 오랜 세월동안 대기 오염물질과 암석 표면층의 반응으로 인하여 형성된 층으로서 조각부분의 형태를 그대로 유지하고 있기 때문에 오염물 제거처리에 있어 보존되어야 하는 층이다. (그림196)

Nd-YAG 레이저빔의 반사도는 검은 오염층에서 약 0.1, 퇴화층으로서 경도가 약화되어 있는 파티나층에서는 약 0.7, 원석층에서는 약 0.8 정도이다. 따라서 반사도에 따라 파티나층과 원석의 손상없이 검은 오염층만 선택적으로 제거해야 한다.[34]

경천사석탑의 레이저세척작업에서 옥개석 하부와 같이 오염층(그림197)이 두껍고 넓게 퍼져 있는 경우에는 세척 시간도 많이 소요되기 때문에 세척하지 않았다.

일반적으로 알려진 물리적, 화학적 세척과 다른 새로운 방법이 시도되었다는 데 있어 레이저세척기를 통한 세척은 의의를 지니고 있으나 검은

---

34 레이저를 이용해 검은 오염층이 제거되는 원리는 아래 그림과 같다.

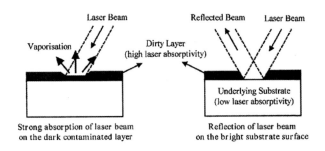

Laser Beam　　　　　　　Reflected Beam　　Laser Beam

Vaporisation　　　　　　Dirty Layer
　　　　　　　　　　(high laser absorptivity)

　　　　　　　　　　　　　Underlying Substrate
　　　　　　　　　　　　　(low laser absorptivity)

Strong absorption of laser beam　　　Reflection of laser beam
on the dark contaminated layer　　on the bright substrate surface

197 경천사석탑 검은 오염 현황   198 오염층 제거 전, 후 비교

색에만 반응을 한다는 한계로 인해 검은 오염 외에는 적용시킬 수 없는 한계가 있다. 따라서 현재 야외에 위치한 석조문화재에 분포해있는 고착지의류 같은 오염물의 세척에는 적합하지 않을 수 있으며, 보안경과 작업복, 출입이 제한된 작업환경 등의 작업 환경이 까다롭기 때문에 야외에서 적용하기에는 어려움이 있다. 즉, 레이저세척기는 일부 오염물의 제거에만 적합한 한계가 있으므로 보다 보편적인 사용방법에 대한 응용이 필요하다고 본다.

또한 새롭게 시도된 방법이므로 처리후의 지속적인 모니터링을 통해 훼손 여부를 살펴보는 것이 반드시 필요하다 하겠다. 임상실험 결과, 표면 훼손이 없다고 밝혀지긴 했으나(그림198) 세척의 영향은 몇 년 후에 나타나는 경우도 있으므로 향후 몇 년 동안은 세척부분에 대한 모니터링이 지속되어야 할 것이다.

⑤ 서울삼전도비(서울三田渡碑)[35]

명 칭	서울삼전도비	수 량	1기
지정번호	사적 제101호	지정일	1963.01.21
소유자	국유	관리자	송파구
소재지	서울 송파구 석촌동 289-3	조성시대	조선시대
구성석재	대리암(비신), 화강암(귀부)	보존위치	평지
훼손등급			
보수현황	보수 일시		보수 내역
	1차 : 2002년		귀부파손부위성형 접합, 세척
	2차 : 2007년		낙서, 오염물제거

서울삼전도비는 병자호란 때 청군淸軍의 침입에 패배한 조선이 삼전도
에서 강화를 맺은 뒤 여진이 세운 나라인 청 태종太宗의 요구에 따라 그
의 공덕을 새긴 비이다. 원래의 명칭은 「대청황제공덕비(大淸皇帝功德碑)」
로, 도승지 겸 예문관 제학이던 이경석(李景奭, 1595년~1671년)이 비문을
짓고, 글씨는 오준(吳竣, 1587~1666)이, 「大淸皇帝功德碑」란 전서篆書 제목
은 여이징(呂爾徵, 1588~1656)이 썼으며, 인조 17년(1639년) 12월 8일 비를
세웠다.

---

35 본 연구의 사례분석에서는 국보, 보물에 한하여 서술하고 있으나 서울삼전도비에 적
   용한 습포법은 새로운 사례이므로 언급하였다.
   서울삼전도비에 대해서는 주로 비문에 관한 다음과 같은 연구가 주류를 이룬다.
   최학근, 「소위 '삼전도비'의 만문 비문 주역」, 『국어국문학』 제49ㆍ50권, 1970.
   서울특별시역사편찬위원회, 『서울의 문화재』 제1-5권, 2003.
   이경석ㆍ강혜선, 「삼전도비문의 찬자」, 『문헌과 해석』 통권11호, 2000.
   박상규, 「삼전도비문의 몽고어에 관한 연구 : 특히 몽고어의 전사법을 중심으로」, 『인
   문논총 7』, 1998.
   김성균, 「삼전도비 수립시말」, 『향토서울』 12, 1961.

199 서울삼전도비 낙서   200 서울삼전도비 낙서제거 후

서울삼전도비에는 조선이 청에 항복하게 된 경위와 청 태종의 침략을 '공덕'이라 찬미하고 있는데, 이를 굴욕적으로 여기던 한 시민에 의해 붉은 페인트로 "철거"라고 낙서되어 졌다.[36] (그림199)

국립문화재연구소 보존과학연구실에서는 페인트 제거를 실시하게 되었는데, 낙서된 석재표면은 풍화되어 있고 각자가 새겨져 있어서 세척 시 세심한 주의가 요구되었다. 따라서 페인트 제거 전에 임상실험을 통해 페인트의 특성을 파악하고 페인트 제거제(리무버)를 이용한 방법, 레이저 세척기를 이용한 방법, 아이스 블라스터 기기를 이용한 물리적 방법 등 여러 가지 방

36   2007년 2월 4~5일경 비신의 전면에 "철 370", 후면에 "거"자가 붉은색 페인트로 칠해져 훼손되어 있었다.

법의 적합성이 실험되었다.[37] 실험을 통해 습포제를 사용한 제거방법이 채택되었는데, 이는 석조문화재 오염물 제거에 보편적으로 사용되던 방법이 아니라 새롭게 시도된 방법이었다.

먼저 접착식 습포제(셀룰로우즈계+디클로로메탄)를 비신의 낙서부분에 바른 후 거즈를 도포하여 습포제의 두께가 형성되도록 하였다. 완전히 건조를 시

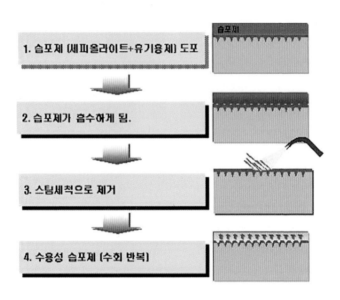

201 서울삼전도비 낙서제거용 습포법 원리

37 서울삼전도비의 낙서는 낙서 후 시간이 경과하여 붉은색 페인트가 석재내부로 스며
    들었고, 석재풍화로 인해 표면이 약화되어 있었다. 이러한 점을 고려하여 실시된 예
    비실험 결과 페인트 제거제(리무버)는 페인트가 완전히 제거되지 않았고, 아이스 블
    라스터는 물리적 충격으로 인해 표면손상이 우려되었다. 검은색에 주로 반응하는 레
    이저세척기는 낙서가 붉은 색이어서 효과적으로 제거되지 않았으므로 표면 손상없이
    페인트가 지워진 습포법이 채택, 적용되었다. (문화재청 보도자료, 2007년 3월 23일자
    참조)

킨 후에는 제거하였는데, 습포제가 건조되는 과정에서 페인트의 주성분인 초화면수지를 용출시켜 흡착, 제거하였다. (그림200) 건조된 습포제를 제거한 후에는 전체적으로 스팀세척기로 세척하기를 10여회 반복 실시하였다. 접착식 습포제작업 후 남은 붉은색 페인트는 수용성습포제(라포나이트+증류수+비이온 계면활성제)를 도포하여 건조되면서 페인트가 흡착되면 제거하였다. 이 과정을 수회 반복하여 물리적 손상 없이 페인트를 제거할 수 있었다. (그림201)

한국 석조문화재는 야외에 위치하고 있기 때문에 서울삼전도비 락카칠 낙서와 같은 인위적 오염물 발생되는데, 특히 삼전도비의 낙서제거는 비신에 각자가 있고, 풍화되어 있어서 일반적으로 실시되는 증류수세척 등의 물리적 세척이 불가능하였다. 또한 붉은색의 락카로 된 낙서여서 검은색 오염에 주로 반응하여 제거하는 레이저세척기 등도 적용할 수 없었다. 그렇기 때문에 습포법濕布法을 새롭게 실시하게 된 것이다. 이것은 수회의 임상실험을 통해 페인트가 지워지는 것을 확인하고 현장 적용한 것인데, 1회 실시할 때 습포제에 묻어나는 오염(낙서)의 양이 매우 적기 때문에 작업시간이 오래 걸리게 된다. 또한 눈, 비와 같은 자연환경에 따라 작업시간과 작업 정도가 영향을 받게 될 수 있다. 그러나 물리적인 마찰 없이 진행할 수 있는 장점이 있어서 풍화가 심한 사암재질의 경우에는 적합하게 적용될 수 있는 방법이라고 생각된다.

습포법도 레이저세척기를 사용한 방법과 마찬가지로 장점도 있지만 보편적인 세척방법으로 통용되기에는 한계를 지니고 있다. 따라서 세척방법은 대상 석조문화재의 오염현황에 따라 올바른 방법이 선택되어야 할 것이다. 또 앞서 언급한 것과 같이 레이저세척이나 습포법은 새롭게 시도되는 세척방법이므로 향후 몇 년 동안은 세척부분의 모니터링을 통해 변화추이를 살펴보아야 할 것이다. 그리고 습포법의 경우에는 임상실험이 더 보완되어야 할 것으로 생각되는데, 예를 들어 사암, 화강암, 대리암 등 암석별로 인공적으로 강제적인 풍화를 실시하여 각각의 암석에 따른 적합성 여부를 확인하는 것이 필요하다.

⑥ 인조별서유기비(仁祖別墅遺基碑)

명 칭	인조별서유기비	수 량	1기
지정번호	보물 제1462호	지정일	2006. 02. 17
소유자	국유	관리자	서울특별시
소재지	서울 은평구 역촌동 8-12	조성시대	조선시대
구성석재		보존위치	평지, 보호각 내 보존
훼손등급			
보수현황	보수 일시	보수 내역	
	1차 : 2008년	보호각 보수, 낙서, 오염물제거	
	2차 : 2011년	예비조사, 건 · 습식세척, 접합 및 복원, 강화처리	

이 석비는 조선왕조 제16대 임금 인조(仁祖, 1623~1649)가 반정으로 왕위에 오르기 전에 머물렀던 별서別墅를 기념하고자 숙종 21년(1695)에 세운 것으로 인조반정에 관련된 중요한 역사적 사실과 그 현장을 증명해 주는 사료로써 가치가 있다. 표제는 조선 19대 숙종의 어필御筆로 '仁祖大王龍潛之時別墅遺基碑'라고 쓰고 뒷면 음기陰記는 숙종의 어제御製를 동평궁東平君 이항이 쓰고 있어 가치를 더해준다.

귀부는 8각과 12각의 이중 기단 위에 놓여 있으며 조형적 측면에서도 중국의 영향을 받아 새롭게 등장한 조선시대 초기양식의 전통을 잇고 있는 동시에 지붕돌은 이수 대신 간결한 한옥양식으로 변화된 후기 석비양식의 특징을 완벽하게 보여주고 있어 조선시대 석비예술의 흐름을 파악하는 데도 귀중한 자료가 되고 있다. 1972년 서울시 유형문화재로 지정 후 2007년 2월 17일에 보물 제1462호로 승격되었다.

서울 은평구 역촌동에 위치한 인조별서유기비는 낮은 동산의 석축이 조성된 지반위의 보호각 내에 자리 잡고 있다. 비가 위치한 동산 주변으로는 놀이터 공원과 민가들이 인접하고 있으며 좌우측으로는 도로가 있다. 좌우측에서 보호각으로 향하는 진입계단이 설치되어 있다.

인조별서유기비는 구조적으로는 비교적 안정하나 페인트계의 오염물로 외관이 훼손되어 있고, 귀부 꼬리부분이 파손되어 있었다. 표면은 대기오염으로 인한 분진 등이 흡착되어 있어 석재 원래의 질감이나 색감이 저하되어 있었다. (그림202)

보호각 주변으로는 수목樹木이 밀집하고 있어 여름철에는 일조량이 충분히 확보되지 않고 다습한 환경이 조성되며 외부환경과의 소통이 원활하지 않아 경관 및 관리 측면에서도 개선의 필요성이 꾸준히 제기되었다. 따라서 이번 사업에서는 보호각의 출입감지센서 설치, 조명시설 설치, 보호각 내부 바닥 박석 정비, 주변 수목 정비 등의 주변정비공사와 인조별서유기비에 대한 보존처리가 진행되었다.

인조별서유기비에 실시된 세척은 귀부 두상頭上, 이수 4부분, 비신碑身 1부분에 실시되었는데, 자문회의와 적용테스트를 거쳐 겔상태의 박리제가 사용되었다. (그림203) 붉은 페인트칠이 되어 세척된 서울삼전도비의 사례와 같은 습포법 사용이 고려되기도 하였으나 실험결과 인조별서유기비는 습포법보다는 박리제의 제거 효과가 컸기 때문에 박리제를 사용하게 된 것

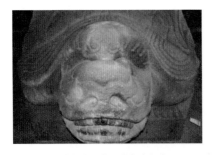

202 낙서로 인한 귀부 훼손 정면 및 측면

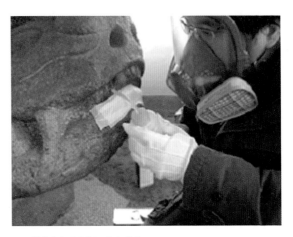

203 겔상태의 박리제로 낙서 제거

이다.[38] 겔상태의 박리제는 수용성이기 때문에 오염부분에 도포한 후 습식으로 닦아내는 방식으로 실시되었다. (그림204)

겔상태의 박리제는 일본에서 도입된 방법으로 현재 한국에서는 2007년

---

38 습포법은 서울삼전도비 비신과 같은 평평한 표면에 적용하기는 효과적이나 인조별서 유기비와 같이 입체적인 표면일 경우에는 오염물이 구석구석 제거되지 못한다. 반면 겔상태의 박리제는 붓으로 바르는 방식이므로 요철이 심한 경우에도 빈틈없이 발라 오염을 제거할 수 있어 효과적이다.

204 낙서제거 후 정면 및 측면

도피안사 철불좌상의 금박제거를 위해 사용된 것이 처음이다. 석조문화재
에 박리제가 적용된 것은 인조별서유기비가 처음인데, 페인트계의 오염물
제거에 효과적이고 표면에 요철이나 조각이 있어도 표면 흡착력이 뛰어나
기 때문에 잘 도포되어 오염물을 제거할 수 있다.

현재 한국의 석조문화재 세척은 여러 가지 방법이 사용되었고, 또 시도되
고 있다. 문화재마다 모두 암석종류나 보존현황이 다르기 때문에 세척방법
또한 각 대상에 적합한 방법으로 차별적인 적용이 되어야 한다고 생각한다.

⑦ 부여대조사석조미륵보살입상(扶餘大鳥寺石造彌勒菩薩立像)

명 칭	부여대조사석조미륵보살입상	수 량	1기
지정번호	보물 제217호	지정일	1963. 01. 21
소유자	대조사	관리자	대조사
소재지	충남 부여군 임천면 구교리	조성시대	고려시대
구성석재	흑운모 화강암	보존위치	산밑, 사찰 내 보존
훼손등급	풍화 2등급, 생물피해 3등급, 구조안전 3등급		
보수현황	보수 일시	보수 내역	
	1차 : 1977년	석축정비, 배수로신설, 주변정비	
	2차 : 1999년	배수로정비	
	3차 : 2002년	세척, 보존처리	

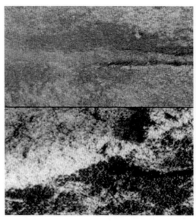

205 대조사불상 오염 현황 (세척 전)   206 표면 지의류, 이끼류 세부(세척 전)

　부여대조사석조미륵보살입상은 고려시대에 유행한 거대한 석조미륵보 살의 하나로 논산에 있는 관촉사석조미륵보살입상(보물 제218호)과 쌍벽을 이룬다.[39] 높이는 약 926m 이며, 암석은 흑운모 화강암으로 이루어져 있다. 뒷면의 등 부분과 보관, 두상이 이어지는 부분에는 시멘트 모르타르가 발라 져 연결되어 있으며 두 손에 지물로 들고 있는 꽃가지는 철제로 되어 있어

39　부여대조사석조미륵보살입상은 1999년에 미술사분야에서 학술조사와 정밀실측조사 가 이루어졌고, 2002년에는 보존처리가 실시되었다. 대조사석조미륵보살입상에 관한 연구는 다음과 같다.

전용환, 「고려시대 불상조각의 연구-석불상의 佛頭를 중심으로」, 홍익대학교 교육대 학원 석사학위논문, 1995.

한국문화유산답사회, 『충남』, 돌베개, 1996.

(사)한국미술사연구소 · 부여군청, 『대조사 석미륵보살입상-학술조사 및 보존처리 연 구』, 1999.

공주대학교 기초과학연구소 · 부여군, 『부여 대조사 석조미륵보살입상의 보존처리 공 사연구보고서』, 2000.

녹이 발생되어 있고, 이로 인해 손부분이 변색·박락되었다.

석불에는 남조류, 지의류, 이끼류, 양치류 등이 서식하고 있으며 전체적으로 남조류가 퍼져 있었다. 특히 전면은 5mm 이상의 두꺼운 남조류 층이 뒤덮여 있어 거의 조각을 판별하기 어려웠다. 또한 석불 표면은 전체적으로 박리현상이 진행되어 있는데 박리면 내부에 다양한 토양 남조류들이 번식하고 있었으며 특히 석불의 옷자락 부분과 전면 아래쪽에는 여러 겹의 박리가 관찰되고 있었다. (그림205, 206)

2002년에 실시한 부여대조사 석조미륵보살입상의 세척은 표면에 서식하는 남조류부터 하등식물에 이르기까지 생물을 제거하는데 중점을 두었다. 가장 간단한 방법으로는 보살입상 표면의 수소이온농도(pH)를 조절하는 것이 있는데, 그동안의 연구에 따르면 제거해야 하는 토양 남조류가 pH8이상의 알칼리성 용액에서는 매우 활발한 성장을 보이나 pH6 이하의 산성용액에서는 생장이 극도로 억제된다고 한다.[40] 그러나 Gloeocapsa나 Lyngbya는 내성을 띠어 최소한 pH5.4정도에서 생장이 억제되는 데 이 정도의 산성 용액에서는 석재 표면의 색이 달라지는 등 훼손이 발생될 수 있다.

부여대조사 석조미륵보살입상에서는 생물피해를 제거하기 위해 K201 약품으로 세척을 실시하였다(그림207).[41] 기존에 남조류 제거 약품으로 주로

---

40 Sze, P. A Biology of the algae, W.C. Brown Communications Inc, 1995.
41 세척에 사용한 K201 약품은 공주대학교 문화재연구소에서 생물제거를 위해 개발한 약품이다. 부여대조사석조미륵보살입상, 함안마천동마애불, 대산리석불입상 등의 석조문화재에 사용하였으나 과다세척 논란과 약품 사용 후의 검증이 완벽하지 못해 현재에는 보존처리 현장에서 거의 사용하지 않고, 주로 증류수에 의한 습식세척을 권장하고 있다.

207 오염물 세척 과정

사용되던 AC322 용액이나 AB57용액은 남조류에 처리했을 경우 생육이 억제되나 지의류나 선태류에는 효과가 미흡하였기 때문에 새로운 약품이 필요했는데, 실험 결과 새로 개발된 K201용액이 남조류나 지의류, 선태류를 효과적으로 제거하는 것으로 밝혀졌다.

생물류 서식이 많은 석재표면에 K201 시약을 분무하고, 약품의 흡수가 효과적이도록 부드러운 솔로 표면을 두드려 주었다. 일주일 경과 후 다시 2차 분무를 하고 물로 가볍게 세척하였다. K201 시약을 한번 더 묽게 타서 부드러운 솔로 쓸 듯이 표면을 청소하여 생물 제거를 실시하였다. 3회에 걸친 처리 후 우기雨期를 지나 3개월 정도 경과 후 석재표면을 모니터링 했을 때에는 생물로 인한 오염이 거의 방제되어 있었으며, 생물류에 가려졌던 조각들이 원형을 되찾게 되었다.

2007년 세척된 부분에 대한 모니터링 결과, 석재표면에 생물류가 석불입상의 약 70% 범위에서 재발생하고 있는 것을 확인 할 수 있었다. (그림208, 209) 세척을 실시한 지 10년이 채 지나지 않았는데도 다시 지의류 등이 서

208 세척 후 조사(2007년 현황)   209 생물피해 재발생 (2007년)

식하게 된 것은 석불입상의 위쪽에 있는 소나무가 큰 요인으로 작용하였
다. 그러나 소나무도 지정된 보호수保護樹이기 때문에 제거할 수 없는 상황
이다. 이와 같이 주변 수목과 같이 관리하면서 문화재를 보존하기 위해서는
지속적으로 모니터링 하면서 변화추이를 관찰하고, 세척도 주기적으로 실
시해주어야 할 것이다.

　이상과 같이 7건의 세척사례에 대해 알아보았다. 세척의 종류로는 일반
적으로 많이 사용되는 습식세척과 스팀세척, 레이저세척, 습포법, 박리제,
화학약품도포, 살殺생물제 도포 등이 있음을 알 수 있으며 사례분석을 통한
각 방법은 특징을 정리하면 (표13)와 같다.

표 13. 세척종류 별 특징

No	세척종류	장점	단점
1	습식세척	모든 오염물에 적용가능, 비용이 저렴함	물리적세척 병행으로 훼손 심한 석재는 적용불가능
2	스팀세척	세척효과가 좋음	석재표면훼손우려가 있음, 과다세척논란우려가 있음
3	레이져세척	석재에 훼손이 가지 않음	흑색오염에 한정됨 장비가 고가임
4	습포법	석재에 훼손이 가지 않음 낙서에 적용	시간이 많이 걸림
5	박리제	석재에 훼손이 가지 않음	페인트오염에 한정적 적용
6	화학약품도포	세척효과가 좋음	화학약품 잔류 시 2차 오염 우려가 있음
7	살생물제도포	살생물효과가 있음	지의류, 이끼류 등에만 선택적 사용

(표13)과 같이 현대에 사용하는 세척종류의 장점과 단점을 알아보았다. 각 종류별 특징에서 보듯이 어느 한가지 방법으로 완벽한 세척이 이루어질 수 없음을 알 수 있다. 따라서 세척을 할때는 다음과 같은 주의가 요망된다.

첫째, 한 가지 방법의 세척보다는 오염의 형태에 따라 적합한 여러 가지 방법을 병행하되, 특징과 장단점을 잘 숙지하여 진행하여야 한다.

둘째, 조형물에 대한 전통적인 지식과 미술사적 의미를 알고 시행하여야 한다.

셋째, 오염부분 제거만이 아니라 주변 환경정비 등 유기적으로 얽혀있는 오염원인을 찾아 함께 제거해야 한다.

넷째, 주관적인 판단으로 실시하지 말고 시공 전, 시공 중간, 시공 후에 모두 전문가의 객관적 자문을 받으며 시행하여야 한다.

다섯째, 일시적 세척보다는 주기적으로 세척을 실시하여 석조물이 마모되는 등의 무리가 가지 않도록 해야 한다.

여섯째, 세척 후에도 오염 재발생의 우려가 크기 때문에 주기적인 모니터링과 관리가 반드시 필요하다.

(2) 접착 및 보강

문화재의 보존처리는 조성당시의 기법이나 재료를 사용한 전통적 방법으로 하는 것이 바람직하겠으나 현대에는 효과가 우수하고 사용이 간편한 합성수지와 같은 화학재료의 도입이 늘어나고 있다.

특히 균열부 접착에 사용된 전통방법은 유황을 끓여 부어 만든 은장이나 나비장 등의 보정물로 균열부재 간에 고정을 시키는 것이었는데, 이것은 시간이 경과한 후 녹이 발생되어 표면오염 뿐 아니라 석재부식까지 우려되고 있다. 따라서 현대에는 화학재료를 이용한 접착이 보편적으로 이루어지고 있다. 그러나 이러한 보존처리제는 화학적 기술의 진보와 함께 단시간에 변화, 발전하고 있다.

균열부 접착 및 보강에는 1900년 전반 일본인들에 의해 실시된 석굴암 보존처리부터 시멘트 모르타르가 주로 사용되어 졌다. 그러나 시멘트 모르타르는 세월이 지나면서 진회색이 강해지고, 풍화되어 석분이 떨어지거나 탈락되는 경우가 발생하였다. 또한 풍화된 시멘트 모르타르 부분이 탈락될 때 접착되어 있던 원부재原部材와 동방 탈락되는 경우가 많아 1960년대 이후 주로 사용되었던 시멘트 모르타르 부분은 현재 제거하고 에폭시수지로 재보수하고 있다.

1970년대 이후에는 실리콘수지, 아크릴수지, 에폭시수지와 같은 합성수지가 접착과 결실부의 수지모르타르 복원에 사용되었다. 에폭시수지는 다른 합성수지들과 비교하여 접착력이 우수하며 경화된 후에 수축이 적고 접착 시 압축이 필요치 않으며 상온에서 경화되는 특징이 있어 보존처리 현장에서 보편적으로 사용되고 있다. 석조문화재에 적용된 것은 1980년 도굴범들에 훼손된 국보 제10호 남원실상사백장암삼층석탑 접착복원이 처음이다.[42]

에폭시수지의 종류는 다양한데, 그 중에서 스위스 시바 가이즈에서 생산한 에폭시수지AW106(주제)와 HY837(경화제)이 주로 사용되었다. 그러나 처리 후 황변현상이 발생하여 국립문화재연구소 보존과학연구실에서는 수지 제조업체인 풍림산업과 공동으로 에폭시수지L-40, 에폭시수지L-30을 개발하여 현장에 적용되고 있다. 색변화를 비교해보면 가장 안정된 것이 에폭시수지L-30 이므로 석조문화재보존처리 현장에서 현재 가장 일반적으로 사용되고 있다.

한국 보존처리 방법에 많은 영향을 미치고 있는 일본에서는 문화재보존처리에 사용되는 합성수지 변천이 정리된 바 있는데[43], 가장 많이 사용되는 것은 에폭시수지이다. 석조문화재에서는 접착과 의석에 에폭시수지가 사용되고 강화처리에는 실란수지가 주로 사용되고 있다.

---

42 보존과학 초창기에 한국에 많은 영향을 주었던 일본의 경우, 1964년 般若寺十三重石塔의 수리에 에폭시수지 의석을 사용하는 등 1960년대에 문화재에 적용하기 시작했다. 에폭시수지는 개발 이후 다른 수지에 비해 접착성이 뛰어나고, 수축이나 뒤틀림이 적은 장점 때문에, 아크릴수지나 우레탄수지보다 문화재 보존처리현장에서 많이 사용되는 처리재이다.

43 竹之內 ネ谷・川野邊 涉,「文化財建造物の修復に用いられた合成樹脂の變遷」,『保存科學』37号, 東京國立文化財研究所, 平成9年(1998), pp.99~122 참조

일본 보존처리 현장에서의 에폭시수지는 대곡마애불大谷磨崖佛, 보현인탑 宝篋印塔, 고신사보탑鼓神寺宝塔, 반야사 십삼중석탑般若寺十三重石塔 등 이미 1960년대 주로 사용되기 시작하였고, 석분을 혼합하여 공극을 충진시키거 나 접착하는 데 적용하였다.

① 남원실상사백장암삼층석탑(南原實相寺百丈菴三層石塔)

명 칭	남원실상사백장암삼층석탑	수 량	1기
지정번호	국보 제10호	지정일	1962. 12. 20
소유자	백장암	관리자	백장암
소재지	전북 남원시 산내면 대정리	조성시대	통일신라
구성석재	흑운모 화강암	보존위치	산중턱, 사찰내 보존
훼손등급	풍화 4등급, 생물피해 1등급, 구조안전 4등급		
보수현황	보수 일시		보수 내역
	1차 : 1972년		해체복원
	2차 : 1980년		수지접합
	3차 : 2003년		주변정비, 발굴조사

삼층석탑이 위치한 백장암은 통일신라시대 흥덕왕3년(828년)에 홍척洪陟 이 창건한 실상사에 딸린 암자로 경작지에 탑이 세워져 있다. 낮은 기단에 3층의 탑신이 올려진 이 탑은 일반적으로 위로 올라갈 수록 너비와 높이가 줄어드는데 비해 거의 일정한 비율을 보인다. 또 층을 이루지 않고 두툼한 한 단으로 표현된 지붕돌의 받침도 당시 수법에서 벗어나 있다. 통일신라 후기에 세워진 것으로 추정되는 삼층석탑은 화려한 조각과 형식에 얽매이 지 않는 자유로운 형식이 돋보이고 있다.

백장암삼층석탑은 1980년 붕괴로 크게 훼손되어 파손부破損部의 접착 및 보강이 이루어졌는데, 석조문화재에는 실험적으로 사용되던 에폭시계 합성

수지가 본격적으로 적용되기 시작한 사례이다.[44]

1980년 2월 붕괴로 파손된 석탑은 같은 해 8월 6일~9월 15일 국립문화재연구소 지도로 수리복원이 이루어졌다. 파손부분을 조사한 결과 과거에 접착되어 있던 부분이 다시 파손되었는데, 과거 보수한 접착 부분의 접착력이 부족했기 때문으로 확인되었다. 과거에는 포리졸(Poly Vinyl alcohol)에 시멘트를 혼합하여 접착하였는데, 이렇게 혼합된 시멘트 모르타르는 점도가 높아 탈락면에 완전 접착이 어렵다. 또한 접착 후 완전 경화 될 때까지 고정시켜야 하는데 경화하는 데 오랜 시간이 걸리기 때문에 완전 경화 전에 작업을 완료하여 접착력이 떨어지게 되었다. 1980년 파손 당시에는 접착면의 15% 정도 면적에만 접착제가 남아있었다. 따라서 접착 부분에 점차 틈새가 발생되었고, 붕괴와 같은 충격이 가해졌을 때 접착면이 다시 떨어지게 되었다.

재접착을 위해 먼저 남아있는 기존 접착제를 제거하였는데, Methyl acetate 40%, Tetra-hydrofuran 50%, Methanol 10%를 혼합하여 폴리에치렌 紙(Poly Ethylene Sheet)에 묻혀 접착제 현존 면을 싼 후 24시간 경과시켜 접착

---

44 1980년대 실시한 백장암삼층석탑 보존처리 내용은 「文化財 保存을 위한 合成樹脂應用硏究(Ⅰ)」을 참조하여 정리하였다. (김병호, 「文化財 保存을 위한 合成樹脂應用硏究(Ⅰ)」, 『문화재와 더불어 살아온 길』, 미광출판사, 1997, pp.391~411 참조)
그 외에도 백장암삼층석탑에 관한 연구는 다음과 같다.
서연수, 「실상사백장암삼층석탑의 표면장엄에 대한 연구」, 이화여자대학교 대학원 석사학위논문, 1973
황미연, 「석조물에 나타난 주악상에 관한 연구-실상사백장암삼층석탑을 중심으로」, 『한국음악산고』6호, 한양대학교전통음악연구회, 1995
한국문화유산답사회, 『지리산자락』, 돌베개, 1996
허균, 『사찰장식, 그 빛나는 상징의 세계』, 돌베개, 2000

210 삼층석탑 전경(2007년 조사)   211 삼층석탑 세부(2007년 조사)

제를 녹여 내었다. 1980년 접착에는 에폭시수지AW106(주제)과 HY953(경화제)를 1:1로 혼합하여 사용하였다. 접착면이 넓기 때문에 단단한 결합을 위해 절단 부재에 스테인레스 봉을 심재로 박고 합성수지를 도포하여 압축밴드로 고정, 완전 경화 시켜 접착력을 높였다. 외부에 드러나는 표면에는 석탑과 동일 석분 모르타르를 만들어 수지면 위로 도포하여 동일한 재질감이 들도록 처리하였다.(그림210, 211)

백장암삼층석탑은 국립문화재연구소에서 에폭시수지AW106을 국내 석조문화재의 접합재료로서 처음으로 적용한 곳이다. 이후 1990년 후반 국내용 수지인 에폭시수지L-30이 개발되기 전까지 대부분 이 곳과 같은 방법을 사용하였다. 그러나 약 25년이 지난 현재의 시점에서 보면 당시 사용한 재료의 황변현상이 발생하고 석재와 접합면은 분리되는 문제로 많은 석조문화재를 재처리되었다. 현재도 에폭시수지L-30을 사용하고 있지만 이에 대해서도 여러 가지의 문제점(탈색, 이질감, 균열발생)이 나타나고 있으며 일부는 재처리가 필요한 상태이다. 따라서 새로운 접합약품과 방법의 개발이 시급하며 이에 대한 연구와 관심이 필요하다.

② 양주회암사지선각왕사비(檜巖寺址禪覺王師碑)

명 칭	양주회암사지선각왕사비	수 량	1기
지정번호	보물 제387호	지정일	1963. 09. 02
소유자	회암사	관리자	회암사
소재지	경기도 박물관	조성시대	고려시대
구성석재	대리암	보존위치	박물관 내
훼손등급			
보수현황	보수 일시		보수 내역
	1차 : 1997년		화재로 파손, 수습
	2차 : 1999년		복제비 제작

1997년 3월 성묘객에 의한 산불로 보호각이 소실되면서 보물 제387호인 양주회암사지선각왕사비가 심하게 파손되었다. 비신은 우백색에 홍점상 조직을 가지며 층리가 발달된 대리암인데, 화재로 인해 그을음과 흑색각질, 연화가 많이 나타나 약화되어 있었다. 특히 화재진압 시 살수에 의한 급냉으로 온도구배차가 발생되고 이에 따라 이차적 손상을 입어 비신이 110여 개의 암편으로 파쇄되었다. (그림212, 213)

파쇄破碎된 암편巖片을 접착하기 위해 최근 가장 보편적으로 사용되는 에폭시수지L-30이 사용되었다. 에폭시수지L-30의 사용 전에 먼저 적합한 처리재 선정을 위해 에폭시수지AY103, 에폭시수지L-30의 폭로시험을 실시하였는데, 실험결과 에폭시수지L-30의 색차값이 가장 적게 나타났다. 에폭시수지AY103과 에폭시수지L-30으로 접착된 시편이 실내와 실외에서 어

213 선각왕사비 화재로 인한 훼손

212 선각왕사비 훼손 전

214 훼손된 선각왕사비 귀부(2007년 조사)

느 정도 색변화를 보이는 지 관찰하였다(표14).[45] 충전제로는 Talc, Por-rok, mable 를 각각 사용하였다.

표 14. 에폭시수지의 실외, 실내 폭로시험 후 평균 색차값[46]

수지	에폭시수지AY 103+HY 956				에폭시수지L-30			
충진제	-	Talc	Por-rok	mable	-	Talc	Por-rok	mable
실외	20.5	8.70	18.8	16.5	3.20	3.41	9.75	9.05
실내	0.68	1.25	0.86	1.08	0.80	0.62	0.74	0.68

45 조연태 외, 「회암사지선각왕사비 보존처리」, 『회암사지 선각왕사비 보존』국립문화재연구소, 2001, pp. 22~23참조.
선각왕사비의 보존처리 및 실험은 국립문화재연구소 보존과학연구실에서 실시하였다.
46 조연태 외, 앞 논문, p. 23에서 발췌, 편집하였다.

국립문화재연구소에서는 이 비碑를 접착하면서 접착력은 유사한 에폭시수지AY103과 에폭시수지L-30의 비교실험을 하여 색차부분에서 변색정도가 낮은 에폭시수지L-30을 사용하게 되었다. 그러나 이후 암석재질巖石材質, 환경, 풍화상태와 관계없이 국내 모든 석조문화재를 접착하는 경우 에폭시수지L-30을 일률적으로 사용하여 이에 대한 문제가 현재 여러 곳에 나타나고 있어 국립문화재연구소에서는 새로운 수지의 개발을 준비하고 있다.[47]

화재 후 보존처리 된 선각왕사비는 현지에 재설치는 불가능하여 현재 대한불교 조계종 중앙박물관에 보관되어 있으며 선각왕사비의 원위치에는 원

215 보존처리(파손부 접합) 완료 후   216 원위치에 전시된 모형(2007년 조사)

47 국립문화재연구소에서 2008년 석조문화재수지개발과 관련한 R&D사업을 시행하고 있다.

귀부가 파손된 채로 방치[48]되어 있으며 선각왕사비의 복제품이 세워져 있다.(그림214, 216) 복제품을 원위치에 세우는 것은 원래의 문화재가 원위치에 복원이 불가능할 시에 한하며 2007년 원주거돈사지원공국사탑비도 서울 국립중앙박물관에서 반환이 어려움에 따라 복제품이 세워졌다.

③ 경주원원사지동 · 서삼층석탑(慶州遠願寺址東 · 西三層石塔)

명 칭	경주원원사지동 · 서삼층석탑	수 량	2기
지정번호	보물 제1429호	지정일	2005. 04. 07
소유자	국유	관리자	경주시
소재지	경북 경주시 외동읍 모화리	조성시대	통일신라
구성석재	화강암	보존위치	산 밑, 사찰 내 보존
훼손등급			
보수현황	보수 일시		보수 내역
	1차 : 1931년		복원
	2차 : 2002년		세척, 수지접합
	3차 : 2009년		세척, 구 보수물질 제거, 석조각 및 모델링

동 · 서 쌍탑의 경주원원사지동 · 서삼층석탑은 사적46호 경주원원사지 안에 있다. 높이 약 7m의 삼층석탑은 도괴되어 있던 것을 1931년 가을에 경주고적보존회에서 복원하였다. 두 탑은 같은 구조와 양식으로 조성된 2중 기단의 삼층석탑이며, 하층기단 면석과 갑석 및 상층기단 면석은 각각 8매, 상층기단 갑석은 4매로 구성되어 있다. 상 · 하층기단의 면석에는 2개의 탱

---

48 양주회암사지선각왕사비는 현재도 보물로 지정되어 있다. 그렇다면 귀부도 보물이라 할 수 있는데 화재 후 비는 회수하여 보존처리 후 박물관에 보관되어 있으나 귀부는 불에 파손된 후 어떠한 처리도 없이 암석의 풍화훼손도 심하고 박락과 파손이 진행되고 있다. 이에 대한 과학적 조치와 보존처리가 시급하다.

주와 우주가 있고, 하층갑석의 상면에는 2단의 상층 기단 괴임이 있으며, 상층갑석 4면의 각 기둥 사이에는 연화좌 위에 앉아 있는 12지신을 조각하였는데 이들의 머리는 짐승이나, 몸체는 평복을 입은 사람의 모습이며 옷자락이 하늘로 날리고 있는 형상이다. 1층 탑신석 이상 3층 옥개석까지는 모두 1매석으로 조성되어 있으며 1층 탑신에는 우주가7 있고, 4면에는 갑옷을 입고 무기를 든 사천왕상이 조각되어 있다. 각 층 옥개석의 하면에는 5단의 옥개받침이 있고 상면에는 각형 2단의 탑신 괴임이 있으며 상륜부는 노반석露盤石과 앙화석仰花石이 남아 있다.

경주원사지동·서삼층석탑은 통일신라시대 석탑의 일반적 표현형식, 옥개석의 돌다듬기 수법, 기단부와 탑신부에 구현된 양식, 석재의 조립방법 등으로 보아 8세기 중엽에 조성된 석탑으로 추정되며, 하층기단에서 십이지상을 최초로 배치한 점 등 석탑의 조각기술, 구조적 특징, 표현양식 등을 고려할 때 학술적, 미술사적 중요한 가치를 지닌 석탑으로 평가되고 있다.

쌍탑은 모두 훼손이 심한 편인데, 특히 서탑의 훼손이 더 심하다. 기단부에 시멘트 모르타르 접합면이 넓어 풍화가 진행 중이고, 주변 수목도 울창하여 지의류 등의 생물서식이 급증하고 있었다. 2002년에는 해체하지 않은 상태에서 부분적인 보존처리가 있었는데, 주로 풍화된 시멘트 모르타르의 제거와 제거된 부분에 에폭시계 합성수지의 처리였다.

합성수지로는 석재용으로 개발된 에폭시수지L-30을 사용[49]하였으며 충

---

49 경주원사지동·서삼층석탑 보존처리는 민간업체에서 실시하였는데, 국립문화재연구소에서 개발한 에폭시수지L-30이 민간업체 처리에서는 처음으로 적용된 사례이다.

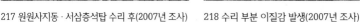
217 원원사지동·서삼층석탑 수리 후(2007년 조사)   218 수리 부분 이질감 발생(2007년 조사)

진제로는 탈크, 석분을 혼합하였다. 원부재와의 동일한 색감을 내기 위해 아크릴 물감으로 고색처리를 하였다.

2007년 현장답사 결과, 고색처리를 위해 아크릴물감으로 처리한 부분이 거의 벗겨져 수지접착 부분이 노출되어 있었다. 에폭시수지L-30을 사용할 때 수지원색은 백색으로 표면성형 후 주로 아크릴 물감으로 색맞춤을 하는 데 이와 같은 경우는 햇볕에 노출되면 2~3년 후에 색맞춤한 아크릴물감이 벗겨져 보수흔적이 눈에 띄게 되고 이질감이 생겼다. (그림208, 209) 따라서 수지 사용 시에는 수지배합 과정에서 기존 암석의 바탕색보다는 옅은 색으로 무기안료를 혼합한 후 색맞춤을 하면 시간이 경과해도 수지의 안료색감이 짙어져 색감적으로 원암석原巖石과 크게 다르지 않을 수 있다.[50]

---

50 수지의 배합 시에 암석의 색과 유사하게 맞추면 시공 당시에는 색감이 일치하나 1년 정도 자외선에 노출되면 색감이 짙어져 원암석과 색이 달라지게 된다.

④ 하남교산동마애약사여래좌상(河南校山洞磨崖藥師如來坐像)

명 칭	하남교산동마애약사여래좌상	수 량	1기
지정번호	보물 제981호	지정일	1989. 04. 10
소유자	선법사	관리자	선법사
소재지	경기 하남시 교산동 55-1	조성시대	고려시대
구성석재	흑운모 화강암	보존위치	평지, 사찰 내 보존
훼손등급			

보수현황	보수 일시	보수 내역
	1차 : 1993년	보수(경화처리)
	2차 : 2003년	세척, 수지접합, 예불단(자연석교체)

경기도 하남시 교산동 선법사善法寺에 있는 고려시대의 불상으로 광배는 두광과 신광이 각각 삼중원으로 둘러지고 주위에 화염문이 조각되어 있고 불신의 비례가 아름답다. 불상조각의 각명한 선이나 유려한 융기선의 옷주름 등은 고려 초의 희귀한 편년 자료로서 조각사적 의의가 커서 경기도유형문화재 제59호에서 보물 제 981호로 승격되었다.[51]

불상 왼쪽에는 '태평 2년[52]에 고불상古石佛을 중수重修한다'는 내용의 명문이 음각되어 있는데, 불상에는 새로 조각을 가한 흔적이 없는 것으로 보아 불감佛龕이나 가구 등을 새로 고쳤을 것으로 추측된다. 따라서 이 불상의 제작연대는 970년 이전일 것으로 짐작된다.

---

51 관련 연구는 다음과 같다.
    김춘실, 「하남시교산동 태평2년명 마애약사여래좌상의 조성시기 검토」, 『미술사 연구』16호, 미술사연구회, 2002.
    한병일, 「마애불보존상태 및 보존방안에 대한 연구」, 동국대학교 문화예술대학원 석사학위논문, 2004.
52 太平은 송나라 때의 연호로 태평2년은 977년이다.

219 주변정비 전

220 주변정비 후

거대한 암반의 상단부에 음각된 마애불좌상은 오랜 세월 풍화되고, 동결 융해凍結融解가 반복되면서 하부에 큰 균열들이 발생되었다. 1993년 인공수 지로 보강하였으나 수지처리한 부분의 들뜸 현상이 발생하고 보수재가 이 탈하는 등의 문제가 대두되어 재처리가 요구되었다. 또한 상부 능선에서 빗

221 석축 정비 전   222 석축 정비 후

물이 유입되나 배수로가 없어 마애불 뒤쪽암반의 절리를 초래하고 있으며, 주변에 수목이 많고 습한 환경이 지속되어 지의류, 이끼류 등의 넓게 서식하고 있었다. (그림219, 221, 223)

마애불 하단에는 주변 사찰인 선법사에서 참배단을 시멘트 모르타르로 조성해 놓았는데, 마애불과 부조화를 이루고 있었다.

2003년에는 이러한 문제점을 해결하기 위해 기존 처리된 수지의 제거, 균열부 재접착, 세척, 참배단 교체, 배수로 및 수목 등 주변 정비가 실시되었다.[53](그림220, 222, 224)

하남교산동마애약사여래좌상은 과거에 처리한 수지가 10년 후 재처리를 해야 하는 보수재료의 한계를 보여주며, 수지처리 뿐 아니라 세척, 주변정비 등의 종합적인 보존대책이 마련되어야만 장기적인 보존이 가능함을 보

---

53 기존에 설치되어 있던 시멘트 모르타르 참배단은 제거하고 자연석을 이용해 석축을 쌓아 마애불과 조화를 이루도록 처리하였다. 주변에는 배수로를 설치하고 영향을 주는 수목을 일부 정비하여 통풍이 용이하도록 하였으며 암반 뒤쪽에 있는 등산로는 폐쇄하였다. 세척, 배수로정비, 수목정비 등의 종합적 정비가 실시된 보존환경으로 인해 2007년 조사 시에는 비교적 양호한 보존상태를 유지하고 있다.

223 보수재료 변색으로 이질감 발생 224 표면 처리로 이질감 해소

225 처리 후 전경(2007년 조사) 226 세부(2007년 조사)

여주는 사례이다.

2003년의 수리처리에서는 당시 가장 발전된 재료였던 에폭시수지L-30을 사용하였고 충진제로는 석분과 탈크를 혼합하였다. 암반 하단부의 결실된 부분은 실리콘 수지를 이용하여 형틀을 제작, 성형하여 복원하였다. 성형된 형틀은 결실부에 보강하고 색맞춤을 실시하여 주변부재와 이질감이 없도록 하였다.

2007년 현장조사에서 실리콘수지를 이용하여 성형된 부분은 크게 변화되지 않고 잘 보존되었으나 균열부위에 수지원액으로 충진하고 아크릴물감으로 색맞춤한 부분이 약간 희게 변색되어 있었다. (그림225, 226) 원원사지

동·서삼층석탑에서와 같이 수지를 사용함에 있어 색맞춤은 이질감이 없도록 주의 깊게 작업 하여야 한다.

이상과 같이 탑, 석비, 석불의 접착과 보강에 대한 사례를 알아보았다. 사례에서 보듯이 1990년 후반 이전에는 에폭시수지AW106를 주로 사용하였고 그 이후에는 단점이 보완된 에폭시수지L-30을 사용해 오고 있으나 수지의 문제를 극복하는 데는 한계가 있다. 즉 에폭시수지AW106의 황변현상으로 에폭시수지L-30으로 바뀌었지만 현지조사결과 시공한 후 수년이 지난 시점에서 다시 탈색, 균열, 박리 현상이 일어나는 것을 확인 할 수 있었다.

이것은 국내수지 소요량이 적어 새로운 수지의 개발에 소극적이기 때문이다. 또 암석종류나 훼손정도에 구분 없이 하나의 수지종류로 접착과 성형 등 모든 처리에 일괄적으로 사용하는 것은 문제점으로 지적되고 있다. 뿐만 아니라 시공 상황에 따른 정량적 매뉴얼 갖추지 못해 직접 처리하는 기능공의 경험적 판단기준에만 의존하여 처리되기 때문에 수지 사용 후 여러 형태의 문제점이 대두되고 있다.

이에 대한 해결방안으로는 첫째, 국립문화재연구소 R&D연구와 같은 연구개발사업을 통해 기존 보수된 곳에 대한 전체적인 조사를 통하여 현황을 시급히 파악하여야 하고 둘째, 재질별, 방법별로 맞는 수지의 개발이 시급하며 셋째, 수지樹脂의 사용 시에는 여러 상황에 맞는 각각의 시공 매뉴얼을 작성하여 정량적으로 관리감독이 되어야 한다. 넷째, 접착, 보강시공 시에는 수지종류, 사용량, 혼합비율, 시공부위와 훼손상태, 시공 전, 후의 기록을 보고서로 반드시 남길 수 있도록 하며 다섯째, 이에 대한 지속적인 모니터링을 하여 문제점발생 시 신속히 관리할 수 있도록 하여야 한다.

(3) 원형복원

석조문화재는 오랜 세월을 지나오면서 여러 가지 원인으로 인해 일부가 결실되기도 한다. 이렇게 결실된 부분 때문에 구조적 불안정과 같은 문제점이 발생하므로 보존처리 시에 모르타르나 동일(혹은 유사) 부재로 복원을 하기도 한다. 특히 탑이나 석축과 같은 조적체일 경우에는 하단부의 결실이 문화재의 붕괴를 초래할 수도 있으므로 결실부 복원이 빈번하게 이루어지고 있다. 또 위치가 바뀐 부재들을 원형으로 되돌리는 복원도 해체·조립시에 이루지는 작업이다.

그러나 원형으로의 복원은 원형에 대한 철저한 고증과 올바른 복원 방향에 대한 보편적인 기준이 있어야 하기 때문에 매우 신중을 기해야 한다. 때로 주관적으로 이루어진 일부 원형 복원의 사례들은 '원형'에 대한 기준이 모호하고, 복원 윤리가 서로 다르게 적용되기 때문에 비판의 대상이 되기도한다.

복원이란, 훼손된 부분으로 인해 문화재의 역사적·미적 가치가 저하 된 것을 원형이라고 추정되는 모습으로 되살려 가치를 찾는 작업이라고 할 수 있다. 이러한 의미에서 볼 때 복원은 세척, 접합, 주변정비 등의 보존처리 작업 가운데 적극적 개념의 처리작업이라고 할 수 있다. 몇몇 학자들이나 미국 보존협회 AIC(the American Institute Conservation)등에서는 복원의 의미를 없어진 부분을 채워주거나 만들어내는 작업으로 정의하기도 하는데[54], 본 연구에서는 결실된 부분의 복구만이 아니라 위치가 변경된 부재의 수정,

---

54　김주삼,『문화재의 보존과 복원』, 책세상, 2001, p. 20 참조.

원형에 채색된 경우 채색의 제거 사례를 언급하도록 하겠다.

복원재료는 가역적可逆的이어야 하고, 형태는 원형왜곡이 없어야 한다는 것이 현재의 보편적인 복원 윤리이다. 가역적이라는 것은 잘못 복원되었거나 보다 나은 처리재가 개발되거나 재처리가 필요할 때 과거에 복원했던 부분을 제거하고 원래 상태로 돌아갈 수 있는 것을 말하는 데, 가역적 재료를 이용한 복원을 실시해야 한다는 것이다. 특별한 몇몇 경우를 제외하고는[55] 복원에 있어 가역성은 보편적으로 잘 지켜지고 있다고 볼 수 있다.

결실부 복원의 경우에는 왜곡 없이 원형을 추정하는 것은 역사적·미술사적 고증이 철저히 뒷받침되어야 하는데, 현재까지의 복원 사례들을 살펴보면 연곡사승탑 상륜부, 경천사지십층석탑 상륜부와 부재위치, 용장사곡삼층석탑 부재위치 등과 같이 잘못 복원되어 다시 수정 복원되기도 하였다.

복원에 대한 기준(보존윤리)은 시대에 따라서, 혹은 작업자에 따라서 다르게 적용되기도 하기 때문에 때로 적합한 복원이라고 평가받은 예가 이후에 잘못 복원되었다고 평가될 수 있다. 따라서 올바른 복원이 무엇인지 사례를 통해 검토하기에 앞서 먼저 복원윤리에 대해 간단히 살펴 볼 필요가 있다.

한국보다 보존의 역사가 빠른 유럽·서구에서는 세자레 브란디(Cesare Brandi)가 근대적 복원개념의 이론적 토대를 성립하면서 1950년대에 보존·복원윤리가 독립적인 분야로 형성되었다. 브랜디의 이론에 의하면 근대적 개념에 있어서의 문화재복원 목적은 처음 상태로 되돌려 놓는 것이 아니라

---

55 문화재의 재질에 따라 可逆性이 다소 떨어지는 경우도 있다. 예를 들어 기공이 많은 재질에 약품이나 수지 처리 등을 실시했다면 기공 내부로 스며들어 제거하기 어렵다.

미술사적, 역사적 가치를 고려하여 현재 상태를 더욱 명확히 파악할 수 있도록 하는 것이다.[56]

종교적 대상물이었던 문화재의 복원은 역사적 가치를 지닌 전시품이자 종교적 개념을 모두 되살릴 수 있는 복원으로 이루어지는 것이 가장 바람직하다고 생각된다. 보존차원이 우선되어 실시된 원각사지십층석탑의 유리보호각 설치로 인해 종교적 혼이 유리각안에 갇혔다는 논란이 발생되기도 하는 것은 종교적 개념이 등한시된 채 보존적 개념만을 우선시했기 때문에 발생된 것이다.

'원래대로의 모습으로 복구한다'는 의미에서의 복원은 '원래'의 의미가 미술사학자, 역사학자, 고고학자, 보존과학자 등 분야에 따라 다르게 해석되거나 정도의 차이가 있을 수 있으므로 바람직한 보존방법은 보편적인 기준에 대한 합의가 필요하다.

다음은 개별부재의 현상변경(위치수정)을 통해 원형을 찾은 복원, 결실부의 복원, 원형복원 등의 사례를 통해 한국에서 이루어진 복원에 대해 검토해보도록 하겠다.

---

56 The Emergence of Modern Conservation Theory, pp. 202~211, Historical and Philosophical Issues in the Conservation of Heritage, The Getty Conservation Institute, 1996, 브랜디는 문화재복원에 있어서 최소한의 간섭, 즉 최소의 처리를 해야 한다고 주장하고 있다. 또 복원을 할 때에는 문화재의 처음의 용도보다 보존될 수 있는 형태를 복구하는데 초점을 두어야 한다고 하고 있다. 그러나 브랜디가 주장하는 복원개념은 회화, 건축과 같은 분야에서는 유용하게 적용될 수 있으나 유적과 같은 고고학에서는 다소 적합하지 않다고 논의되기도 한다.

① 구례연곡사동승탑, 북승탑(求禮鷰谷寺東僧塔, 北僧塔)[57]

명 칭	구례연곡사 동승탑,북승탑	수 량	2기
지정번호	국보 제53,54호	지정일	1962. 12. 20
소유자	연곡사	관리자	연곡사
소재지	전남구례군 토지면 내동리	조성시대	통일신라, 고려시대
구성석재	페그마타이트질편마암	보존위치	산밑, 사찰내 보존
훼손등급	풍화 2등급, 생물피해 1등급, 구조안전 3등급,		
보수현황	보수 일시	보수 내역	
	1차 : 1969년	해체복원(북승탑), 수목정비(동승탑)	
	2차 : 1992년	해체복원(북승탑), 주변정비(보호책설치, 배수로설치 : 동승탑, 북승탑)	
	3차 : 2001년	해체복원(북승탑),상륜부 재배열(동승탑)	
	4차 : 2012년	세척, 수지처리, 고임철편교체, 구조안전진단(동승탑)	

　　탑이나 승탑 등과 같은 석조문화재는 유사한 여러 부재의 결합으로 구성

되기 때문에 해체복원 시 조립과정에서 부재의 위치가 바뀌는 경우도 발생

한다. 국보 제53호인 연곡사동승탑과 국보 제54호인 연곡사북승탑은 과거

에 상륜부 부재의 일부가 위치가 바뀐 채 조립되어 전해지고 있었다. 그러

나 이후 같은 경내의 연곡사서승탑의 상륜부와 동승탑 · 북승탑의 상륜부가

57　연곡사 북승탑과 동승탑에 대해서는 1990년대의 보존처리 연구와 미술사 연구들이
　　이루어졌다. 관련 연구는 다음과 같다.
　　문화재청, 『문화재수리보고서』, 1999, 上下.
　　소재구, 「신라하대 석조미술양식의 연구방법론」, 『미술자료』62, 1999.
　　김사덕, 신은정, 이주완, 위광철, 양희제, 「연곡사 북부도, 동부도 긴급보존처리 및 원
　　형복원」, 『보존과학연구』23, 국립문화재연구소, 2002.
　　정명호, 「연곡사 동 · 북 양부도의 상륜 자료에 대한 신고찰」, 『문화사학』17호, 한국문
　　화사학회, 2002.
　　문화재청, 『석조문화재 보존관리 연구』, 2002.
　　대한불교조계종 문화유산발굴조사단, 『한국의 사찰문화재-전라남도2』, 2006.

서로 다르다는 것이 제기되어[58] 상륜부의 위치를 수정·복원하게 되었다.

연곡사 승탑은 조적체로 구성된 석조문화재의 조립 복원 시에 올바른 부재 위치에 대한 검토가 철저히 요구됨을 보여주는 사례이며, 잘못 조립될 경우 원형에 대해 왜곡된 해석을 가지게 되므로 고증을 통해 올바른 위치를 잡아 복원하는 것이 필요함을 알 수 있다.

연곡사북승탑은 2001년 3월 초 도굴꾼들의 도괴로 인해 부재들이 훼손되어 보존처리를 실시하게 되었는데, 보존처리를 실시하면서 잘못 조합된 상륜부의 위치도 수정하게 되었다. 예비조사와 전문가의 자문을 통해 북승탑

227 연곡사북승탑 - 상륜위치 수정 전   연곡사북승탑 -상륜위치 수정 후

---

58 소재구는 『미술자료』62호(1999년)에서 두 승탑의 상륜부가 잘못 조합되어 있음을 지
    적하였고, 2001년 5월 21일자 동아일보 기사에서는 연곡사 승탑의 상륜이 뒤바뀌었
    다는 기사가 게재되었다.

과 동승탑의 상륜부 복원도면이 작성되었고, 문화재위원회의 보고 후 2001 년 8월 30일 훼손부재처리와 복원이 이루어졌다.[59]

2001년 복원 이전에 1993년에도 보존처리 된 바 있는데, 당시에는 에폭시수지로 상륜부재 상하면을 접합·고정되어 있었다. 그러나 2001년 도괴 후 재처리 시에는 에폭시수지를 쇠톱으로 제거, 상륜부재를 분리하는 작업을 하였다. 과거 보존처리 현장에서 상하부재의 고정을 위해 에폭시수지나 시멘트 모르타르로 접착을 시키는 경우가 빈번하였는데, 이는 재처리를 위한 해체 시에 부재훼손을 일으키는 요인으로 작용하고 있다. 내부의 촉구멍이 있을 경우에는 부재의 상태를 확인한 후 구조체의 경우 에폭시수지 등을 이용한 접착보다는 스테인레스 스틸이나 티타늄과 같이 부식이 방지되는 재질로 촉을 만들어 고정시키는 것이 바람직 할 것으로 사료된다.[60]

도괴 전 연곡사북승탑 상륜부는 옥개석 위에 봉황석→복발(앙화석)→보륜→보주의 순서로 조립되어 있었으나, 2001년 복원과정에서 보륜일부가 소실된 것으로 판단되어 1개를 신재로 제작하였고, 옥개석 상부는 복발(앙화석)→신재로 보충한 보륜(下)→보륜(上)→봉황석→보주 순서로 배치하였다. (그림227, 228, 230, 231)

연곡사동승탑는 복발(앙화석)→보륜(下)→보륜(上)→봉황석→보개→보주 (신재로 제작) 순서로 복원 조립하였다. 보륜(下)과 보개는 상·하부재 연결

---

59 김사덕, 신은정 외, 「연곡사북부도·동부 긴급보존처리 및 원형복원에 대한 고찰」,『보존과학연구』23, 국립문화재연구소, 2002.

60 과거에는 부재 연결 촉으로 유황을 끓여 부어 식히거나 무쇠 촉을 사용하기도 하였는데, 이들의 부식은 부재표면에 녹물을 형성하는 오염을 유발시키게 된다.

228 上) 북승탑 도괴
　　下) 동승탑 상륜부 해체부재

229 연곡사동승탑 도괴 전

부의 지름과 형태연구를 통해 위아래가 바뀌었다고 판단되어 뒤집어서 배
치하였다.[61] 이렇게 수정될 때에는 명확한 근거가 제시되어야 한다. (그림
229, 232, 233)

61　정명호 선생은 연곡사승탑의 상륜부가 4차례에 걸친 수난을 당해 위치가 변경되고 부
　　재 일부가 소실되었을 것이라고 추정하였다. (「연곡사 동·북양부도의 상륜자료에 대
　　한 신고찰」, 『문화사학』, 한국문화사학회, 2002, p. 208) 또, 창건 이후 북부도의 경우
　　1976년~1999년 이전의 상륜부의 형태, 1999년 전에 동승탑과 같은 모습의 상륜 조립
　　순서로 북승탑의 상륜도 조립하고 에폭시수지로 접착한 형태, 창건당시의 모습으로
　　되돌아가기 위해 위치를 수정하고 결실된 부재를 보강한 형태로 상륜부의 형태가 변
　　천되었다고 하였다.

연곡사승탑은 해체를 통해 각 부재를 정확히 파악할 수 있었기 때문에 상하부재 연결면의 지름이나 형태 관찰로 위아래가 뒤집혀 진 것 등을 알아낼 수 있었다.

연곡사 승탑 복원에서와 같이 보존처리를 위해 해체를 하게 되면 각 부재의 특징을 자세히 관찰할 수 있으므로 잘못된 부분은 없는지 실측, 사진촬영, 기록 등 자료검토가 신중하게 진행되어야 한다. 특히 보존처리를 위해 해체를 했을 때에는 개별 부재를 정밀하게 관찰할 수 있는 유일한 기회이므로, 해체 후 관련 학자들과 조립순서나 부재 현황을 검토하는 과정도 필요하다고 생각된다.

230 연곡사북승탑(2007년 조사)

231 위치수정 후 상륜부 상세(2007년 조사)

232 연곡사동승탑(2007년 조사)   233 위치 수정 후 상륜부 상세(2007년 조사)

② 대구동화사비로암석조비로자나불좌상(大邱桐華寺毘盧庵石造毘盧舍那佛坐像) [62]

명 칭	대구동화사비로암석조비로자나불상	수 량	1기
지정번호	보물 제244호	지정일	1963. 01. 21
소유자	동화사	관리자	동화사
소재지	대구 동구 도학동 산124	조성시대	통일신라
구성석재	흑운모 화강암	보존위치	평지, 사찰 내 보존
훼손등급	풍화 3등급, 생물피해 1등급, 구조안전 2등급,		
보수현황	보수 일시	보수 내역	
	1차 : 2006년	세척	

---

62 동화사 비로암석조비로자나불상에 대한 연구는 〈채색 석조불상 색상제거 및 보존처
리공사 보고서〉(문화재청, 우리문화재연구소, 2006년)이다. 그 외에 동화사에 실시된
대웅전 수리에 관한 〈동화사 대웅전 문화재수리보고서〉(문화재청, 2007)가 있다.

채색되어 있던 동화사비로암석조비로자나불좌상(사진234)은 청도운문사 석조여래좌상, 영주흑석사석조여래좌상과 함께 2006년 채색을 지우고(사진 235), 원형을 복원하였다. 이들 불상들은 조성당시에는 채색이 없었을 것이나 후대에 채색되고 시멘트 모르타르나 흙, 수지로 일부 결실부가 성형되어 있었다. 그러나 채색으로 인해 불상의 형태나 느낌이 왜곡되게 됨에 따라 원형을 복원하는 의미에서 채색을 제거하고, 성형된 결실부도 형태를 추정하여 재복원을 실시하였다.

보물 제244호인 동화사비로암석조비로자나불상은 전체적으로 회가 도포되어 있고, 광배光背에는 녹색, 적색, 청색이 원색적으로 칠해져 있었다. 여래如來의 얼굴부분도 하얗게 칠해지고 이목구비가 그려져 있었으며 나발螺髮에는 흑색이 칠해져 있었다. 또 광배좌측 상단부분과 귓볼 부분은 종이로 형태를 만든 후 복원되어 있으며, 코부분은 회로 형태가 만들어져 복원되어 있었다. 불상 뒷부분의 결실부에도 흙과 시멘트 모르타르로 마감되어 있었다.

제거하기로 한 채색부분의 시료는 분석결과 백색은 탄산칼슘(CaCO₃), 산화지당(TiO₂), 연백(PbCO₃)이었고, 적색(진사HgS), 금색(금Au), 흑색(탄소C) 등으로 분석되었는데, 분석결과 흑색 제거는 어렵다고 결론지어졌다. 따라서 흑색을 제외한 다른 채색층은 제거하고, 이미 성형되어 있으나 형태가 어색한 코나 귓볼 등은 재성형을 하기로 전문가 자문회의에서 결정되었다.

채색되어 있는 석불상은 회를 바르고, 그 위에 색이 입혀진 상태이므로 건식세척으로 먼지를 제거하고 부드러운 브러쉬를 이용해 물세척을 하였다. 물을 이용한 습식세척만으로 세척되지 않는 채색부분에는 스팀을 이용한 습식세척을 실시하고 자연건조 시켰다.

후대에 칠해진 불상의 채색은 불상을 보다 강렬하게 보였는데, 제거했을 때 불상의 온화한 인상이 드러나게 된다. 채색의 목적은 대부분 불상을 부각시키거나 조악하게 훼손된 부분을 가리기 위해 칠해진다. 또 불상의 표면을 보호할 목적으로 칠해지기도 한다. 그러나 후대에 예배 및 보존의 의미에서 칠해진 채색부분은 이후 제거가 어려워 오히려 훼손원인이 되기도 하며, 불상 고유의 느낌을 왜곡시키고 있다. 따라서 제거하는 것이 원형을 복구하는 방법이다.

동화사비로암 석조비로자나불상외에도 청도운문사석조여래좌상(보물 제317호)은 채색 제거 전후의 불상 비교를 통해 채색제거의 필요성을 인식시

234 동화사불좌상 채색제거 전 | 235 동화사불좌상 채색 제거 후

켜주는 사례이다. 회칠로 전체가 도포되고 그 위에 두상의 이목구비가 채색되어 형식적인 인상을 주던 불상은 채색 제거 후 불상 제작시의 원형을 되찾게 되었다.

채색 등과 같은 요인으로 인해 불상의 인상이 달라진 것을 복구하는 것은 불상의 원형 복원의 좋은 사례라고 하겠다. 이들은 제거 전의 모습을 철저하게 기록과 사진 등 자료로 남긴 후 제거 가능한 채색들을 제거하는 것이 바람직하다고 생각된다.

③ 개성경천사지십층석탑(開城敬天寺址十層石塔) [63]

결실된 부분의 원형복원은 철저한 고증이 뒷받침 되어야 한다. 잘못된 추

---

63 경천사지십층석탑에 대한 연구는 주로 탑부조상에 대한 미술사학적 연구를 중심으로 이루어졌으며 근래에는 조형에 관한 연구들도 진행되었다. 1995년 석탑이 해체된 후에는 경천사지십층석탑의 보존과학적 연구가 시작되고 관련논문들이 발표되었다. 관련 연구는 다음과 같다.
이영택, 「고려후기의 석탑 연구-마곡사오층석탑과 경천사다층석탑을 중심으로」, 동국대학교 문화예술대학원 석사학위논문, 2002.
신은정, 「경천사십층석탑의 종합적 연구」, 동국대학교 대학원 석사학위논문, 2003.
신은정, 「탑신부 복원에 관한 연구」, 『문화재지』24, 국립문화재연구소, 2003.
신은정, 「경천사십층석탑의 조형연구」, 『불교미술사학』4집, 통도사성보박물관 불교미술사학회, 2006, pp. 317~342.
김진형, 「석조문화재 표면에 발생된 오염물 현황 및 특성에 관한 연구-경천사십층석탑에 발생된 오염물을 중심으로」, 『보존과학연구』22, 국립문화재연구소, 2003, pp. 29~60.
문명대, 「경천사석탑의 16불회도 부조상의 연구」, 『강좌미술사』22, 한국미술사연구소, 2004, pp. 25~43.
정은우, 「敬天寺址十層石塔과 三世佛會考」, 『미술사연구』19호, 미술사연구회, 2005
국립문화재연구소, 『경천사십층석탑 Ⅰ, Ⅱ, Ⅲ』, 2006.

정복원을 할 경우, 왜곡된 형태가 원형이라고 인식될 수 있기 때문이다. 결실된 개성경천사지십층석탑의 상륜부는 시대에 따라 모습을 달리 하고 있어 원형고증이 신중하고 철저하게 진행되어야 함을 알려주는 사례이다.

1960년에 수리복원 된 시멘트 모르타르는 제거하고 범위가 큰 결실부는 유사암석인 대리석으로 복원을 하였으며, 균열부에는 현재 일반적으로 보존처리에 사용되는 에폭시수지L-30과 석분을 혼합하여 충진하였다.

1995년부터 2005년에 실시된 보존처리 중 원형복원은 결실부 면적이 넓어 많은 어려움이 있었다. 국립문화재연구소 보존과학연구실에서 실시한 정밀보존처리 중 원형복원은 경천사지십층석탑의 세부장식 분석, 관련학자들의 자문과 관련문헌들 연구, 동일형식의 원각사지십층석탑 비교·연구 등을 통해 이루어졌다.

개성경천사지십층석탑의 결실부 원형복원은 크게 세 가지 방안으로 실시되었는데, 탑신의 조각면, 건축의장, 시대에 따라 모습을 달리한 10층 옥개석 이상의 상륜부 형태이다.

탑신의 조각면은 동일형식인 원각사지십층석탑의 조각을 참고하면 대략적인 부조의 내용은 추정할 수 있으나 부조의 조각이 매우 정밀하여 원형이 왜곡될 수 있으므로 무리한 추정복원 대신 조각을 생략하였다. 건축의장은 동일형식이 반복적으로 나타나고 있어 신재로 결실부를 재단하고, 조각은 주변의 반복되는 형식과 동일하게 복원하였다.

결실부의 원형복원에 있어 가장 어려운 부분은 10층 옥개석 이상의 상륜부 형태이다. 이는 1902년, 1960년, 동일형식의 서울원각사지십층석탑 모습이 모두 다르게 나타나고 있기 때문이었다. 그러나 10층 옥개석을 면밀히

검토한 결과 현존하는 부분은 10층 옥개석의 일부분으로 위에 박공의 십자
지붕이 더 있어야 완형의 옥개석 형태가 될 수 있다고 연구되었다.[64]

이는 현존하는 10층 옥개석 가장자리에 용조각의 일부가 남아있어 그 조각
과 연결되는 부재가 있었을 것으로 추정되어 졌고, 동일형식의 서울원각사지
십층석탑의 10층 옥개석도 박공의 십자十지붕으로 표현되어 있기 때문이다.
따라서 1902년(그림236), 1960년(그림237)에 나타나는 상륜부는 박공형의
십자지붕이 없는 상태가 10층 옥개석의 완형完形이라고 보고 상륜부를 추정
복원 하였던 것임을 알 수 있다. 1960년에 수리복원 할 당시에도 상륜부의
형태는 여러 방면에서 고찰되었을 것인데, 당시의 연구결과로는 복발형의
상륜부가 가장 적합하다고 연구되었던 것으로 추정되었다.[65] 그러나 현재
는 상륜부가 아닌 먼저 박공형의 10층 옥개석 완형이 있어야 한다는 연구에
따라 복원된 것이다. (그림238~240)

1960년에 실시된 수리복원에서 상륜부는 시멘트 모르타르로 만들어져
10층 옥개석과 접합되어 있었는데, 1995년 해체 시 제거하는 과정에서 원

---

64 신은정, 「경천사십층석탑의 조형연구」, 『불교미술사학』 4집, 통도사성보박물관 불교
    미술사학회, 2006, pp. 317~342 참조.
65 1960년 수리복원 당시에는 추정복원 도면이 그려지고, 연구가 이루어졌던 것으로 보
    이나 현존하는 자료는 복원도면 1장뿐이다. 복원도면에는 복원된 형태와 달리 단순
    복발형과 십자형 지붕형(주물로 만들어진 듯한데, 매우 조악한 형식으로 표현되어 있
    다.) 그러나 실제 복원은 도면과 달리 복발형 위에 십자형 부재를 올려놓은 형식으로
    이루어 졌다. 이것은 경천사지십층석탑과 유사한 시기에 조성된 마곡사 탑의 상륜부
    가 라마탑 형식을 하고 있고, 당시 라마불교가 큰 영향을 미쳤던 것을 고려하여 라마
    식의 복발형 상륜을 추정 복원한 것이 아닌가 한다. (신은정, 「경천사십층석탑의 종합
    적 연구」, 동국대학교 대학원 석사학위논문, 서울, 2004)

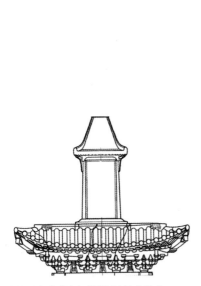

236 10층 옥개석과 상륜부(1902년 당시)　　　　237 10층 옥개석과 상륜부(1960년 당시)

부재材를 손상시키지 않기 위해 주의가 요구되었다. 현재 실시하고 있는 보존처리·복원작업도 이후에 추가로 새로운 연구자료가 발견되거나 새로운 기술과 재료들이 발달되어 재처리되어야 하는 경우가 있다. 그러므로 복원이나 보존처리는 잘 못 되었을 경우 후대에 수정할 수 있도록 가역적이어야 함을 경천사석탑 사례를 통해 잘 알 수 있다.

　　개성경천사지십층석탑의 상륜부(10층 옥개석)의 신재복원은 반복되는 문양의 복원이 아니라 완전한 추정복원이므로 보다 적극적인 복원 예가 되고 있는데, 이러할 경우에는 철저한 고증과 미술사적 뒷받침이 되어야 할 것이다. 뿐 만 아니라 이후에 원형에 대한 또 다른 의견이 제시될 수 있으므로 주의를 기울여야 할 것이다.

　　결실부 복원에서 아쉬운 점은 조각기술이다. 화강석으로 된 석조문화재에 비해 개성경천사지십층석탑은 대리석으로 되어 있어 매우 정교한 조각 수법을 보여주고 있다. 그러나 신재로 복원된 부분의 조각을 섬세하게 복원해 내지 않아 조각기술의 차이를 보여주고 있다. 막새기와의 표현이나 용조각 등의 조각복원 시에 전체적인 형태는 동일하나 세부적인 조각기술은 떨어지고 있다. 따라서 조각을 복원할 때에는 원문화재의 조각기술과 유사할 수 있도록 정도를 고려하는 것이 바람직하다고 생각된다.

지금까지 살펴본 개성경천사지십층석탑의 보존처리에는 원형복원 외에도 레이저를 사용한 오염물 세척 등 새로운 방법들이 시도되었던 만큼 이

(1902년)   (1960년)   (2007년)

238 경천사지십층석탑 변천(왼쪽:1902, 가운데:1960, 오른쪽:2007)

239 원각사지십층석탑 10층 옥개석　　　240 경천사지십층석탑 10층옥개석 원형 복원후

후의 모니터링 작업이 철저히 이루어져야 할 것이다. 지금은 최상일 수 있는 방법들이 미래에는 보다 발전된 방법들로 대체될 수 있으므로 처리부분의 관찰이 필요하다고 생각된다. 또한 높이가 높은 석조문화재들이 관람이 용이하지 않는 데 반해 개성경천사지십층석탑은 1, 2, 3층에서 각각 관람할 수 있도록 되어 있어 10층 옥개석까지 관람이 용이하도록 되어있다. 과거에 1960년에 수리복원 된 개성경천사지십층석탑의 상륜부가 원형原形이라고 인식되기도 하였는데, 상륜부까지의 관찰이 불가능하였기 때문에 발생된 것이었다. 그러한 점을 고려해 볼 때 현재의 관람여건은 매우 적합하여 바람직하다고 생각된다.

　개성경천사지십층석탑 복원의 남은 과제는 2005년 복원된 완형完形의 10층옥개석 위에 놓였을 상륜부는 어떠한 형식이었는지 원형을 고찰하는 것이라 하겠다.

④ 경주남산용장사곡삼층석탑(慶州南山茸長寺谷三層石塔)[66]

명 칭	경주남산용장사곡삼층석탑	수 량	1기
지정번호	보물 제186호	지정일	1963. 01. 21
소유자	국유	관리자	경주시
소재지	경북 경주시 내남면 용장리산1	조성시대	통일신라
구성석재	중립질 화강암	보존위치	산정상
훼손등급	풍화 5등급, 구조안전 3등급, 생물피해 2등급		
보수현황	보수 일시	보수 내역	
	1차 : 2001년	해체복원, 보존처리	

경주 남산 산등성이에 위치한 용장사곡삼층석탑은 넓은 암반을 기초로한 단층기단의 삼층석탑이다. 오랜 세월을 지나면서 석탑 기단갑석 중앙부가 침하되고 이로 인해 귀부분이 들려올라가는 구조불안정이 발생하였고, 1990년대 후반에는 북쪽 기단면석 중 동쪽 우주隅柱를 50mm가량 벌려놓았다고 조사되었다. 1998년에 문화재청이 전반적인 보존현황을 조사하였고, 장기보존을 위해 해체복원을 실시하게 되었다.

양식상 통일신라 9세기경의 석탑으로 추정되는 경주남산용장사곡삼층석탑은 도괴된 것을 1924년 일본에 의해 복원되었다고 전해진다.[67] 2000년 12월 15일~2001년 12월 6일의 약 1년여 기간에 걸쳐 실시된 해체복원에서는 이완·침하 부분의 교정, 균열부 접착보강, 실측조사가 이루어졌는데, 주목할 것은 1924년 부재 위치가 잘못 복원된 부분을 수정복원

---

66 용장사곡삼층석탑은 2000년 12월부터 2001년 12월까지 실시된 해체복원 공사가 이루어졌다. 석탑의 정밀실측 자료와 해체복원 공사관련 자료는 『경주남산 용장사지삼층석탑-실측조사 및 수리보고서』(경주시, 2001)에 전한다.

67 朝鮮總督府, 『慶州南山の佛跡』, 1940, pp. 51~53.

한 것이다.[68]

석탑 각 부재의 남면과 서면에는 주로 고임편이 되어 있고 동남모서리 지대석은 서북모서리 지대석보다 34mm 낮으며 면석 높이도 남쪽이 10~30mm 낮은 것으로 확인되었다.(그림241) 이와 같은 현황으로 미루어 1924년 수리복원 시에 잘못 조립되었다고 판단되었으므로 2000년 해체복원 시에 전문가의 자문을 거쳐 위치를 수정하게 된 것이다.(그림242) 따라서 남측과 북측 면석 위치를 바꾸고, 동측과 서측 면석 위치를 바꾼 결과 상면이 수평을 유지하였다. 면석의 위치를 바로잡음으로써 1층탑신과 1층옥개석, 2층탑신은 해체 전 방향대로 올려놓아도 수평을 이루었다. 그러나 2층옥개석은 수평이 맞지 않아서 동측 부분을 남측으로 90°로 돌려놓아 수평을 맞추었다.[69]

석탑과 같이 유사한 부재들의 결합으로 구성된 대상은 해체복원 과정에서 부재의 위치를 잘못 조립하여 원형이 왜곡되는 경우도 있는데, 용장사곡 삼층석탑이나 경천사지십층석탑 예와 같이 현대의 해체복원에서 위치를 수정함으로써 원형대로 복원하기도 한다.[70]

---

68 1924년 해체조립 당시 왜 부재의 위치가 바뀌었는지는 현전하는 기록이 미비하여 정확히 파악할 수 없다.

69 경주시, 『경주남산 용장사지 삼층석탑-실측조사 및 수리보고서』, 2001, 참조.

70 경천사지십층석탑은 1960년 수리복원 후 조립과정에서 일부 부재의 위치가 바뀐 채 조립되어 있었다. 1995년~2005년에 걸쳐 이루어진 해체복원 시에 각 부재에 대한 정밀조사가 실시되었는데, 이때 부재 상면바닥에 부재의 조립방향을 나타내는 방위각자가 발견되었다. 모든 부재마다 각자가 된 것은 아니나 각자에 따라 부재를 배열하면 올바른 부재의 위치를 찾을 수 있었다. 또한 경천사지십층석탑을 모본으로 삼아 조선시대에 조성된 원각사지십층석탑은 조성당시의 원형이 남아있어 원각사지십층

241 용장사곡삼층석탑 수리 전   242 용장사곡삼층석탑 수리 후

이상과 같이 부재위치 수정복원, 채색제거, 부재위치수정 등 문화재의 원형복원에 대하여 알아보았다. 이와 같은 사례를 통해 과연 과거의 보수가 원형이었는지 다시 검토해봐야 함을 알 수 있었다. 따라서 문화재를 현대에 보수할 때에는 주의 깊게 관찰, 검토하여야 하며, 부재간의 조립에 있어서도 수평이나 고임편 맞춤, 부재안전성을 조사해야한다. 또한 원형에 대한

석탑의 조각내용을 참고하여 경천사탑 탑신조각 부재의 잘못된 위치도 수정할 수 있었다. 부재 상면에 방위각자가 있음에도 불구하고 1960년 수리복원 시에 부재위치를 바꾸어 조립한 것이 의문인데, 이는 구조안전을 위해 윗 부재들의 무게하중과 부재훼손 정도를 고려하느라 위치가 바뀐 것으로 추측된다. (신은정, 「탑신부 복원에 관한 연구」,『문화재지』24, 국립문화재연구소, 2003, 참조)

의심이 있을 시 관련 전문가 회의와 자문을 거쳐 문화재청의 변경승인을 거친 후 올바른 원형으로 복원하여야 한다. 원형복원 시에는 다음과 같은 사항에 주의해야 한다.

첫째, 신재보강에서는 같은 재질의 석재를 사용하여야 한다. 둘째, 조각 기법은 동일하게 하여야 하고 결손 부분의 복원은 같은 시대, 같은 지역의 조형적 특징과 양식을 고려하여 진행해야 한다. 셋째, 원형추측이 어려울 때는 무리한 성형복원을 하지 않도록 해야 한다. 넷째, 채색된 석조문화재의 채색 제거 전에는 안료분석을 반드시 시행하여 채색시기를 추정하도록 하고 채색제거가 석재에 영향이 없는지 검토가 필요하다. 다섯째, 채색제거 방법은 석재에 훼손이 없는지 사전테스트를 거친 후 세심한 주의를 갖고 시행하여야 한다.

3) 환경정비

석조문화재는 주로 야외에 위치하고 있는 경우가 많기 때문에 주변 환경 정비를 통해 훼손이 가중되는 것을 방지하는 것이 중요하다. 주변 환경 정비에는 보호각 설치, 야외 석조문화재에 접근을 방지하는 보호책 설치, 주변 석축 정비, 배수로 정비, 수목 정비 등이 포함된다.

(1) 수목 및 배수로 정비

주변정비 작업의 하나로써 살펴볼 수 있는 것은 수목정비이다. 수목정비는 주변 전경과의 조화를 중요시하는 심미적 입장과 수목으로 인한 훼손방지를 우선시 하는 보존적 입장간의 견해 차이가 있어 적합한 정비정도를 설정하는 것이 어려운 과제이다.

　석조문화재는 주로 야외에 위치하고 있어 주변 자연경관과의 조화가 중요하고, 오랜 세월을 지나오면서 수목이 어우러진 환경에 우리의 시각이 익숙해져 왔다. 그러나 주변 수목의 서식은 통풍을 저해하거나 송진가루 등이 문화재표면에 흡착하여 오염물을 발생 시키고, 벼락 등의 자연재해 시 도괴되면서 문화재를 직접 타격打擊하기도 하였다. 또 수목으로 인해 그늘이 생기고 다습한 환경이 조성되면 이끼, 조류, 지의류 및 박테리아의 서식이 증가하여 암석의 화학적 풍화를 가속시키는 등 훼손원인이 될 수 있어 정비가 요구되고 있다.

　그러나 주변수목은 제거만이 적합한 방안은 아니기 때문에 주변경관과의 조화를 유지하면서 문화재를 훼손시키지 않을 정도의 정비가 필요하다. 경관과의 조화를 우선시하여 주변 수목정비를 최소화하여 실시할 경우에는 매년 모니터링을 통해 변화추이를 관찰하고, 훼손 우려 시에는 정비를 재실시하는 것이 필요하다고 생각된다. 또한 도괴 시 문화재와 가까운 위치에 있어 피해를 줄 수 있는 큰 나무와 산중에 있는 문화재의 주변수목은 화재발생 시 문화재를 보호하기 위해 제거해 주는 것이 장기적인 보존을 위해 적합할 것이다.

　현재 세계문화유산인 캄보디아의 앙코르사원 중 타프롬 사원에서 볼 수 있듯이 거대한 용수들이 서식하여 사원건축을 서서히 훼손시키고 있어 주목된다. 바람을 타고 날라 온 작은 씨앗은 조적체인 건축 틈새에 서식하여 큰 나무로 성장한 것인데, 훼손이 워낙 심각하고 나무 제거 과정에서 붕괴가 우려되어 성장을 억제시키는 방안으로 보존시키고 있다. 이러한 점에 착안하여 한국도 제거하기 어려운 수목은 성장억제를 하는 방법도 좋을 것이다. 그러나 앙코르 사원에 서식하는 용수와 한국에 서식하는 나무의 생장특징이 다르므로, 한국 서식 나무에 맞는 성장억제제를 개발, 실험하는 것이 우선되어야 한다.

수목정비와 함께 주변 정비작업으로 이루어지는 것은 배수로 정비이다. 야외에 위치한 석조문화재의 구조안정과 생물피해 억제를 위해 가장 필요한 것이 수목 등 생물류 제거와 배수로 정비라고 할 수 있는데, 배수로 정비는 석조문화재에 가장 큰 피해를 주는 수분으로부터 보호하는데 목적이 있다. 수분은 동결융해과정을 통해 균열이나 박락을 발생시키기도 하고, 화학적 반응을 일으켜 암석 표면을 열화시키고 생물서식에 중요한 역할을 하기 때문이다.

석조문화재 기단 주변에 자갈을 깔아 토양의 수분이 석조물 하부에 유입되는 것을 방지하고, 인공적으로 배수로를 설치하여 수분을 외부로 유출시키는 방법 등이 사용된다.

환경정비에서 충주미륵리석조여래입상은 주변 수목의 정비로 보존환경을 개선한 사례이며 경주남산탑곡마애조상군은 배수를 방해하는 수목을 정비하고, 배수로를 만들어 보존환경을 개선한 사례이다. 영주가흥동마애여래삼종상및여래좌상은 붕괴가 우려되는 암반 주변의 배수로 정비와 주변환경 개선을 실시한 사례이다.

① 충주미륵리석조여래입상(忠州彌勒里石造如來立像)

명 칭	충주미륵리석조여래입상	수 량	1구
지정번호	보물 제96호	지정일	1963. 01. 21
소유자	국유	관리자	충주시
소재지	충북 충주시 상모면 미륵리 58	조성시대	고려시대
구성석재	흑운모 화강암	보존위치	평지, 사적내 보존
훼손등급	풍화 3등급, 생물피해 3등급, 구조안전 5등급		
보수현황	보수 일시	보수 내역	
	1차 : 1969년	석불입상 주변보호벽보수	
	2차 : 2003년	주변정비(수목제거)	

정확한 사명이 밝혀지지 않은 미륵리사지는 후삼국시대에 창건된 것으로 추정되며 이후, 고려 명종 12년(1192년)에 보수되었다. 13세기에는 석불입상의 목구조가 화재로 소실되었고, 고려 말 조선 초에 대중수가 있었으며, 임진왜란 때 소실되어 18세기에 수리되었다.

석불입상과 보호석실은 중립내지 조립질의 괴상 화강암이 구성석재이고, 주변 암반의 암석과 암상巖上이 유사하여 인근에서 채석된 것으로 추정된다. 석불입상은 비교적 안정된 상태로 세워져 있으나 주변의 보호석실은 여러 부재의 결합이 느슨해지고, 암석의 풍화가 심해 박리, 박락현상이 발생하여 도괴되지 않도록 주의가 요구되었다. 또 보호석실에는 결합틈새나 표면에 초본류, 이끼류와 같은 생물 피해가 매우 심하고, 서측 부분은 서쪽으로 기울어져 있어 구조적으로 불안정해 보였다. 특히 석실 뒤쪽에는 도괴 시 석불입상에 큰 타격을 줄 수 있는 위치에 수목들이 자라고 있었다.(그림243) 2003년 6월에는 태풍으로 인해 석실 뒤쪽 수목도괴가 발생하였는데, 다행히 석실 도괴로 이어지지는 않았지만 이후 피해가 우려되어 같은 해

2003년 8월 수목이 제거되었다. (그림244)

243 석불입상 뒤 수목제거 전

244 수목제거 후

수목이 제거되기 전 보호석실의 내부 평균온습도는 외부보다 대부분 높게 나타나 습하고 더운 환경이었음을 알 수 있다. 그러나 수목 제거 후 풍속이 높아져 원활한 통풍이 됨에 따라 이끼류, 지의류 서식 등이 감소할 수 있는 환경이 되고 있음이 확인되었다.[71] 원활한 통풍은 석실내부의 분진 흡착을 방지하고, 이끼류 서식과 같은 생물피해를 감소시킬 수 있을 것으로 생각된다. 수목이 제거되어 시각적으로 허전한 느낌을 주기도 하지만, 충주 미륵리석조여래입상 보호석실의 경우에는 장기적인 보존을 위해 타당한 작업이었다고 하겠다. 국립문화재연구소에서는 일본과 공동으로 충주미륵리 석조여래입상 주변의 환경모니터링을 실시하여 환경변화 확인과 생물피해와 풍화도를 측정하고 있다.

2007년 현지조사에서 추가훼손은 없는 것으로 보아 수목제거 등의 환경정비가 석조문화재 보존에 매우 중요함을 알 수 있으며, 2017년 현재 구조불안정 및 박리박락으로 인한 해체복원이 결정되어 보존처리가 진행 중이다.

---

71 충주미륵대원지는 국립문화재연구소에서 보존환경 모니터링이 실시되고 있으며, 관련 연구자료는 「중원미륵리사지 보존환경 조사연구」(홍정기, 한일공동연구보고서 국립문화재연구소·동경문화재연구소, 2004)가 있다. 그 외에 1979년부터 1992년까지 4차에 걸쳐 실시된 발굴 자료들이 미륵리사지 발굴보고서(청주대학교, 이화여자대학교 발굴)에 수록되어 있으며, 1998년에는 보호석실의 구조안전진단이 실시되어 『중원미륵리사지 석불입상보호석실 구조안전진단』(한국건설안전기술원, 1998년)이 보고서로 발간되었다. 또 1979년에는 정밀 실측되어 『중원군 미륵리 석굴 실측조사보고서』(한국문화재연구원, 1979년)가 발간되었다.

② 경주남산탑곡마애조상군(慶州南山塔谷磨崖彫像群)

명 칭	경주남산탑곡마애조상군	수 량	1기
지정번호	보물 제201호	지정일	1963.01.21
소유자	경북 경주시 배반동 산69	관리자	경주시
소재지	국유	조성시대	통일신라
구성석재	화강암	보존위치	산밑
훼손등급	풍화 4등급, 생물피해 3등급, 구조안전 4등급		
보수현황	보수 일시	보수 내역	
	1차 : 2005년	주변정비, 세척	
	2차 : 2011년	수지충진, 표면세척, 주변정비	

거대한 암반의 마애조상군은 각 방향의 사면에 걸쳐 여래상, 보살상, 비천상, 나한상, 탑, 사자 등의 다양한 조각들이 부조되어 있다. 동남산 산기슭의 초입부에 자리 잡고 있는 이 마애조상군은 남산 유적지 내에서도 가장 중요한 유적 가운데 하나이며, 7세기에 조성된 다양한 형식의 불교작품이 조각되어 있어 신라 초기 불교미술사에서 중요한 가치를 지니고 있다. 마애조상군의 동남쪽에는 신라말기의 것으로 추정되는 삼층석탑이 있다.[72]

경주남산탑곡마애조상군은 훼손으로 인해 조각이 점차 사라지고, 주변 환경 정비가 요구되어 2005년 5월 30일부터 11월 9일까지 보존처리가 실시되었다. 경주남산탑곡마애조상군의 주요 보존처리는 주변 수목으로 인한

---

72 경주남산탑곡마애조상군에 관해서는 다음과 같은 연구들이 진행되있다.
  통도사성보박물관,『慶州 南山 塔谷의 四方佛巖』, 호영출판사, 1990.
  양근석,「신라사방불상 연구(1)-경주남산 탑곡마애조상군」,『論文集』20호, 부산 전문대학교, 1997.
  정민호,「경주 남산 탑곡마애조상군의 보존과학적 연구」, 공주대학교 대학원 석사 학위논문, 2006.

245 주변 수목현황 (정비 전)

생물학적 피해를 파악하여 수목정비, 배수로 설치, 마애암반 표면의 세척으로 이루어졌다. 마애조상군의 암반 표면은 전체적으로 지의류가 식생하고 있었으며, 표면에는 잡목과 잡초, 이끼류, 지의류 등이 서식하여 이 식물체의 성장에 따른 풍화가 지속되고 있었다. 또한 주변의 소나무를 비롯한 수목으로부터 송진과 나뭇잎, 나뭇가지들이 바위면과 바위틈에 떨어져 부후되고 이것이 다시 바위표면에서 생장하는 식물들의 영양공급원으로 작용하고 있는 상태였다. 바위 상부는 목본류木本類인 합다리나무, 두릅나무, 단풍나무 등과 초본류草本類인 개고사리, 닭의장풀 등이 서식하고 부토가 쌓여 자연배수가 어려웠다. (그림245, 246, 249)

　장기적인 보존을 위해서는 주변정비가 요구되는데, 주변식생은 석조문화재와 어우러져 자연미를 제공하기 때문에 어느 범위까지 주변정비를 시행하는가는 보존적 측면과 예술적 측면의 합의가 선행되어야 한다.

　바위 상부의 배수排水를 위해서 먼저 전지가위와 톱을 사용하여 목본류의

246 배수로 정비 전

247 배수로 정비 후

석분+수지
수지(에폭시)

우레탄

보드(우드락)

테이핑(가역성과 오염방지를 위함)

248 배수로 정비 시 공극 충진방법 단면도 (사진247의 세부)

밑둥을 잘라내고 대나무칼과 모종삽 등을 이용하여 부토를 제거하였다. 목본류의 뿌리와 부토를 제거하니 바위 상부에는 깊이 60cm, 너비 약 30cm정도의 공간이 발생하였다. 특히 중앙부가 주변보다 깊어 자연배수를 위해 작은 돌들로 주변에 턱을 만들고 중앙부에는 에폭시수지L-30에 실리카파우더와 탈크를 혼합하여 비가 스며들지 않도록 표면을 만들었다. 표면은 암반과 같은 재질의 석분을 입혀 주변과 이질감이 없도록 하였다.

　주변 삼층석탑은 지면이 패여 기단부 아랫부분이 드러나고 있었는데, 지반정비를 하여 안정감있게 기단부를 마감하였다. 또 암반 주변을 아우르고 있던 소나무 등의 수목은 암반과 가까운 부분의 가지치기만을 실시하여 최대한 자연미를 살리고자 하였다. (그림247, 248)

249 수목 정비 전

250 잡목과 잡풀은 제거된 상태(2007년)

251 배수로 세부 (2007년 조사당시)

2011년 추가 보존처리 및 주변정비가 있었으며 2016년 현지조사에서 보면 보면 세척과 수목제거 후 훼손 再發生 없이 비교적 안정된 보존상태를 유지하고 있었다. (그림250, 251) 수목을 제거하였으므로 일조량이 늘고 巖盤 上部로부터 유입되는 부분을 막은 것도 한 요인이 될 것이라 판단된다. 앞으로 주기적인 모니터링을 하여 이끼류나 지의류가 다시 서식하는 것을 예방적 차원에서 관리할 필요가 있다.

③ 영주가흥동마애여래삼종상및여래좌상(榮州可興洞磨崖如來三尊像및如來坐像)

명 칭	영주가흥동마애여래삼종상 및 여래좌상	수 량	1좌
지정번호	보물 제221호	지정일	1963. 01. 21
소유자	국유	관리자	영주시
소재지	경북 영주시 가흥동 264-2	조성시대	통일신라
구성석재	흑운모 화강암	보존위치	산밑, 도로옆
훼손등급	풍화 4등급, 생물피해 4등급, 구조안전 3등급,		
보수현황	보수 일시	보수 내역	
	1차 : 1998년	주변정비	
	2차 : 2007년	붕괴암반복원, 암반하부채움공사, 배수로정비	

영주가흥동마애여래삼종상및여래좌상은 강가 바위면에 본존불상과 좌우 협시보살상을 새긴 마애삼존불로써 통일신라시대의 사실주의적 불상으로 높이 평가되고 있는 마애불이다.[73] 영주시내의 서북지역 창진동에서 합류하여 남으로 향하는 하천이 남쪽으로 향하다가 동남쪽으로 회절回折하는 지점이 마애불이 조성되어 있으며, 이 지역은 암반지대가 발달된 곳이다. 절리가 발달된 화강암반에 조성된 마애불은 지반에서 9.0~11.0m되는 암반 상단에 조각되어 있다. 마애불의 상부지역은 토사로 덮여 있는데 주변의 참나무 등의 수목이 자라고 있어 두꺼운 토사층이 형성되어 있었을 것이다. 토사는 남측으로 경사진 경사면을 타고 삼존불 주변으로 흘러내려와 절리로 발생된 이격 암벽사이에 충진되었고, 동결과 융해를 거치면서 절리 틈을 더욱 크게 진행시켰을 것으로 판단된다. 또한 마애삼존불의 동측 10m지점에서 발생한 높이 5.4m, 폭 15m정도의 암석군 전도顚倒는 마애불의 완만한 경사와 달리 수직으로 조성되었던 암반지대이므로 앞으로 넘어진 붕괴사고가 발생한 것이다. (그림252, 254, 258)

2003년 6월 118mm가 넘는 폭우로 인해 삼존불상 좌측 하단의 자연암반 일부가 붕괴崩壞되었고, 붕괴된 자연암반 상단에 위치했던 떨어진 바위 안쪽 면에 양각된 불상이 발견된 바 있다. (그림256, 257) 이 불상은 원래 마애불

---

73 가흥동마애불 관련 연구는 다음과 같다.
   이정수 · 박원출 · 조원영, 『테마가 있는 한국문화』, 선인출판사, 1999.
   최성은, 『석불 돌에 새긴 정토의 꿈』, 한길아트, 2003.
   장두영, 「삼국시대와 통일신라시대의 마애불 연구」, 한남대학교 대학원 석사 학위논문, 2003.
   영주시, 『영주가흥리 마애삼존불상 지반안정화 사업수리보고서』, 2007.

252 정비 전 마애불 전경

253 정비 후 마애불 전경

254 암반 공극 현황

255 공극 충진처리

256 암반 붕괴시 불상 발견된 부분

257 발견된 불상

상의 동측 바위에 조성되었던 것으로 추정되는 데, 암벽이 붕괴되면서 매몰되었던 것이 발견된 것으로 보인다.

붕괴 후 영주가흥동마애여래삼존상및여래좌상의 지반안정화 사업이 추진되었는데, 지질학 전공자, 불상조각전문가, 구조안전진단 전문가 등으로

258 기존 배수로

259 배수로 정비 후

260 주변정비 후 전경(2007년 조사)

261 암반 앞 정비 후(2007년 조사)

구성된 자문위원단이 구성되어 종합적인 대책마련을 실시하였다.[74]

2003년 붕괴된 암반에는 석축을 쌓았는데, 무너진 암반편과 동종의 석재를 사용하여 축조하였다. (그림253, 255, 259, 260, 261) 무너진 암석은 풍화가 심하여 일부 석재를 제외하고 재활용이 어려운 부재도 많았는데, 풍화가 덜해 재사용이 가능한 석재는 적절한 크기로 가공하여 사용하였다. 상부는 침수되지 않도록 강회바닥으로 처리한 후 새로 발견된 불상의 좌대를 마련하

---

74 1년 동안의 구조안전진단 결과 암석의 균열진행은 비교적 안전하나 마애불이 도로 옆에 있어 과적, 과속차량의 운행으로 위험이 제기되었다.
(영주시,『영주가흥리 마애삼존불상 지반안정화 사업수리보고서』, 2007, 참조)

여 석불은 봉안하였다.

영주가흥동마애여래삼종상및여래좌상과 같이 도로와 인접해 있는 경우에는 항상 차량운행으로 진동, 교통사고 등으로 인해 위험이 있다. 그러므로 이를 규제할 필요가 있다. 지금은 문화재보호법에 의해 문화재로 지정시 주변에 새로운 우회도로 개설이 필요하지만 이미 도로가 있는 곳은 차량이 서행하도록 하는 것을 법적으로 규제하는 것이 바람직할 것이다.

(2) 보호각 정비

과거에는 비각碑閣, 사찰의 종각鐘閣과 같이 문화재를 보호하기 위한 목적의 보호각이 설치되었다. 또한 마애불과 같은 문화재에서도 보호각의 흔적이 발견되는 데, 이는 예불을 위한 공간으로서의 전각 개념에서의 설치였으나 보호각과 같은 보호의 역할도 함께 이루어졌던 것이다.[75] 현대에는 마애불 뿐 아니라 탑, 석불 등 훼손이 심한 석조문화재의 보호를 위해 보호각을

---

75 석조문화재 보호각에 관한 연구는 2000년 이후 다음과 같은 진행되었다.
수진·이수재·장세정, 「석조문화재 보호각 등 보호시설이 석재보존에 미치는 영향」, 『석조문화재 보존관리 연구』, 문화재청, 2001.
홍정기·엄두성·김순관, 「원각사지십층석탑 보호각 내부 보존환경 조사연구」, 『보존과학연구』3, 국립문화재연구소, 2002.
森井順之, 「磨崖佛保存施設과 周邊風環境의 相關, 石造文化財의 熱火와 周邊風環境」, 『한일공동연구보고서』, 국립문화재연구소, 2005.
홍정기·엄두성·정용재·森井順之, 「석조문화재 보호각의 보존환경연구-경주 배리 석불입상, 서산마애삼존불상을 중심으로」, 『보존과학연구』26, 국립문화재연구소, 2006.
2006년에는 보존과학과 건축의 견해에서 보호각 개선방안에 관한 국제학술심포지엄이 개최되어 중국, 일본, 한국의 보호각이 비교, 연구된 바 있다. ('문화재 보호각 개선방안 국제학술심포지엄' 주관:국립문화재연구소, 일시:2006년 11월14일)

설치하고 있으며 형태도 전통건축 형식, 유리보호각과 같은 현대건축 등 다양하게 조성되고 있다.[76]

(표15)에서 보는 바와 같이 전체 문화재의 보호각은 122건이 조성되었는데, 석조문화재는 총 96건으로 가장 큰 비중을 차지하고 있다.

표 15. 한국 보호각 현황[77]

유형	형태		합계
	전통건축	현대건축	
석 불	52	2	54
마애불	8	3	11
석 비	36	2	38
석등·승탑	3	0	3
석조·석연지	2	1	3
석 탑	0	1	1
석조 기타	1	2	3
요지(가마터)	0	4	4
동종·철확	4	1	5
합계	106	16	122

그러나 문화재를 보호하는 역할로 건립된 보호각이 오히려 관람을 방해하거나 햇빛차단, 결로 발생, 생물 서식 등의 새로운 훼손을 하거나, 보호각의 형태가 주변과 이질감이 느껴지게 하는 등 다른 문제점이 제기되기도 하여

---

76 2007년 당시 보호각 현황은 석불 보호각이 약53%, 석비 보호각이 약33%를 차지하고 있으며, 석불은 52건 중 30건이 전각내에 봉안되어 예불되고 있다. (배병선, 「문화재 보호각의 현황과 개선방향」, 『문화재 보호각 개선방안 국제학술심포지엄』, 국립문화재연구소, 2006, pp.3~15 참조)

77 문화재 보호각의 현황과 개선방향(배병선), 문화재 보호각 개선방안 국제학술 심포지엄, 국립문화재연구소, 2006, p.4에서 발췌하여 그래프로 편집하였다.

보호각 설치에 관해 여러 이견이 제기되고 있다. 이러한 문제점 발생으로 인해 서산마애삼존불 같은 경우에는 설치된 보호각이 최근 철거되기도 하였다.

① 서울원각사지십층석탑(서울圓覺寺址十層石塔)

명 칭	서울원각사지십층석탑	수 량	1기
지정번호	국보 제2호	지정일	1962. 12. 20
소유자	국유	관리자	종로구
소재지	서울 종로구 종로2가 38	조성시대	조선시대
구성석재	대리석	보존위치	평지, 보호각 내 보존
훼손등급	풍화 4등급, 생물피해 5등급, 구조안전 1등급		
보수현황	보수 일시	보수 내역	
	1차 : 1979년	주변배수로 정비	
	2차 : 1999년	보호각 건립	
	3차 : 2006년	보존처리(건식세척)	

국보 제2호인 서울원각사지십층석탑은 1465년(세조11년)에 건립된 원각사내에 위치하고 있는 대리석탑으로서 상층부에 '1467년(세조11년)'이라는 명문이 있어 15세기 중반에 조성된 것으로 추정되는 탑이다.[78] 고려시대 조

---

78 원각사지십층석탑에 대해서는 다음과 같은 연구들을 참고할 수 있는데, 미술사적 (조각) 연구가 주를 이룬다.
關野 貞,『한국의 건축과 예술』, 1941.
우정상,「원각사탑파의 사상적 연구-특히 13불회에 대하여」,『東國思想』1, 동국대학교 불교학회·철학회, 1958.
고유섭,『松都의 古蹟』, 1977.
소재구,「원각사지십층석탑의 연구」, 한국정신문화연구원 대학원 석사학위논문, 1987
장충식,『한국의 탑』, 1989.
홍윤식,「원각사지십층석탑의 조각내용과 그 역사적 의의」,『원각사지십층석탑실측조사보고서』, 문화재관리국, 1993.
신소연,「원각사지십층석탑의 서유기 부조연구」, 서울대학교대학원 석사학위논문, 2003.

성된 경천사십층석탑을 모본으로 하여 조성되었으며 다양한 불회도상과 다포계 건축양식을 보여주고 있으며, 경천사십층석탑과의 비교를 통해 고려·조선시대 조각양식의 차이를 나타내고 있다.

현재 도심인 종로구 탑골공원에 위치하고 있어 비둘기 등의 조류 배설물에 의한 오염이 심하고, 지하철 운행에 의한 진동발생, 자동차 배기가스로 인한 석재 표면 오염 등 보존대책을 필요로 하였다. 따라서 1991년 서울시에서 현황조사와 보호각 설계공모를 통해 1998년 문화재위원회의 심의를 통해 보호각이 건립되었다. 전통건축 형식의 보호각도 제시되었으나 탑 전체를 조망할 수 있고, 비둘기와 같은 조류의 접근을 차단하기 위해 유리 보호각이 설치되었다. 유리 보호각은 도심의 분위기와는 조화로울 수 있으나 우리에게 익숙하지 않은 현대건축이어서 이질감이 느껴진다는 의견들도 제기되었다.

유리 보호각은 완전 밀폐형으로 되어 있고 직사광선을 막기 위해 반사유리로 제작되었다. (그림262, 263) 그러나 반사유리로 인해 유리 보호각 내부의 석탑이 잘 보이지 않고, 밀폐형이기 때문에 내부에 발생한 분진이 그대로 석탑 표면에 흡착되고 있다. 따라서 2006년에는 보존처리(오염물 세척) 작업이 실시된 바 있다.

세척 후 원각사지십층석탑은 현재 비교적 깨끗한 표면상태를 유지하고 있으나 내부에 발생되는 분진을 억제할 대책이 없기 때문에 수년이 경과한 후 또다시 세척을 반복해야만 표면에 흡착되는 분진을 막을 수 있게 된다. 2006년 세척 시 필터를 설치하였으나 필터를 교체할 수 있는 내부통로가 되어 있지 않아 탑의 관리를 위한 내부시설이 보호각에 전혀 되어 있지 않다.

또한 밀폐된 보호각으로 인해 석탑이 갇혀 있는 것처럼 보이고 있으며, 반사유리 때문에 내부 석탑이 잘 보이지 않아 보호각 형태에 대해 비판이 많다. 따라서 보호각을 조성할 때 형태는 문화재와의 조화, 보호의 역할, 두 가지를 모두 충족시킬 수 있어야만 하며 특히 탑을 지속적으로 보존하고 유지관리 할 수 있도록 시설이 갖추어 져야 한다.

현 상태의 보호각이 유지 될 경우, 통풍이 되지 않아 몇 년후 또다시 분진 흡착이 발생될 것으로 우려된다. 따라서 보호각에 통풍시설을 설치하여 내부 분진을 외부로 유출시킬 수 있도록 하고, 내부에 관리할 수 있는 시설을 장착하여 3~5년에 한번씩 가벼운 솔로 건식세척을 실시하는 방법도 고려해야 할 것이다.

262 원각사지십층석탑 유리 보호각 현황   263 원각사지십층석탑 보호각 내부 현황

②김제금산사혜덕왕사탑비(金提金山寺慧德王師塔碑)

명 칭	김제금산사혜덕왕사탑비	수 량	1기
지정번호	보물 제24호	지정일	1963. 01. 21
소유자	금산사	관리자	금산사
소재지	전북 김제시 금산면 금산리39	조성시대	고려시대
구성석재	비신:천매암, 귀부:화강암	보존위치	평지, 사찰 내 보존
훼손등급	풍화 5등급, 생물피해 3등급, 구조안전 3등급		
보수현황	보수 일시	보수 내역	
	1차 : 2002년	보호각 설치, 세척	

보물 제24호인 김제금산사혜덕왕사탑비는 고려 중기의 승려인 혜덕왕사를 기리기 위하여 세운 것으로 현재 비의 머릿돌은 소실되었고, 비문은 심하게 마모되어 있다. 귀부龜趺의 구성석재는 화강암이고, 비신은 천매암이다. 비신은 풍화가 심하여 아랫부분에 껍질이 벗겨지듯이 박리가 진행되고 있다.(그림264,265) 2002년에 실시한 석조문화재 보존방안연구 결과 풍화5등급에 해당되어 보존처리와 함께 보호각이 설치되었다.

보호각은 일반적인 전통건축 형식이 아닌 아크릴 덮개의 개방형 보호시설로 설치되었다. 원각사지십층석탑과 같은 현대식이나 완전 개방형이라는 점에서 차별을 보이고 있다. 개방형이기 때문에 자연스러운 통풍이 가능하고, 햇빛이 투과되는 아크릴 재질이기 때문에 자연광을 받을 수 있도록 설계되어 있다. 따라서 눈, 비로 인한 직접적인 피해를 막을 수 있어 훼손 진행이 현저히 감소하였다. 그러나 녹색의 아크릴색이 주변경관이나 탑비塔碑와 지나치게 이질감을 주고, 어색하여 전체 경관을 해치고 있다. 또한 아크릴에 먼지가 흡착되고 빗물이 흘러내려 자국이 생기는 등 추후 관리가 소홀하여 아크릴이 지저분해짐에 따라 역효과를 주고 있다.

근래에는 원각사지십층석탑, 김제금산사혜덕왕사탑비, 월성골굴암마애불(그림266) 보호각과 같이 현대식으로 건립되는 경우가 많은 데, 현대식은 전통건축식보다 우리에게 익숙하지 않으므로 어색하게 느껴지기 쉽다. 따라서 보호각 형태을 설계할 때 문화재와의 조화, 주변경관과의 조화도 보호의 역할만큼 중요하게 다뤄져야 할 것이다.

김제금산사혜덕왕사탑비 보호각은 직사광선을 차단하기 위해서 녹색 아크릴을 사용했다면 옅은 회색과 같이 튀지 않는 색깔을 아크릴에 입히는 것이 주변과 조화를 이루었을 것으로 생각된다. 또한 아크릴과 같은 재질은 먼지나 빗물 자국 등이 잘 보이므로 1년에 2회 정도의 아크릴 보호각 세척을 실시해주는 것이 장기적 보존을 위해 바람직 할 것이다.

264 혜덕왕사비 보호각(2007년 조사)

265 전경 (2007년 조사)

266 골굴암마애불 보호각(투명 아크릴 사용)

③ 해남대흥사북미륵암마애여래좌상(海南大興寺北彌勒庵磨崖如來坐像)

명 칭	해남대흥사북미륵암마애여래좌상	수 량	1좌
지정번호	국보 제308호	지정일	2005.09.28
소유자	대흥사	관리자	대흥사
소재지	전남 해남군 삼산면 구림리	조성시대	고려시대
구성석재	화강암	보존위치	산 정상
훼손등급	풍화3등급, 생물분포3등급, 구조안전3등급		
보수현황	보수 일시	보수 내역	
	1차 : 1969년	보호각중수	
	2차 : 1994년~1995년	마애불 옆 석탑 해체복원, 마애불앞 석탑부재 수습복원	
	3차 : 2006년	보호각 해체	

　　전남 해남군 삼산면의 대흥사 북미륵암 마애여래좌상은 천인상이 조각된 고려전기의 마애불로 암반에 고부조로 남아있다. 마애불 앞에는 전통건축 형식의 '용화전'이 있어 보호각과 예배처로서의 역할을 해왔다. 보물 제48호로 지정되어 보존되어 오던 마애여래좌상은 2004년 낡은 용화전을 수리하면서 전체 암반이 드러나 광배 전체와 천인상 등이 새로 발견되었다.

267 보호각 해체 시 현황

268 북미륵암 보호각(2007년 현재)

269 보호각 내부 (2007년 조사)

원래 4m정도로 추정되었으나 용화전을 해체하고 나서 높이 약 8m, 너비 약 12m, 본존불의 높이 4.85m의 대형 마애불임이 확인되었고, 2005년 9월 28일에는 국보 제 308호로 승격, 지정되었다.

용화전은 1754년에 중수되었다는 기록이 있고, 1929년 보수작업 때 암반이 가려졌던 것으로 보인다. 해남대흥암북미륵암마애여래좌상은 보호의 역할을 담당하는 보호각이 적합하지 않을 경우 원형을 왜곡시킬 수도 있음을 보여주는 사례라고 하겠다.

270 보호각 측면 (2007년 조사)

2006년 용화전 해체(그림267)로 인해 현재, 웅장하고 섬세한 조각들이 드러나게 되었으며, 보호각은 전통건축과 아크릴로 만든 현대식 보호각의 결합으로 이루어졌다. 암반 전체에는 철근 구조물에 투명 아크릴을 설치하고, 그 앞에는 전통건축 형식의 보호각을 건립하였다. (그림268~270)

즉 보호각의 역할과 예배처의 역할을 모두 나타내고 있는데 국내 보호각 설치에 있어 새로운 시도라 할 수 있다. 다만, 지형적인 한계로 통풍 등의 자연적 보존이 어렵고 다소 협소하여 불상이 내부에 답답하게 갇혀있는 듯한 느낌을 주고 있다.

④ 서산용현리마애여래삼존상(瑞山磨崖三尊佛像)

명 칭	서산용현리마애여래삼존상	수 량	1좌
지정번호	국보 제84호	지정일	1962.12.20
소유자	국유	관리자	서산시
소재지	충남서산시운산면 용현리 2-10	조성시대	백제
구성석재	화강암	보존위치	산 중턱
훼손등급	풍화 4등급, 생물피해 1등급, 구조안전 5등급		
보수현황	보수 일시	보수 내역	
	1차 : 1964년	보호각 건립, 보수	
	2차 : 1994년	진입로계단, 배수로설치,	
	3차 : 2007년	보호각 해체(2006년 구조정밀진단 실시)	

1959년에 발견되어 1962년에 국보 제84호로 지정된 서산용현리마애여래삼존상은 산기슭의 화강암 암반에 조각되어 있다. 암반을 조금 파고 불상을 조각하였으며, 조각 암반에는 1962년에 건립된 전통건축 형식의 보호각이 있다. 백제시대의 대표적인 마애불로서 소박한 듯한 미소를 띤 표정 때문에 '백제의 미소'로 널리 알려져 있다.

인근 50m부근에는 계곡이 흐르고 있고, 조각면에서는 백화현상이 발생되었으며, 부분적으로 균열이 진행되고 있었다. 광배 위의 암반에서는 수분이 흘러내리고 있으며, 좁은 보호각으로 인해 자연채광이 불가능하여 조명시설로 관람을 하고 있었다.(그림 271, 272) 그러나 조명이 미흡하여 마애불의 특징인 미소 띤 표정이 드러나지 않고 있었다. 수분발생과 관람 환경저해, 백화현상[79] 등 여러 문제점이 발생되어 2003년 석조문화재 보존관리 방

---

79 백화현상은 본존불과 왼쪽 보살입상의 광배 위에서 아래부분으로 흘러내리 듯이 발생되어 있다. 백화현상의 원인은 1962년에 보호각을 건립하면서 사용한 콘크리트가 빗물에 녹아 생성된 칼슘성분 때문으로 알려져 있다.

안연구에서는 정밀구조안전진단과 정밀조사가 요구되었다. 보호각 내부에서 누수현상이 발생하고 상부의 소나무 서식도 보존에 영향을 주고 있었다. 따라서 1년 동안 주변암반의 균열정도를 측정, 모니터링 되었다.

서산용현리마애여래삼존상의 경우 보호각은 눈, 비, 바람과 같은 자연현상으로부터 마애불을 보호할 수는 있으나 백화, 수분발생 등 문제가 발생되고 있으며 특히, 자연 채광이 어려워서 미소를 판별할 수 없는 원인이 되었으며 공간이 협소하여 마애불의 전체적인 조망이 방해를 받는 문제점을 발생시켰다. 따라서 2007년 보호각이 해체되었다. (그림273, 274)

보호각이 해체된 후 현재 전체적인 느낌은 주변 환경이 상당히 깔끔해졌음을 확인할 수 있었다. 어두운 보호각 내에서 마애불을 관람하는 것보다 자연채광 하에서 관람하게 되어 날씨가 화창할 경우 섬세한 조각이 매우 잘 드러나고 있었다. 또한 보호각으로 인해 관람 장소가 협소하였으나 현재는 전체적인 모습을 관람할 수 있도록 시야가 확보되어 있었다. 또 마애조각 위의 자연암반은 돌출되어 있어 자연적으로 지붕돌의 역할을 해주고 있는데, 이는 강우로부터 어느 정도 보호의 역할을 해주게 될 것으로 생각된다. 서울 삼천사지마애불이나 북한산 구기리마애불 등에서 지붕돌이나 갓형의 돌이 강우로부터의 보호 등 마애조각의 보호역할을 하여 풍화가 억제되는 것과 유사하다고 볼 수 있을 것이다.

그러나 보호각 설치의 흔적이 있거나 설치되어 있는 곳에 대하여는 왜 그곳에 옛날부터 보호각이 필요하였는가를 알고 현재 그 부분을 충족할 수 있는 다른 방안이 있는가를 확인한 후 보호각 해체를 결정해야 한다. 서산용현리마애여래삼존상의 경우에도 1960년대 마애불 발견 후 수많은 사람이

271 전통건축형의 보호각 측면

272 보호각 해체 후 (2007년)

273 보호각 해체 전

274 보호각 해체 후 전경 (2007년)

와서 잘못된 미신적 생각으로 불상의 코 부분이나 팔등에 훼손을 가함에 따라 부득이 보호각을 설치하여 관리하였다고 한다. 따라서 당시에는 보호각 설치가 반드시 필요하였던 것이다.

또한 돌출된 암반 위에는 소나무가 서식하고 있어 붕괴가 우려되는 데, 당장 제거하기 보다는 나무의 성장을 억제시킬 수 있는 약품을 사용하는 것이 보다 적합할 것으로 생각된다.

이상과 같이 환경정비로서 수목제거, 배수로설치, 보호각 사례에 대해 알아보았다. 환경정비는 석조물에 직접 보존처리를 하는 것 이상으로 중요하다. 주변환경은 석조물보존에 많은 영향을 주며 훼손의 가장 커다란 원인이 된다.

이러한 환경정비 시 주의할 점으로 첫째, 환경정비는 주변경관과 조화를 고려한다.

둘째, 수목은 습도, 온도의 영향과 함께 태풍등 자연재해 시에 문화재를 파손시킬 수 있으므로 제거하거나 필요할 때 수종을 갱신하는 것이 바람직하다.

셋째, 수목제거는 상부는 물론 뿌리의 근압도 문제를 일으키므로 제거하되 공극이 생기지 않도록 한다. 그러나 뿌리를 일시에 제거하면 탑이나 석조물의 기반까지 침투된 경우 구조적문제를 줄 수 있으므로 제거 시 충분한 조사와 검토가 있어야만 한다.

넷째, 배수로는 자연배수가 원칙이며 인위적으로 설치 시에는 전통방식으로 한다.

다섯째, 보호각은 석조문화재에 어떤 영향을 주는지를 미리 점검하고 형태, 크기, 재료 등을 결정하여야 한다.

여섯째, 불교 문화재는 종교적 숭배대상이므로 예배공간을 확보하면서 지속적인 관리가 이루어지도록 하여야 한다.

4) 기타

지금까지 살펴본 보수, 보존처리, 환경정비 외에 석조문화재 보존에 있어 모형제작이나 보존처리 시공절차 등에 대한 사례들도 분석해 볼 필요가 있다. 최근에는 석조문화재의 훼손이 심해지고, 화재, 도굴 등의 사고로 원형을 훼손하는 경우가 많기 때문에 원형보존의 차원에서 모형을 제작하여 원위치에 대체하는 방안들도 이루어지고 있기 때문이다.

문화재를 보존하고 활용하는 관점으로 볼 때, 야외에서 훼손이 진행되고 있는 문화재의 실내이전과 복제에 대한 연구는 앞으로 미술, 역사학적 측면과 보존과학적 측면에서 상호보완적 연구와 접근이 이루어져야 할 것이다. 석조문화재 중 법당 내에 위치한 석불이나 박물관에 있는 일부를 제외하면 대부분 석조물이 야외에 위치하고 있다. 이들 석조문화재는 대부분 건조시기가 천 년이 넘고 비, 바람에 의한 자연적 풍화와 인위적 훼손을 심하게 받고 있다. 최근에는 산성비나 분진 등의 환경적 요인으로 암석이 급격하게 약화됨은 물론 조각과 비문이 탈락되어 원형을 잃어가고 있고 예술적 가치가 떨어져 문화재 보존에 커다란 문제로 대두되고 있다. 이러한 원인으로 일부 훼손이 심하게 진행되는 석조물들을 박물관 등 실내로 이전하거나 보호각 설치 또는 원활한 통풍을 위한 주변정비와 강화제 도포 등을 실시하고 있다.

　문화재보존을 위하여 석조문화재를 실내로 이전하는 문제와 보호각의 설치 문제는 원형보존 원칙과 주변 환경의 조화에 따른 다수의 상반된 견해가 있다. 또한 문화유산의 보존은 물론 문화재의 활용에 대한 각계의 관심이 높아지고 있는 실정이다. 따라서 영구적 보존을 위해서 훼손이 심하여 실외보존에 한계가 있는 석조문화재는 박물관으로 옮기고, 그 자리에 원래의 석조물과 똑같은 복제품을 같은 재질로 연출하여 설치함으로써 이를 활용하여 관심이 많은 국민들과 한국을 방문한 외국인들이 직접 현장에서 관찰하고 체험할 수 있도록 하는 방안이 최근에 설득력 있게 제시되고 있다.

(1) 모형제작

① 서울북한산신라진흥왕순수비(서울北漢山新羅眞興王巡狩碑) [80]

명 칭	서울북한산신라진흥왕순수비	수 량	1기
지정번호	국보 제3호	지정일	1962.12.20
소유자	국유	관리자	국립중앙박물관
소재지	서울 용산구 용산동6가	조성시대	신라
구성석재	화강암	보존위치	박물관 내 보존
훼손등급	풍화 4등급, 생물피해 1등급, 구조안전 2등급		
보수현황	보수 일시	보수 내역	
	1차 : 1972년	이전, 표석제작	
	2차 : 2006년	복제품제작 설치	

이 비는 신라 진흥왕 16년(555)에 왕의 국경순수기념비의 하나로 북한산 비봉碑峰에 세워졌던 것이며, 삼국시대 금석학 중 가장 유명하고 귀중한 것이다. 비문은 조선 순조 16년(1816, 병자년) 우리나라 금석학의 대가인 완당阮堂 김정희金正喜 선생이 친히 북한산 비봉에 올라 처음으로 판독하였다.

비신碑身은 표면에 이끼류, 상단부의 균열, 풍화훼손이 심하였고, 이수는 멸실된 상태이다. 좌대座臺는 전면을 향해서 좌측(서남측) 일부가 파손되어 시멘트 모르타르로 충진한 흔적이 있고 비신좌측 하단은 석재가 파손, 박락되었으며 상부는 횡으로 균열이 발생하여 구조적으로 불안하였다. 후면에

---

80 북한산 순수비에 관련된 연구자료는 다음과 같다.
　문화재관리국, 「국보 제3호 북한산 신라 진흥왕 순수비 이전 보고서」, 1972.
　김창호, 「육세기 신라 금석문의 석독과 그 분석」, 경북대학교대학원 박사학위논문, 1994.
　노용필, 「진흥왕 북한산순수비 건립의 배경과 그 목적」, 『향토서울』 53, 서울특별시역사편찬위원회, 1994.

275 북한산에 세워진 모형

276 복제비 설치 과정

277 북한산 복제비 전경 (2007년 조사)

278 국립중앙박물관으로이전된 순수비

는 26군데 총탄 흔적이 있었다.

1934년에는 보물로 지정되었고, 해방 후 1960년도에 국보 제8호로 개칭되었다가 1963년 문화재관리국(현 문화재청)에 의하여 국보 제3호로 지정이 되었다.

북한산에 위치한 순수비는 훼손이 심하고 보존이 어려워 1972년 8월 25일에 북한산 비봉에서 경복궁 근정전 회랑으로 이전하였다. 당시 이전은 문화재위원회를 소집하여 가설 비계다리를 이용하는 방안, 케이블을 설치하여 육로로 운반하는 방안, 헬리콥터로 이전하자는 방안 세 가지가 제시 되었는데, 가설 비계다리를 이용하는 것으로 채택되었다.[81] 북한산비가 이전되면서 비봉에는 표지석이 설치되었고, 원형이전의 문제가 대두되면서 2006년 10월 19일에 복제비를 설치하게 되었다. (그림275~277)

경복궁 회랑에 보관되어 있던 북한산비는 현재 국립중앙박물관에 이전, 전시되어 있다. (그림278)

모형제작을 위한 석재 가공은 크게 두 가지 방법으로 이루어지는데, 전통방식인 수공에 의한 가공법과 기계를 이용한 가공법이다. 북한산비는 3D 스캐너를 이용해 전체적인 형태를 복제, 제작하고 마모가 심해 정교한 작업이 요구되는 碑身의 글씨는 전통방식인 수공 가공법을 적용하여 복제하였다. (그림279, 280)

3D 스캐너가 스캔한 폴리곤 데이터를 이용하여 RP System(쾌속조형기),

---

81 문화재관리국, 『국보 제3호 북한산 신라 진흥왕순수비 이전보고서』, 1972. p.7 참조.

279 모형제작-성형과정　　　　　280 수작업으로 각자 음각

절삭가공법[82]으로 북한산비의 전체적인 형태를 제작하였으며 가공된 모형
은 검증작업을 거친 후 각자 음각과 표면처리, 도장작업을 거쳐 모형을 완
성하였다.

실외에 있는 석조물을 실내로 옮기고 실외에 복제품을 설치하는 것은 앞
으로 여러 학계의 전문가들이 많은 논의가 필요할 것이다. 물론 대부분의
석조물은 원위치에서 보존되어야 하고 그 보존방안을 찾고 관리하여야 한
다. 다만 훼손의 정도가 심하고 실외에서 보존의 한계가 있는 문화재는 실
내에서 영구적으로 보존하여 후손에게 물려주고 원위치에 역사적조형물로
서 복제품을 설치하여 그 가치와 의미를 갖는 것도 하나의 대안으로 검토할
필요가 있다.

이상과 같이 석조문화재의 복제 시 검토하여야 할 사항은 첫째, 실물과
달리 어떠한 변형도 하여서는 안된다. 둘째, 복제를 위해 3D를 이용한 첨단

82　RP System으로는 작은 모형을 섬세하게 만들 수 있으며, 절삭가공법은 큰 모
　　형을 신속하게 제작할 수 있는 방법으로 합성수지를 사용한다.

과학기법을 동원해서 오차를 최소화해야 한다. 셋째, 암석의 재질은 원재질과 같은 것으로 한다. 넷째, 조각은 숙련된 기술자가 하되 가능하면 국가가 공인한 기술자가 해야 한다. 다섯째, 이에 대한 예산이 확보되어야 하며 충분한 작업기간이 보장되고 일반적 입찰형식으로 제작자를 선정하는 것보다 기술자 선정기준을 만들어야 한다. 그리고 시대의 최고 기술자가 제작한 복제품도 현 시대의 유물로서 가치를 갖도록 하여 후대에 물려줄 수 있도록 해야 한다.

(2) 기타

문화재보존에 있어 행정절차상의 문제는 처리공정의 질과 직결되는 중요한 문제이다. 예산편성에 있어 불합리하게 책정되거나 잘못 책정되면 처리 공정에서 일부 과정에 생략되거나 부실공사로 이어질 수 있기 때문이다. 그러나 현재 이루어지고 있는 문화재보존 행정은 처리현장에서의 현황이 크게 고려되지 않고, 시공설계에서도 전문가를 포함하지 않고 개략적으로 설계하는 경우가 많아 다소 처리현황과 동떨어진 시공 설계가 되기도 한다. 이러할 경우 처리 작업 부실이 우려되고, 시공기간 중 설계변경이 되는 등의 문제가 발생될 수 있으므로 체계적이고, 현실적인 설계와 행정절차가 진행되어야 한다. 관촉사석등은 시공설계에서 정확한 사전조사가 이루어지지 않아 시공기간 중에 설계가 변경된 사례이다.

① 논산관촉사석등(論山灌燭寺石燈)[83]

명 칭	논산관촉사석등	수 량	1기
지정번호	보물 제232호	지정일	1963. 01. 21
소유자	관촉사	관리자	관촉사
소재지	충남 논산시관촉동 254	조성시대	고려시대
구성석재	화강섬록암	보존위치	평지, 사찰 내 보존
훼손등급	풍화 5등급, 생물피해 3등급, 구조안전 5등급		
보수현황	보수 일시	보수 내역	
	1차 : 2006년	세척, 보존처리	

관촉사 앞뜰의 큰 석불 앞에 놓여있는 4각 석등으로, 불을 밝혀두는 화
사석火舍石이 중심이 되어, 아래에는 3단의 받침돌을 쌓고, 위로는 지붕돌
과 머리장식을 얹었다. 평면이 정사각형으로 이루어진 전형적인 고려식으
로, 아래받침돌과 윗 받침돌에 새겨진 굵직한 연꽃무늬가 두터움을 드러내
고 있다. 가운데 받침은 각이 없는 굵고 둥그런 기둥으로 세웠는데, 위아래
양끝에는 두 줄기의 띠를 두르고, 중간에는 세 줄기의 띠를 둘렀다. 특히 중
간의 세 줄기 중에서 가장 굵게 두른 가운데 띠에는 8송이의 꽃을 조각하여
곱게 장식하였다. 2층으로 이루어진 화사석은 1층에 4개의 기둥을 세워 지
붕돌을 받치도록 하였는데, 기둥이 빈약한 반면 창은 널찍하다. 각 층의 지
붕들은 처마가 가볍게 곡선을 그리고 있으며, 네 귀퉁이에는 큼직한 꽃 조
각이 서 있어 부드러운 조화를 이룬다. 꼭대기는 불꽃무늬가 새겨진 큼직한
꽃봉오리모양의 장식을 두었는데, 조각이 두터워서 인지 무거워 보인다. 전
체적으로 뒤에 서 있는 석불 못지않게 힘차 보이나, 화사석의 네 기둥이 가

---

83 국립문화재연구소,『石燈調査報告書』I, 1999,『石燈調査報告書』II, 2001 참조.

늘어 균형이 깨지고, 받침의 가운데기둥이 너무 굵고 각이 없어 그 효과가 줄어든 감이 있다. 뒤의 석불 즉 석조미륵보살입상(보물 제218호)과 함께 고려 광종 19년(968년)에 지어진 것으로 추정되며, 남한에서는 구례화엄사각황전 앞 석등(국보 제12호) 다음으로 거대한 규모를 보여준다.

논산관촉사석등은 지의류, 이끼류 등의 생물적 피해로 오염되어 있고, 2층 화사석의 기둥이 일부 파손되어 구조적으로 불안하였으며 풍화로 인해 석재 표면의 박리현상이 진행되고 있었다. 일부 파손된 상대갑석은 과거에 처리된 시멘트 모르타르로 충진 되어 있었다.(그림281)

훼손된 관촉사 석등의 보존처리 전 설계서의 내역은 2층 화사석의 분리된 부재를 접합하는 것이었으나 공사 시작 후 정밀조사 결과 분리된 부재는 2층 화사석의 파편이 아니라 서로 다른 부재임을 확인하였다. 설계대로 접착하는 것은 원형변형일 수 있으므로 접착하지 않고 분리 부재는 수평을 맞춰 해당 위치에 고정해 두었다. 분리 부재의 원위치가 밝혀지면 수정할 수 있도록 가역적으로 처리한 것이다.(그림282)

이렇게 보존현장에서는 설계와 다르게 처리작업이 이루어지기도 하는

281 관촉사석등 처리 전

282 관촉사석등 처리 후

데, 이는 보존처리 설계가 너무 간략하게 진행되기 때문이다.

일반적으로 문화재의 보존처리 공사의 진행시에는 해당 시, 군의 지방문화재 담당자가 훼손의 정도를 파악하여 예상되는 공사비를 다음 년도 예산 신청을 하게 된다. 국보, 보물 등 국가 지정문화재는 문화재청에서, 지방문화재는 지방문화재전문위원이 공사시행의 필요성과 예산의 적절성을 판단하여 공사 지침을 정하고 예산을 조정하게 된다. 공사비용을 확보하게 되면 공사설계를 문화재설계업체에 의뢰하여 설계도면과 시방서를 작성하게 한다. 그러나 업체의 설계 시에는 관련 분야의 전문가가 부족하여 일시적으로 자문을 받는 정도로 설계를 완성하게 된다. 이는 공사기간 부족하고 설계업체의 설계비도 한정되어 있기 때문에 간략한 조사를 바탕으로 설계와 방안을 도출하게 되는 한계를 발생시킨다.

따라서 문화재에 있어 보존처리공사는 보수공사보다도 더욱 사전 조사를 치밀하게 하고 정확한 판단을 내린 후 설계지침을 작성하여야 한다. 한번 잘못 판단하여 시공된 공사는 회복할 수 없는 문제점을 야기할 수 있으므로 처음 설계의 작성과 시공의 판단 모두 여러 전문가의 종합적인 협의아래 진행되어야 하고 여기에 맞는 기간과 비용이 책정되어야 할 것이다.

06. 석조문화재 보수방법

1. 조사분석

석조문화재의 보존은 전반적인 현황을 조사, 진단하여 보존방안[1]을 마련하게 된다. 2장에서 살펴보았듯이 여러 가지 훼손 요인은 단독적이거나 복합적으로 발생하여 문화재를 훼손시키기 때문에, 훼손된 문화재를 정확히 연구하여 진단을 내리는 것이 장기적인 보존방안을 마련하는 데 가장 중요한 작업이다.

문화재보존에 있어 조사분석은 근래 들어 집중적으로 이루어지고 있으며, 지질학, 미술사학, 재료공학, 암석학, 물리학, 생물학 등의 다양한 근접학문과의 연계로 3D 정밀스캔, 석재의 암질분석, 풍화훼손 지도[2] 작성, 초음파를 이용한 풍화계측 등 더욱 전문화되어 가고 있다. 또한 보수에 사용

---

1 보존방법은 조사분석, 보존처리, 주변 환경정비, 모니터링으로 분류하였는데, 보존처리는 일반적인 방법을 간략하게 쇄한 후 실제 현장에서 적용되는 보존처리과정에 대해 서술하였다.
2 풍화훼손 지도는 석조물의 풍화훼손 상태를 도면으로 나타내는 것이다. 등고선지도를 보면서 지형을 자세히 파악하듯이 훼손지도를 통해 대상석조물에 대해 종합적인 훼손상태를 한 면에 볼 수 있는데, 풍화, 오염물부착상태, 생물발생, 균열, 박리, 박락 등 훼손발생의 모든 양상을 표기한다.

되는 처리재들은 사전 예비실험을 통해 적합성을 검토하여 사용되고 있다.

조사분석은 크게 현지조사와 실내연구를 병행하여 실시하는데, 현지조사에서는 처리전·후의 현황 기록, 사진촬영, 3D 스캔 등의 정밀실측, 주변 자연환경 조사, 훼손부분의 육안관찰, 시료채취, 비파괴조사, 지반조사 및 구조안정성 조사[3], 풍화에 따른 훼손지도 작성[4], 해체조사, 산지조사, 구조해석 등이 이루어진다.

근래 들어 기기의 발달과 함께 정밀 실측 시에 3D 스캔이 주로 이용되고

---

3 석조문화재의 거동을 자동계측하여 변위, 변형의 원인을 밝히는 조사를 한다. 방법은 탄성파탐사, 전기비저항탐사, GPR 등의 지구물리학적인 조사를 하여 지질 구조를 이해하고, 지반의 속도, 층의 두께 등 지하 구조를 분석한다. 또 석조물에 틸트메타(Tiltmeter)를 이용하여 경사변화를 관찰하고, 초음파 속도를 측정하여 풍화 정도를 파악한다. (『석조문화재 보존관리연구』, 2001, 문화재청, pp.35~45 참조)

4 최근에는 훼손원인에 따른 석조문화재의 훼손도를 정량적으로 평가하는 연구와 보존방안에 대한 연구가 활발히 진행되고 있으며 훼손지도에는 생물피해, 표면 풍화상태, 균열현황 등을 기록하고 있다.
풍화훼손에 관한 정량적 평가를 연구한 몇 논문을 소개하면 다음과 같다.
김영택·이찬희·이명성,「부여 정림사지 오층석탑의 보존과학적 훼손도 평가」,『자원환경지질』38, 2005.
이명성·이정은·표수희·송치영·이찬희,「논산관촉사 석등의 훼손도 진단 및 기원암의 성인적 해석」,『보존과학지』, 17, 1995.
이명성·정민호·정영동·이찬희,「경주 서악리 삼층석탑의 훼손상태 및 보존처리」,『보존과학회지』18, 2006.
이선명·이찬희·최석원·윤석봉,「서산마애삼존불상의 훼손상태 및 불연속면의 거동특성」,『보존과학회지』19, 2007.
이찬희·이명성·서만철·최석원·김만갑,「감은사지 서탑의 풍화훼손도 진단 및 석재의 산지추정」『자원환경지질』37, 2004.
이찬희·이명성·서만철,「영주 가흥리마애삼존불상의 풍화특성과 불연속면의 안정성 해석」,『지질학회지』41, 2005.
이정은·이찬희·이명성,「경주 분황사석탑의 풍화훼손도 평가와 보존과학적 진단」,『보존과학회지』18, 2006.

283 3D 스캔조사 장비-신창리삼층석탑 3D스캔

284 3D스캔 자료-봉화북지리마애여래좌상

285 3D 시뮬레이션으로 탈락된 手印 가접합

있는데, 과거 2차원의 스캔을 실시하던 방식에서 발전하여 3D 스캔은 3차원 입체 영상으로 자료를 기록하게 된다. (사진283) 부조 등의 문양, 비정형 부조, 훼손 등으로 인해 정밀한 수실측이 어려운 경우, 혹은 3차원 형상정보

기록이 필요한 대상 등에 적용할 수 있다. 컴퓨터 조작에 따라 전면, 측면, 후면 등 다양한 방향에서 영상을 볼 수 있고, 스캔된 자료로 모형을 제작하기도 한다.[5] 뿐 만 아니라 봉화북지리마애불이나 법주사쌍사자석등에서처럼 3D로 스캔된 자료를 활용하여 탈락된 부재를 시뮬레이션으로 가접합하여 처리 후의 복원형태를 미리 검토할 수 있다. (그림284~288)

286 보존현황-봉화북지리마애여래좌상

---

5 3D 스캐너가 스캔한 폴리콘 데이터를 이용하여 RP System(쾌속조형기), 절삭가공법으로 원품과 같은 형태를 제작할 수 있는데 훼손이 심하여 국립중앙박물관에 이전되어 전시하고 있는 북한산진흥왕순수비를 복제하여 2006년 북한산 비봉 원위치에 복제품을 설치하였다.

287 사진자료-법주사쌍사자석등

288-1 3D스캔자료-법주사쌍사자석등

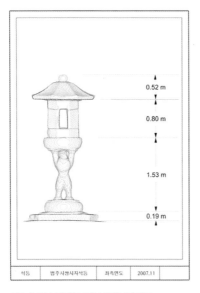

288-2 3D스캔자료-법주사쌍사자석등

288-3.스캔자료세부-법주사쌍사자석등

2000년대에 들어 풍화현황을 지도화한 풍화훼손 지도에 관한 연구가 급증하였다. 익산왕궁리오층석탑의 예[6]에서 참고할 수 있듯이 균열, 층상균열, 미세균열, 박락, 입상분해, 결손, 마모, 오염, 지의류서식, 초본류 서식, 수목현황, 낙서 등 석조문화재에 가해진 훼손들을 여러 가지 표기로 나타내어 보존상태 파악이 용이하도록 하고 있다.(그림289) 풍화훼손 지도는 프로그램으로 전산화 및 디지털화 된 풍화훼손지도를 통해 정량적인 데이터 분석이 가능하다. 풍화훼손지도에 나타나는 풍화양상별로 분류된 정량적 데이터와 정 조사 한 자료를 비교 분석하여 풍화훼손에 대한 정확한 해석을 수행하고 추후 종합적 손상 도 평가를 할 수 있으며, 보존처리 범위와 보존처리 후 모니터링 자료로 활용할 수 있다.

석조물의 파손원인에 대한 조사를 위해 비파괴조사가 실시된다. 적외선 열화상 탐사조사는 물체로분터 방출되는 적외선 양을 측정하여 조사대상의 표면온도차를 파악하는 것으로 결손부위의 표면 온도가 정산표면의 온도와 다르게 나타나는 것을 통해 결함의 정도를 파악할 수 있으며, 특히 육안으로 근접조사가 어려운 층위의 탑신부와 상륜부의 조사에 유용하게 활용된다. 또 초음파를 측정하여 풍화도를 계측을 통해 석조물의 내구성을 평가하

---

6 양희제·이찬희·김사덕·최석원, 「익산왕궁리오층석탑의 훼손현황과 보존방안 연구」, 『보존과학연구』25, 국립문화재연구소, 2004, p.179 발췌(fig1. 동측면의 종합훼손 지도). 이 훼손지도를 보면 상륜부에는 입상분해가 많이 발생하였으며, 각 층의 옥개석에는 지의류, 초본류 등과 같은 생물류가 넓게 서식하고 있음을 알 수 있다. 각층 탑신과 옥개받침에는 갈색오염이 많은데 특히 4층, 5층 옥개받침은 흑색오염이 분포하고 있는 것을 파악할 수 있다. 이렇듯 훼손지도는 실사 사진보다 더 정확한 현황을 파악할 수 있다.

는 비파괴검사가 있다. (그림290)[7]

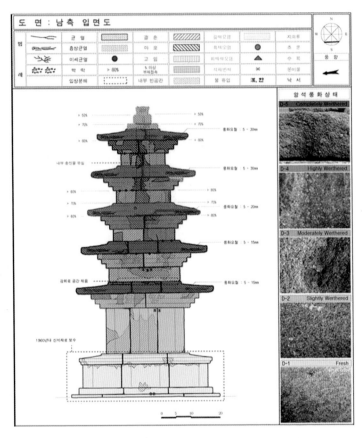

289 익산왕궁리오층석탑 풍화훼손 지도

---

7 이선명, 「서산마애삼존불상의 정밀 훼손도 진단과 미기상환경 영향 분석」, 공주대학
  교 대학원 석사학위논문, 2007, p.93(fig 42에서 발췌). 초음파 측정은 초음파 기기를
  이용하여 암석의 풍화상태를 측정하기 위한 방법이다. 암석의 밀도가 높은 부분은 초
  음파의 전달속도가 빠르며 암석이 열화되어 공극이 많으면 초음파의 전달속도가 느리
  게 나타난다. 서산마애삼존불상의 초음파 측정결과를 보면 노란색을 띤 본존 手印부
  분, 좌협시 좌측상단과 암반좌측 하단, 본존불의 광배 부분 등은 암석풍화가 심해 초
  음파의 전달속도가 느리게 나타난 부분이다.

290 서산마애삼존불 초음파 측정 자료

　지반조사는 석조문화재의 하중을 지지할 수 있도록 조성된 지반에 대한

약화를 조사함으로써 지반의 기울어짐, 부분 침하 등 상부구조에 직접적인

영향을 미치는 원인을 조사한다. 산지조사는 보존처리에 사용가능한 원형

부재와 유사한 신석 확보를 위한 조사이며 구조해석조사는 구조안정성 조

사 또는 해체조사와 함께 수반된다.

석탑의 해체수리 방법은 크게 두 가지의 방법으로 구분된다. 설계 후 해체·조립하는 방 법과 해체조사 후 설계·조립하는 방법이다. 석탑을 해체하기 전까지는 내부 구조, 석 재의 훼손정도, 원형기법 등을 정확하게 파악하기 어렵다. 따라서 설계 후 해체·조립 을 진행하는 방식은 실제 시공단계에서 여러 가지 문제점이 발생할 가능성이 있다. 석 탑의 원형보존과 수리품질을 우선적으로 고려한다면 해체조사 후 그 결과에 따라 설 계 및 조립을 진행하는 것이 바람직하다. 그러나 대부분의 석탑 수리공사는 제도적 여 건 상 실계 후 해체와 조립을 연속으로 진행하는 방식을 따르고 있으며, 해체 후 설계 를 보완하여 조립을 진행하기도 한다. 해체조사는 수리대상 석탑의 구조 및 양식, 훼손 현황, 축조기법 등에 대한 상세한 자료를 확보하는 과정으로써 석탑의 원형보존과 수리품질에 지대한 향을 미칠 수 있다. 석탑은 한번 해체되면 남아있던 형상에 대한 실체적 정보가 사라져버린다. 따라 서 해체 가 진행되는 모든 과정은 물론 해체 전·후 과정에 대한 상세한 조사와 기록 이 요구된다. 해체조사를 통해 축적된 자료는 추후 석재 가공 및 조립, 보존처리, 구조보강 등 주요 공정의 세부적인 방법을 결정하는 근거가 될 수 있 다. 그러므로 해체조사 의 범위 및 방법, 실행계획 등은 학술적, 기술적으로 충분한 검토를 거쳐 구체적이고 체계적으로 수립하여야 한다.

해체조사를 통해 석탑 축조방식 및 후대 변형 여부, 각 구성부 및 부재별 구조적 파손 양상 및 범위, 해체 후 노출면 상태 조사 및 유물 존재여부 확인, 보강철물, 기단부 등 속채움 등에 관한 조사가 가능하다. 석탑 해체 과정과 후에 보다 정밀한 자료를 확보하기 위한 조사로써 개별 부재 단위로 실측조사, 보존상태조사 등을 실시한다. 익산 미륵사지 석탑과 경주 불국사

삼층석탑의 예시가 대표적으로 수리가 완료된 후에는 석조문화재의 해체 전 및 진행과정의 모습을 다시 볼 수 없기 때문에 특히 석탑 수리에 있어 해 체조사는 매우 중요한 과정이다.

실내에서 이루어지는 연구는 문헌 등의 자료조사나 채취한 시편을 분석 하여 암석의 특성, 부착 오염물의 특성 등을 파악하는 연구이다. 분석은 광 물의 조성과 조직, 풍화양상을 밝히기 위해서 암석의 박편을 제작하여 편광 현미경, 주사전자현미경(SEM)분석을 실시한다. X선회절분석(XRD)은 암석 시료, 풍화물, 오염물의 종류와 특징을 밝히기 위해 실시하며, 미세광물의 동정을 위해서는 투과전자현미경(TEM) 분석을 한다.

그 외에도 전자현미경분석(EPMA), X선형광분석(XRF), 적외선분광분석 (IR) 등의 분석을 통해서 암석의 구성광물, 풍화물이나 오염물의 화학조성 등을 연구한다. 또 암석의 강도, 함수량, 공극률, 물 흡수율, 투수성, 습기투 과율 등의 암석의 물성 측정을 통해 암석의 상태를 파악하고, 상태에 맞는 처리방법과 처리재료를 선택하여 처리한다.

앞서 언급한 실내연구를 통해 석조문화재의 구성석재를 파악할 수 있으 며, 현재 한국 석조문화재의 대표적인 구성석재와 그에 따른 대표적 석조문 화재는 그림291과 같이 정리할 수 있다.[8] 석조문화재의 풍화 연구자료를 바

---

8 한국 석조문화재는 화강암, 사암, 석회암, 응회암, 대리암, 점판암, 편마암 등 다양한 종류의 암석이 사용되었는데, 국가지정문화재 중에서는 화강암 비율이 석탑69%, 석 비 63.2%, 석불 75%, 석등 72%, 부도 75%로 화강암이 대부분을 차지한다. 다음으 로는 화강섬록암, 사암, 섬록암, 화강편마암의 순으로 암석이 사용되었다. (『석조문 화재 보존관리연구』, 국립문화재연구소, 2006년, 참조)

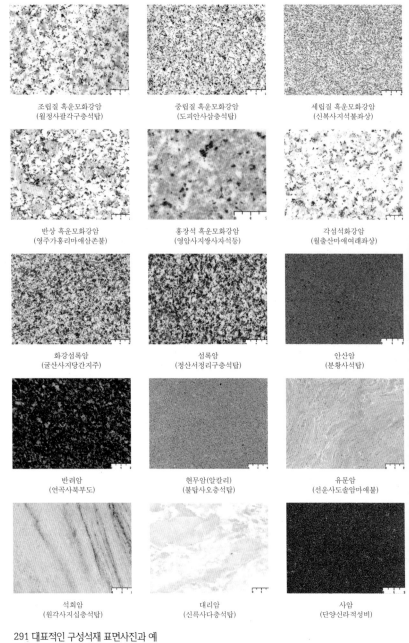

조립질 흑운모화강암 (월정사팔각구층석탑)	중립질 흑운모화강암 (도피안사삼층석탑)	세립질 흑운모화강암 (신복사지석불좌상)
반상 흑운모화강암 (영주가흥리마애삼존불)	홍장석 흑운모화강암 (영암사지쌍사자석등)	각섬석화강암 (월출산마애여래좌상)
화강섬록암 (굴산사지당간지주)	섬록암 (정산서정리구층석탑)	안산암 (분황사석탑)
반려암 (연곡사북부도)	현무암(알칼리) (불탑사오층석탑)	유문암 (선운사도솔암마애불)
석회암 (원각사지십층석탑)	대리암 (신륵사다층석탑)	사암 (단양신라적성비)

291 대표적인 구성석재 표면사진과 예

탕으로 풍화등급을 5단계로 분류하여 보존에 적용하고 있다. (그림292)[9]

D-1 신선한 암반 (Fresh)

모암의 색이 변하지 않고 결정이 광택을 보이며, Joint면이 부분적으로 얼룩져 타격을 가했을때 맑은 소리가 남

D-2 약간풍화 (Slightly Weathered)

일반적으로 Fresh한 상태를 보이나 절리면의 주변부가 다소 변색되어 있고 모암의 강도는 Fresh한 경우와 별차이가 없으며, 장석이 다소 변색되어 있는 상태로 Open Joint의 경우는 점토 등이 협재

D-3 중간풍화 (Moderately Weathered)

상당히 많은 부분이 변색되어 있으며, 절리는 Open Joint로서 절리면 안쪽까지 변질되어 있다. 강도는 야외에서도 Fresh한 상태와 쉽게 구분되며 대부분의 장석이 변질되어 있고 일부는 점토화

풍화도 1, 2, 3 등급

도포처리 (O) : 생물침해가 심한 경우
분무처리 (O)

풍화도 4, 5 등급

도포처리 (X) : 물리적인 처리 절대금지
분무처리 (O)

D-4 심한풍화 (Highly Weathered)

석영을 제외한 대부분의 입자들이 변색되어 있으며, 절리는 거의 Open Joint로서 절리면으로부터 상당히 깊은 곳까지 변질되어 있고 Core의 상태는 그대로 유지

D-5 완전풍화 (Completely Weathered)

입자들이 부분적으로 존재하기는 하나, 완전히 변질을 받은 상태로 토질로 분류

292 석재풍화에 따른 분류

9 암석의 풍화상태에 대한 분류는 주로 암석역학이나 토질역학 등 암석의 공학적 이용을 많이 하는 분야에서 연구가 진행되어 왔으며 이를 응용하여 한국보존과학연구회에서는『석조문화재 보존관리연구』에서 석조문화재의 풍화등급을 5단계로 구분하였다. 또 문화재연구소에서는 2006년 〈석조문화재 생물침해와 처리방안〉 지침서에서 5단계로 나눠진 풍화등급에 따라 세척 기준을 제시하였다. (〈석조문화재 생물침해와 처리방안〉, 국립문화재연구소, 2006년, 참조)

전국의 석조문화재의 보존현황을 조사한 문화재청·국립문화재연구소에서는 중요 석조문화재에 대해(부록 표 1)과 같은 형식으로 조사하여 석조문화재의 현황을 파악하였다. 조사양식에는 주변 환경과 풍화상태, 생물피해 현황, 구조적 현황을 종합적으로 평가하여 종합대책을 수립하도록 되어 있다. 5개년 간 이루어진 조사에서는 이와 같은 양식으로 현황조사가 이루어져 전국 573기의 중요석조문화재의 현황이 분류되었으며 내용은 3장에서 참조할 수 있다. 이러한 종합적인 현황파악은 대상 문화재를 정확히 진단할 수 있기 때문에 매우 중요한 과정이다.

안전점검의 목적은 문화재에 내재되어 있는 위험요인을 미리 발견하여 예방적 조치를 취하는 것이다. 현장조사 및 각종 시험을 통해 위험요인의 긴급성을 판단하고, 최종적으로 문화재가 위험하다고 진단받으면 수리 등의 조치를 취한다. 즉, 문화재의 수리여부를 진단 및 결정하는 중요한 과정이다. 현재 정기조사 관련 규정(문화재청 훈령 제392호)에서는 정기조사를 3년 주기로 실시하도록 한다. 다만 직전 조사 결과 상태가 양호하거나 국가가 직접 관라하는 경우, 소유자가 거주하는 경우, 또는 보호각 내 위치한 경우 등은 5년 주기로 수행하도록 예외 규정을 둔다.

정기점검은 경험과 기술을 갖춘 사람에 의한 세심한 외관조사 수준의 점검으로서 건축문화재의 기능적 상태를 판단하고 건축문화재의 현재의 사용요건을 계속 만족 시키고 있는지 확인하기 위한 관찰로 이루어지며 안전등급 5단계(A-E)로 구분하여 관리한다.

2. 보존처리

석탑과 같은 석조문화재는 일반적으로 목조에 비해 내구성이 뛰어나 상당히 안정적인 구조물로 인식되는 경향이 많지만 강한 내구성을 갖는 석재일지라도 노출 환경에 따라 차별적 풍화가 진행되기도 한다. 국내 석조문화재는 대부분 야외에 그대로 노출되는 환경에 위치하고 있어 풍화가 더욱 빠르게 진행되고 있으며 국내 석조문화재는 현재 3·4등급의 풍화물성을 갖는 경향성이 높다.

따라서 국립문화재연구소에서는 '익산 미륵사지 석탑 보수정비사업(2001~2019)', '경주 석탑 보수사업(불국사 삼층석탑, 불국사 다보탑, 감은사지 석탑/2004~2017년)'을 추진하면서 체계적인 조사연구와 보존처리가 실시되었다. 과학적 분석 결과에 근거하여 각 구조재의 특성 및 훼손 유형별로 합리적인 보존처리 방법을 선정하고 또한 기술 및 재료 연구를 통해 기존의 일반적인 처리방법을 개선, 발전시켜 적용하고 있다. 이러한 방법론은 국제적인 기준에 부합함과 동시에 대상 석탑의 특성에 따른 최적화된 방법이라는 측면에서 의미가 있고 실제적인 보존행위의 진정성을 확보하게 됨으로써 공감을 얻고자 한다.

석조문화재는 예비조사와 분석을 거쳐 적합한 처리방안이 결정되면 올바른 보존을 위한 당해 문화재의 보존처리를 실시하게 된다. 처리방안을 마련할 때에는 관련 전문가들의 자문과 숙달된 기술진의 의견을 종합하고 처리재는 예비실험을 거쳐 적합성을 검증받은 후에 해당 문화재에 적용하게 된다.

보존처리 세부 내역은 세척[10], 접착[11] 및 보강[12], 원형복원[13] 등의 주요공

정을 살펴볼 수 있다. 또한 정밀보존처리가 완료된 후에는 지속적인 모니

터링을 통해 처리 후의 변화에 대해 사후점검을 하는 과정이 반드시 필요

하다고 생각된다. 현재까지 보존처리는 방법이나 재료면에서 많은 변화와

발전을 거듭해왔다. 예를 들어 접착제의 경우 1900년대 초반부터 1900년

대 중후반까지는 주로 시멘트 모르타르가 사용되는 등 큰 변화는 없었으나

1980년대 이후 현재까지 합성수지가 사용되면서 에폭시수지AY103, 에폭

시수지AW106, 에폭시수지L-40, 에폭시수지L-30 등 짧은 기간 동안 처리재

가 변화해왔다.[14] 따라서 지속적인 사후점검을 통해 적합한 처리재라고 사

---

10 세척은 필요 없는 물질을 제거하거나 깨끗이 씻는 것을 의미하는데, 석조문화재에 있어
   서는 표면에 부착되어 훼손을 가중시키는 제거하는 것을 말한다. 주로 낙서, 오염물, 지
   의류나 이끼류, 초본류 등과 같은 생물류, 분진 등을 제거 할 때 세척을 실시한다.
11 접착은 두 물체의 표면이 접촉하여 떨어지지 않게 하는 것인데, 보존처리에 있어서는 균열,
   절리 등으로 인해 발생된 틈새나 절단된 부재의 표면에 접착제를 도포하여 접착한다. 접착면
   이 넓을 경우에는 스테인레스스틸 봉과 같은 심재를 박아 결합을 견고히 하기도 한다.
12 보강은 보태거나 채우는 것을 말한다. 즉 결실부나 큰 공극 등에 보강작업이 실시되는
   데, 보강제로는 모르타르, 수지, 반죽한 흙 등을 사용한다.
13 원형복원은 원래 형태대로 만드는 것을 의미한다. 본 연구에서는 결실부를 원래 형
   태대로 재현하는 것이나 위치가 바뀐 부재 위치를 조성당시의 원형대로 수정하는 것,
   원래 모습의 모형복제작업을 모두 포함하고 있다.
14 현재 보존처리에 있어서는 에폭시수지를 주로 사용하는 데, 접착력이 우수하고 각종
   충전제를 첨가하여 사용할 수 있는 여러 가지 장점 때문이다. 세계 보존과학계에서는
   1950년대부터 문화재수리복원 재료로 다양하게 사용되었으며, 한국은 1978년 송광사
   침계루 보수공사에 사용된 이후 목조나 석조문화재의 수리복원에 널리 사용되고 있다.
   그러나 수리부분의 표면이 자외선, 습도 등 주위환경에 의해 황색으로 변하고 균열이
   발생하는 등 몇몇 문제점이 발생되고 있으며, 외국에서의 수입에 의존하는 실정이었
   다. 따라서 에폭시수지도 황변이 발생하지 않는 수지 연구를 통해 에폭시수지L-30과
   같은 수지를 보완, 개발하게 되었다. (김사덕 외, 「석조문화재 에폭시수지개발 시험연
   구」, 『보존과학연구』20호, 국립문화재연구소, 1999, pp.139~140 참조)

용한 처리재와 방법들이 또 다른 문제점을 발생시키지 않는지 살펴보아야 한다.

보존처리의 방법은 처리재와 마찬가지로 계속 발전·변화하고 있다. 해체나 조립도 과거에는 한식거중기를 사용한 전통드잡이로 실시했었으나 현대에는 크레인을 이용하고 있으며, 조각도 전동공구를 사용하는 등 현대화되어 가고 있다. 이러한 기술적 보완을 통해 현장에 적용함으로써 대상 문화재에 대한 수리품질의 향상과 더불어 원형보존을 통한 문화재의 가치를 유지하는데 보존처리의 목적이 있다. 본 장에서는 일반적인 보존처리 방법은 어떠한 것이 있는지 간단히 살펴보도록 하겠다.

1) 세척

석조문화재 보존처리 건수 가운데 가장 많은 작업이 이루어지는 것이 바로 세척분야라고 할 수 있다. 석조문화재를 대상으로 하는 세척은 표면풍화와 더불어 주변 환경에 의해 흡착된 오염물들을 제거하는 것이며 또한 추가적인 보존처리에 있어 효과적인 적용을 위한 전처리 단계로 오염물의 종류와 석재의 재질과 종류를 잘 파악하여 훼손상태에 따라 세척방법과 과정을 달리해야 한다.

세척은 증류수나 알콜 등 용매의 사용여부에 따라 건식세척과 습식세척으로 구분하고 화학적세척과 물리적세척의 방법으로 나눌 수 있는데, 현장에서 적용되는 세척 과정을 알아보면 다음과 같다.

(1)건식세척

건식세척은 용어 그대로 건좋나 상태에서 실시하게 되는 세척 작업이다. 주로 엽상 지의류나 선태류, 단순고착 오염물 등을 제거하는 방법이며, 대나무를 깎아 만든 칼이나 플라스틱 솔 등을 사용하여 진행하게 된다. 그 외에 과거 무분별하게 문화재보수에 적용되었던 콘크리트나 석회 등을 제거하는 것도 건식세척에 해당한다고 볼 수 있다. 즉 건식세척의 대상은 엽상 지의류, 수목류, 흑·녹조류, 단순고착 오염물, 콘크리트 등 이물질 등이 있다.

① 엽상 지의류 및 선태류의 제거

엽상 지의류나 선태류는 석재의 표면을 덮으면서 자생하므로 이들을 제거하기 전에는 석재의 표면이 어떠한지 알수 있는 방법은 없다. 이 엽상 지의류와 선태류는 생장을 위하여 석재를 표면에서부터 분해하게 되고, 석영과 같이 경도가 높고 분해하기 힘든 성분은 남겨놓게 된다. 그럼으로써 엽상 지의류와 선태류의 뿌리 아래에는 미소토양과 석영립 등이 잔존하게 된다.

가. 사전조사

생물로 덮여 있는 문화재 표면적에 대한 객관적이고 정량적인 조사가 선행되어야 한다. 이는 해당 문화재의 상태를 정확히 파악하고 약화된 부분을 특히 주의 깊게 관찰하여 세척시 가해지는 물리력이 그 표면을 손상하지 않도록 할 뿐 아니라 보존처리 전·후의 비교 자료를 남겨 향후의 보존관리에 유용하게 사용될 수 있다. 사전조사에는 사진촬영, 스케치 자료를 병행하여 기록을 보완하도록 한다. 사진촬영은 가급적 사람의 시각과 같은 화각을 갖는 50mm 렌즈로 기록하여 광각 렌즈에 따른 왜곡 현상을 피하도록 한다. 사진으로 해당 문화재의 특성을 표현하기 힘든 경우 현장 스케치를 병행하여 기록하도록 한다.

나. 세척

건식세척에 사용되는 대나무칼 등 기본적인 도구를 손수 제작하여 엽상 지의류의 잎상을 제거하는 것과 같이 비교적 적은 물리력을 사용하는 경우와 선태류의 뿌리를 제거하는 경우와 같이 단단함이 요구되는 각각의 상황에 따라 능동적으로 사용하여야 한다.

재료는 대나무의 심재보다는 변재를 사용하게 된다. 심재는 부드럽고 쉽게 닳아 필요한 모양을 유지하기 어렵고 변재는 엽상 지의류나 선태류보다 강도가 높아 이들을 제거하는 데 쉽게 닳지 않고 그 모양을 오래 유지한다.

엽상 지의류를 제거하기 위해서는 대부분 큰 물리력 없이도 제거가 가능하기 때문에 얇고 날카로운 모양으로 깎아 사용하며 선태류의 경우에는 약간 앞을 두껍게 만들어 뿌리를 제거한다. 만약 선태류를 제거하는 데 적합하도록 만들어진 대나무칼로 엽상 지의류를 제거할 경우 저거 과정에서 약화된 석재 표면에 과도한 물리력을 집중시켜 표면을 손상시킬 우려가 있다.

다음의 사진은 엽상 지의류와 선태류의 제거에 따라 대나무칼 모양의 차이와 제거 방법상의 차이점을 보여준다.

293 엽상 지의류 제거(건식세척)   294 선태류 제거(건식세척)

이들 생물의 제거 과정에서 특히 주의해야 할 점은 생물의 생명활동에 의해 유물의 표면을 대나무칼이나 기타 소도구들로 과도하게 힘을 가할 경우 유물의 표면을 유실할 수 있다는 점이다. 대나무를 깎아 칼을 만들어 사용하는 이유는 석재의 강도보다 약하지만 선태류의 뿌리나 엽상지의류를 제거하기에는 충분한 강도를 가지므로 대나무를 필요에 따라 적절히 변형시켜 사용할 수 있다는 점 때문이다. 그러나 일부 열화된 석재의 표면은 대나무의 변재보다 강도가 약할 수 있으며 대나무칼로 다하는 응력의 방향에 따라 표면이 훼손된 가능성이 있기 때문에 조심해서 작업하여야 한다.

② 수목류 제거

수목류는 생물적 피해 양상 중 가장 큰 응력을 가할 수 있는 존재이다. 수목은 암반 혹은 암석의 균열에 착근하여 생장함에 따라 뿌리의 확장압력으로 균열을 확장시키거나 생성하는데 특히 마애불이 조성된 암반에서 그러한 양상을 쉽게 확인할 수 있다.

암반이나 석재 부재의 균열은 발생하기가 쉽지는 않지만 일단 발생하면 유물의 외고나을 치명적으로 손상시킬 수 있다.

또한 수목류의 피해가 두드러지는 유물로 모전석탑류를 들 수 있다. 모전 석탑이나 전탑 등 작은 부재를 쌓아 올려 조성한 탑은 줄눈 부위를 강회로 마감 또는 그냥 쌓아 올려 부재 간 큼이 많아 쉽게 토양이 존재할 수 있으며 이는 특히 생물류의 번식에 유리한 조건을 만들기 때문에 대부분의 전탑을 보면 잡초, 수목이 자라기 쉬운 구조이다. 이는 수목근이 확장하면서 전탑 또는 모전석찹의 배열을 교란시키고, 이에 따라 구조적인 불균형이 발생하기 쉽다.

295 봉화북지리마애불 모암 상단부 상세

296 봉감모전오층석탑 동측면 1층 옥개석 수목류 현황

가. 사전조사

상술한 바와 같은 목적으로 수목류의 분포 범위, 생육 현황 등에 대하여 객관적이고 자세한 조사를 하여 기록으로 남긴다. 더불어 수목의 뿌리를 제거할 경우 해당 부위가 박락되거나 손상되는지 여부를 면밀히 조사하여 제거시 참고하도록 한다.

나. 살생물제 도포 및 제거

수목류의 경우에는 생장이 멈추도록 하여 제거가 용이하도록 한다. 주로 쏘나란 입제(분말형)나 그린스타 수화제 등을 이용하는데 살아있는 수목근은 뿌리내린 범위의 문화재 표면을 단단하게 고착하고 있는 경우가 대부분이므로 무리하게 제거할 경우 약화된 표면이 함께 제거될 수 있다. 따라서 생장이 멈추도록 유도하여 제거한다. 살생물제의 흡수를 좋게 하기 이하여 수목류의 뿌리나 줄기에 천공하여 주입하는 경우도 있다.

(2) 습식세척

습식세척은 수분이나 알코올 등 화학적 용매를 사용하여 플라스틱 솔로 브러시하거나 일정한 압력을 주어 분사하는 형식으로 오염물을 제거하는 것을 의미한다. 수분이나 알코올과 같은 용매는 오염물의 종류에 따라 대단히 효율적으로 작용할 수 있고, 물리력을 최소화할 수 있는 방안이다. 주로 고착 지의류와 같이 건식의 방법으로 제거하기 힘든 것을 대상으로 하는데 페인트 낙서와 같은 경우도 용제를 사용하여 제거하는 습식세척의 범주에

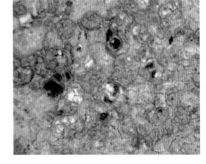

297 청도운문사삼층석탑 표면 고착 지의류 및 현미경

속한다고 볼 수 있다. 이외에 단순 고착 오염물이라 할지라도 계면활성제와 같은 약품을 일부 사용하여 물리력을 가하는 일 없이 세척을 진행하기도 하며 이 역시 습식세척의 일종으로 볼 수 있다. 또 AC322나 Koretrel, 4급 암모늄 등의 살생물제를 사용하는 습식세척도 있다.

③ 고착 지의류 제거

가. 사전조사

건식세척과 마찬가지로 문화재ㄴ 표면에 분포하는 고착 지의류의 분포 현황을 기록한다. 고착 지의류는 제거 후 분포하던 부분과 분포하지 않았던 부분의 색깔 차이가 발생하는 경우가 있으므로 이질감을 최소화하도록 제거 정도를 사전에 예상하여 진행하여야 암석 표면색 차이로 인한 이질감을 최소화할 수 있다.

나. 습윤 상태 조성 및 세척

고착 지의류는 엽상지의류와달리 석재 표면에 강하게 고착되어 있어 이를 제거하기 위해서는 상당한 물리력이 필요하다. 이런 물리력은 지의류의 제거뿐 아니라 유물의 표면에 영향을 미칠 수밖에 없으므로 증류수를 충분히 가하여 습윤 상태를 우지시키면 고착 지의류에 수분이 흡수되어 팽창하고 표면이 유연해지는데 이때 대나무칼로 1차 제거하고 플라스틱 솔로 부드럽게 브러싱하여 고착 지의류를 제거할 수 있다. 다만 고착 지의류가 번식한 부분의 석재 표면은 상당히 약화되어 있으므로 지나친 브러싱은 석재 표면을 유실시킬 수 있다는 것에 유념해야 한다. 고착 지의류를 제거할 때 증류수 등 구분을 이용한 실례는 다음과 같다.

그림 298와 같이 면으로 된 수건을 석탑의 표면에 덮고 증류수를 살포한 후 비닐랩을 감싸 증류수가 증발하는 것을 방지하면서 석탑의 표면에 최대한의 수분이 머무를 수 있도록 조치한다. 이 과정 48시간 이상 지속하면 고착 지의류는 수분을 흡수하여 부치가 커지면서 고착 강도는 저하된다. 이때 대나무칼로 고착 지의류의 표면을 제거하면 토양화가 진행되며 누적된 미소토양이 드러난다. 이 미소토양은 완전히 제거할 경우 석재 표면이 하얗게 드러나면서 고착 지의류가 없었던 표면과 이질감을 나타내게 되므로 제거에 신중을 기해 과도한 세척으로 인한 이질감을 갖지 않도록 하여야 한다.

298 예천개심사지오층석탑 증류수살포

299 비닐랩 보양 후 습윤상태 유지

300 예천개심사지오층석탑 고착지의류제거

301 고착 지의류 제거 중 미소토양 확인

④ 조류제거

녹조류나 흑조류와 같은 포자성 생물들은 석재 표면에 강하지 않게 붙어 생장함로 이들을 제거하는 데 큰 물리력은 필요하지 않다. 저압으로 증류수를 분사함으로써 대부분 제거가 가능한데 브러싱을 동반할 경우 약한 석재 표면의 경우 불필요한 표면 유실이 있을 수도 있으므로 가급적 브러싱은 실시하지 않는다. 다만 습식의 방법이 아닌 건식 브러싱, 즉 가볍게 털어내는 정도의 브러싱이라면 바람직한 경우가 있다.

가. 사전조사

조류의 분포 현황으로 기록하되 녹조류와 흑조류의 분포 현황은 각각 기록한다. 스케치에서 색깔을 달리 표현하는 것도 한 방법이다. 대부분 햇볕이 들지 않고 습한 곳에 쉽게 번식하기 때문에 방위를 반드시 표기하도록 한다.

나. 세척

증류수를 저압으로 분사하여 녹조류나 흑조류를 제거하는데 압력의 조절이 가장 중요하다. 고압의 분사는 깨끗한 세척을 가능하게 하지만 표면을 유실시킬 수 있으며 지나치게 낮은 분사압은 조류의 게저를 어렵게 한다. 따라서 해당 문화재의 표면 상태를 사전조사시 정확하게 판단하여 분사압력을 조절하도록 한다. 다만 어느 경우에도 충분한 계척으로 재흡착을 방지하도록 한다.

필요에 따라서 플라스틱 솔의 사용을 병행하기도 하는데 조류를 제거하기 위한 브러싱은 항상 최소한으로 적용하도록 하여야 한다.

이외에 AC322, Kotretrel, 4급 암모늄 등의 살생물제를 사용하여 실시하는 습식cleaning이 있는데 이는 약제의 분무처리만으로 석재 표면의 지의류가 고사되어 자연적으로 제거되는 것을 확인할 수 있다. AC322는 5% Na2CO3, 3%(NH4)2CO2, 2.5% EDTA, 6% CMC, 0.3% Benzalconium chloride를 주성분으로 하는 약제이며, 4급 암모늄의 경우 0.1% Quaternary ammonium compound이다. 이들 약제를 사용한 실험[15]에서 석조문화재의 생물 피해 제거 방안의 하나로서 제시된바 있다.

302 청도운문사삼층석탑 조류제거
(증류수 저압 분사)

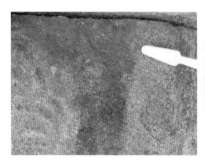

303 영주부석사석등 녹조류 건식제거
(플라스틱솔로 브러싱)

(3) Picking 및 Blasting

Picking 및 Blasting은 물리적인 방법으로 석조문화재의 표면의 이물질을 제거한 방안으로 주로 과거 잘못된 인식으로 사용된 부기질 접착제, 즉 콘크리트나 합성제의 오용, 백화 등 외부 히막의 제거에 효과적인 세척 방법이다. 그러나 물리력을 사용하는 관계로 반드시 꼭 힐요한 부분에 경험이 많은 보존처리자가 작업을 수행하여야 한다. 콘크리트나 합성수지 등은 모

---

15 정용재, 서민석 외, 「석조문화재 생물막 제거 및 처리방안 연구」

두 약화된 석재 표면보다 강한 강도를 가지고 있어 이를 제거하기 위한 정도의 물리력은 석재를 파손시킬 수도 있기 때문이다.

콘크리트는 일제강점기부터 석조문화재의 보강 및 접착에 사용되었는데 콘크리트에 포함되어 있는 탄산칼슘은 수분의 이동에 따라 석재로 전이되어 축적되고 대기 중의 황과 같은 대기오염물질과 결합하여 황산칼슘으로 변하며 외부로 용출되어 백화현상을 일으킬 수도 있는 등 2차적인 피해를 애기할 수 있다.

① Picking

가. 사전조사

다른 세척공정과 마찬가지로 사전에 이질된 콘키리트의 분포 현황을 자세하게 기록하고 문화재의 본래 표면이 드러나는 대로 그 현황을 철저하게 기록한다.

나. 제거과정

주로 콘크리트를 제거하는 데 사용하는 방법으로 텅스텐으로 보강한 정과 소망치를 이용한다. 사전에 충분한 조사를 하더라도 불투명한 무기질 피막에 덮여 있는 한 본래의 표면은 추정이 불가능하다. 따라서 최대한 조금씩 제거하면서 드러나는 표면을 따라 가며 제거하되 원부재가 훼손되지 않도록 한다. 무기질 피막은 그 깊이를 표면에서 알기 어려우므로 제거하는 즉시 붓이나 공기주입기(air compressor)로 부산물을 제거하면서 작업을 진행하도록 한다. 그림 304은 실제로 유물에서 확인된 시멘트모르타르를 제거하는 과정이다.

304 인조별서유기비 시멘트모르타르 오염제거   305 봉감모전석탑 백화제거(airbrassivw)

② Blasting

Picking보다 정밀한 제거가 필요한 경우 정밀분사가공기(Airbrassive)를 사용하여 물리적인 입자를 분사함으로써 백화와 같은 이물질을 제거하는 방법을 사용하기도 한다. 이 경우 분사 입자의 선택에 신중해야 할 필요가 있는데, 분사 입자가 sand blaster와 같이 강한 모래입자를 분사할 경우 석조문화재의 표면이 오히려 유실될 수 있기 때문이다. 따라서 glass powder 의 적용도 신중해야 하는데 이런 경우 Sodium bicarbonate 같은 입자 강도 가 낮은 입자의 사용을 고려해볼 만하다.

2) 접합 및 표면처리

석조문화재는 여러 원인에 의해 부재 일부가 파손으로 결실되거나 균열 이 발생되면 접합처리를 실시하게 된다. 접합에 앞서 먼저 균열의 양상을 정확히 파악하는 것이 중요한 데, 외부에 드러나는 균열이 미세하더라도 내 부까지 깊이 진행되어 있거나 편하중便荷重 등 균열 진행 가능 요소들이 있 을 경우에는 균열 발달이 가속화될 수 있기 때문이다.

균열부에 대한 근래 처리방법은 수지와 석분을 혼합하여 농도를 조절한 후 균열부에 충진시키는 방법이 일반적이다. 보존처리가 본격적으로 이루어진 1960년대 이후에는 균열부 접착에 주로 시멘트모르타르를 사용하였으나 당시 사용한 시멘트모르타르 부분은 풍화[16]로 인해 탈락되는 경우가 빈번하기 때문에 근래에 수지로 재처리되고 있는 실정이다.

접착에 주로 이용되는 합성수지는 에폭시수지(표16)로 여러 실험을 거쳐 현재는 에폭시수지L-30이 개발되어 적용되고 있다.[17] 에폭시수지L-30은 주

---

16 시멘트는 고화과정(固化過程)에서 $Ca(OH)_2$를 생성하며 물이 있을 경우 $Ca(OH)_2$가 녹아 다음과 같이 장석과 반응한다. 여기서 생긴 $NaSiO_3$는 공기 중의 CO_2와 반응하여 $NaCO_3$이 석출되어 풍화를 촉진시킨다. (김사덕, 「석조문화재의 보존처리 실제」, p.138 참조)

$$NaAlSi_3O_8 + Ca(OH)_2 \rightarrow CaAl_2Si_2O_8 + Na_2SiO_3$$
$$Na_2SiO_3 + CO_2 \rightarrow Na_2CO_3 + SiO_2$$

17 국립문화재연구소에서는 석조문화재에 적용하는 에폭시수지 개발 시험연구가 진행된 바 있다. 기존 사용하는 수지의 황변, 균열발생, 외국에서 수입 등의 문제점을 해결하고 우수한 수지를 개발하기 위해 에폭시수지AY103, 에폭시수지L-40, 에폭시수지 L-30의 색상변화, 촉진내후성, 내공해성, 동결융해, 옥내외폭로시험, 압창전단강도실험 등이 이루어졌는데, 에폭시수지L-30이 우수한 결과를 보여 현재, 보존처리현장에서 에폭시수지L-30이 주로 사용되고 있다. (김사덕·김순관·김창석·홍정기·강대일·이명희, 「석조문화재 에폭시수지 개발시험연구」, 『보존과학연구』20, 국립문화재연구소, 1999, pp.140~155 참조)

보존처리에 사용되는 에폭시수지의 특징은 다음과 같이 비교할 수 있다.

구 분	AY 103	L-30, L-40	비 고
합성수지 종류	에폭시계 수지 (Bisphenol A타입의 벤젠 구조)	에폭시계 수지 (지방족 싸이클 구조)	화합물의 성분
기본 물성	-접착성, 내마모성, 내약품성, 내열성,및 기계적 강도 우수 -각종 충전제를 다량 첨가 할 수 있음 -저장안정성이 좋음	-접착성, 내약품성, 내열성, 내마모성 및 기계적 강도 우수 -각종 충전제를 다량 첨가 할 수 있음 -저장안정성이 좋음	동일함
단 점	-경화제를 사용 -비용이 고가이고, 경화된 후 다시 용해되지 않는 비가역성 수지임	-경화제를 사용 -비용이 고가이고, 경화된 후 다시 용해되지 않는 비가역성 수지임	동일함
내후성 (자외선, 온도, 습도 등에 대한 저항성)	약함	우수	
압축전단강도	강함 (120~130kg/㎠)	강함 (120~130kg/㎠)	

제와 경화제로 구분되어 있으며, 혼합과 동시에 경화되기 시작하므로 작업 시에 혼합하도록 한다.

표 15. 에폭시수지의 특징

장점	단점
접착성, 내약품성, 내열성, 내마모성 및 기계적 강도가 좋다.	내후성이 떨어진다.
각종 충진제(유기, 무기, 금속분말, 석분 등)와의 혼합사용이 용이하다.	경화제와 함께 사용해야 하며, 경화한 뒤 다시 용해되지 않는 비가역성이다.
저장 안정성이 높고 경화제를 첨가하지 않으면 기후(온도)와 관계없이 장기간 보관이 가능하다.	다른 수지에 비해 고가의 제품이다.

혼합한 수지는 균열 상태에 따라 석분을 혼합하여 농도를 조절하는데, 균열 정도에 농도를 달리하여 적용한다. 균열이 미세하고 내부까지 깊게 진행된 균열은 묽은 농도의 수지를 주사기에 넣어 균열부에 흘려 넣어 충진 시키는 데 이때 공극孔隙이 발생하지 않도록 하는 것이 중요하다. 또 완전 분리된 부재의 접착은 분리면을 건식세척하여 오염물을 제거한 후 작업하는 데, 저점도의 수지를 분리면에 도포하고 접착시켜 경화될 때까지 압축밴드 등으로 고정시켜준다.

분리면이 넓거나 분리된 부재의 무게가 클 경우에는 수지만으로 견고한 접착이 부족할 수 있으므로 보강재로써 내부에 금속보강재를 삽입하여 구조적으로 안정화시켜야한다. (그림306~311) 구조보강 연구는 익산미륵사지 현장을 바탕으로 '석조문화재 복원을 위한 금속보강재 매입방법 표준화 연구(2013, 이동식)', '석조문화재의 구조적 보강을 위한 금속보강재 정착길이 연구(2012. 김사덕)' 등이 활발하게 진행되었다. 또한 국립문화재연구소에서 석조문화재 수리기술연구 석탑(2019)을 통해 정리하고있다. 석조문화재의 구요보존처리(파손부재접합, 내부구조보강접합, 균열부충전접합, 표면처리, 발수

306 전산형 금속보강재

307 접합부재

308 제도 및 천공

309 접착면 수지도포

310 구조봉 삽입

311 접합 후 경화를 위한 고정

경화처리)에 대해 현장에서의 시공과정은 다음과 같다.

(1) 파손부재 접합

파단부재가 비교적 작고 파단면이 정확히 맞는 경우는 별다른 구조적 보강없이 접합하여도 접합 후 형태를 유지하는데 무리가 없으므로 석재용 수지인 L-30에 talc 나silica powder 등의 충전재를 혼합하여 적당한 점도로 높여 접합한다. 그러나 사전에 가접합을 통해 접합면을 철저히 확인하고 실시하여야 오접합을 미연에 방지할 수 있다.

① 사전조사

파손부재를 본래의 유물에 맞추어 본 다음 접합면을 어느 정도 충실하게 접합할 것인지를 판단하는 단계로 사진과 스케치를 병행하여 특이사항을 빠짐없이 기록한다.

② 가접합

접합을 가정하여 예비적으로 실시하는 단계로 사전조사보다 구체적으로 접착제의 종료와 선정된 접착제의 점도 등을 결정한다. 파손부재와 파손부가 서로 정확히 맞는 경우에 높은 점도의 접착제를 적용한다면 정확한 접합이 이루어지기 힘들다. 따라서 접합면의 공극 발생 여부를 비롯하여 해당 부재의 크기, 무게 등을 종합적으로 판단하여 접착제와 접합 방법을 결정한다.

312 인조별서유기비 귀부 배면 파손부위

313 인조별서유기비 파손부위 접착제 도포

③ 접합

파단되어 분리된 각각의 부재를 연결시키는 과정으로 가접합시 결정된 합성수지를 적용하는 단계이다. 접합에는 반드시 에폭시수지만 사용되는 것은 아니며, 시아노아크릴레이트(cyanoacrylate)계, 셀룰로오즈(cellulose)계 등 다양한 종류의 접합제가 각 유물의 재질과 상태에 따라 능동적으로 선택되어야 한다. 다음의 예는 문경 봉암사 지증대사 적조탑비의 비편 접합례인데, 최초 접합은 시아노아크릴레이트를 사용하여 접합하고 석재용 에폭시를 사용하여 공극을 충전한 것이다. 이는 비현과 비신의 접합면이 거의 대부분이 들어 맞아 충전재를 섞은 합성수지로 접합할 경우 비편과 비신 사이가 벌어져 원형이리기보다는 왜곡에 가까운 결과를 낳을 수 있었기 때문이다. 이후 충전은 기계적 강도가 우수한 에폭시를 사용하여 반영구적으로 변형이 없이 유지되도록 하고 안료를 혼합한 L-30으로 최종 표면처리하여 변색을 최소화할 수 있도록 한 것이다.

314 문경 봉암사 지증대사탑비 비편 접합
(시아노아크릴레이트)

315 문경 봉암사 지증대사탑비 비편접합
(L-30 충전)

④ 표면처리

접합면이 본래의 표면과 이질감을 나타내는 경우 별도의 표면처리 과정을 거쳐 이질감을 최소화한다. 접합면이 잘 들어맞는 경우에는 크게 문제가 되지 않을 수 있으나 접합면은 잘 맞지만 차단면 주변이 유실되어 자연스러운 접합이 불가능한 경우에는 반드시 표면처리를 거쳐 이질감을 줄이도록 해야 한다.

316 인조별서유기비 접합 후 표면처리

317 인조별서유기비 접합 복원 후

(2) 내부구조보강 접합

접합 부재가 크고 구조적인 응력을 많이 받는 경우 접합면에 천공을 하여 스케인리스스틸 지지봉을 삽입하여 접합력을 증진시키고 구조적인 응력에 대응하도록 한다.

① 사전조사

파손부재의 현황을 기록하고 사진촬영과 스케치 등을 병행하는 것은 다른 보존처리 공정과 다를 바 없다. 그러나 지지봉을 삽입하여 접합이 이루어지는 경우 무엇보다도 접합 전의 현황에 대하여 자세하게 기록해야 한다. 3D 프린팅 또는 시뮬레이션을 통한 가접합은 작업의 정확도를 높여준다.

318 비마라사석불입상 접합부(불두부분) 사전조사

319 비마라사석불입상 접합부(불신부분)사전조사

② 가접합

파손부재끼리 가접합을 통해 정확한 접합위치를 선정하고 거기에 따른 지지봉 삽입구 위치를 결정한다. 대상의 초음파 측정값과 단면적을 통해 보강재비를 산정하며 파괴메커니즘을 파악해 매입위치를 정한다. 즉 지지봉이 접합력 증진을 위하여 받아낼 응력이 작용하는 방향과 부재 무게에 따른 응력의 크기 등을 종합적으로 고려하여 그 위치를 결정한다. 이때 결실부가 있다면 결실부를 충전할 수 있도록 석고 등으로 본을 떠서 동종석재를 조각할 수 있는 기초 자료로 활용한다. 여러 번의 가접합을 거쳐 천공 위치를 선정하고 천공시 수직과 수평을 정확히 맞추어 실시한다.

320 비마라사석불 불신 가접합

321 비마라사석불 불신 가접합시 결실부 casting

③ 지지봉 삽입구 천공

문화재의 파손 현상을 보면 대부분 비정형적으로 절단되어 있는데 이런 파단면에 대해 레이저 수직·수평기를 사용해 제도한다. 천공에는 전동드릴 또는 무진동 코어드릴을 사용하며 석재에 무리한 응력을 가하지 않도록 점차 지름을 넓혀가며 천공한다.

322 비마라사석불 불신부천공(5∅)

323 비마라사석불 불신부천공(5∅)

④ 지지봉 삽입, 접합

금속보강재는 국제기준 2등급(ASTMB-GR2) 물성을 갖는 티타늄 금속을 삽입하며 접착성을 높이는 환산형으로 한다. 지지봉을 삽입할 때에는 L-30 을 액상으로 주입하여 지지봉과 삽입구 간의 공극을 완전히 없으주는 것이 중요하다. 이는 내부 공극이 발생할 경우 수분이 석재를 침투하다 공극에 누적되고 동절기 동파로 석재에 위해를 가할 수 있으며 접합력 또한 저하되기 때문이다. 따라서 L-30과 같은 합성수지를 액상으로 삽입구에 채워 넣고 지지봉을 삽입하여 공극을 사전에 방지하도록 해야한다.

324 비마라사석불 불신부 지지봉 삽입

325 비마라사석불 불신 접착제 도포

⑤ 접합부 고정 및 경화

접합이 이루어진 후 가장 중요한 점은 접합제의 경화까지 완전히 고정되어야 한다는 점이다. 에폭시의 경우 주제와 경화제를 혼합하면 가교반응이 시작되어 경화가 시작되는데 굳기까지 걸리는 시간이 있으며 완전경화까지 소요되는 시간이 있다. 이는 경화 중에 유동이 있을 경우 접합상태가 왜곡될 수 있음을 의미하는 것으로 유동에 대한 대책이 접합 전에 이미 수립되어야 함을 뜻한다. 고정시에는 완충재의 사용은 가급적 배제하는 것이 좋은

데 완충재의 성격상 고정을 위한 적당량의 압력을 흡수하여 유동을 야기할 수 있기 때문이다. 따라서 고정벨트 또는 목재 고정틀이 주로 사용된다. 목재는 석재보다 강도가 약해 일정 압력을 받으면 석재를 변형시키는 대신 목재 재질이 압축되면서 고정이 가능하기 때문이다.

326 비마라사석불 접합 후 고정

327 비마라사석불 접합 후

⑥ 표면처리

접합과정에서는 접착제와 충전재를 사용하는데 이는 석재의 본래 색깔과는 맞지 않다. 따라서 접합과정에서 표면의 일부를 완전히 채우지 않고 실시하고, 접합이 모두 끝난 이후 석분, 무기안료와 충전재를 혼합한 합성수지로 표면처리하는 것이 바람직하다. 합성수지는 특히 자외선에 취약한데 자외선은 고분자 물질의 분자 연결을 끊어 변색을 일으키기 때문이다. 또 보충한 신석재가 있다면 보충한 부위가 다른 부분과 이질감을 나타내지 않도록 표면을 맞춘다.

(3) 균열부 충전접합

균열은 석재의 결을 따라 발생하는 것이 대부분인데, 그 원인은 응력 전달 경로상의 불균형, 인위적인 파손, 동절기 수분의 동결 팽창 압력 등 매우 다양하고 여러 가지 요인이 복합적으로 작용한 결과가 대부분이어서 원인을 정확히 밝히기는 어렵다. 그러나 분명한 것은 이러한 균열이 석조문화재의 외관을 훼손하고 심한 경우 외형을 변형시키거나 유실할 수 있어 여기에 대한 보존처리는 문화재의 보존 차원에서 시급한 문제라고 할 수 있다.

대부분 균열이 발생하면서 내부에 미소토양이나 이물질이 쌓이고 이것이 생물의 영양분이 되어 식물군체가 자생하게 되고 그 뿌리의 확장압력으로 균열을 확장하는 식의 파손을 야기한다. 따라서 시작 단계의 균열은 내부를 cleaning한 뒤 환전 충전하거나 불가피한 경우 구분이 유입되지 않도록 하는 처리가 요구된다.

① 균열 내부 세척

이 과정은 세척에서 소개한 건·습식의 개념과 동일한데 수목근 등은 소도구로 제거하고 잔존하는 이물질은 air compressor로 불어내거나 진공청소기로 흡입하여 제거한다. 앞의 방식으로 제거되지 않는 이물질은 증류수와 알코올을 50:50으로 혼합하여 균열 내부에 주입 후 흘러나오도록 하여 완전

328 봉화북지리마애불 수목근 제거

329 봉화북지리마애불 균열 내부 이물질 제거

히 제거한다. 알코올을 혼합하는 이유는 균열 내부에 수분이 잔존하면 접합력이 감소하기 때문에 보다 빠른 수분의 건조를 위함이다.

② 균열내부 건조

수분은 완전히 건조하여 합성수지를 적용하여야 하기 때문에 드라이기나 송풍기를 이용하여 건조를 실시한다.

③ 균열부 수지 주입

합성수지를 주입하는 데는 고려해야 할 사항이 있는데 그 중 가장 중요한 점은 액상의 수지를 주입할 때 다른 균열이나 석재를 침투하여 통과해 다른 부분으로 번져나가거나 흘러내려 문화재의 표면을 오염시키는 경우이다. 따라서 균열에 대한 정확한 파악을 우선적으로 실시하여 약상 합성수지가 흘러나올 것으로 판단되는 균열은 사전에 모두 막아 놓은 상태에서 주입을 실시하여야 한다.

(4) 표면처리

표면처리는 접합이나 균열부 수지처리 후 표면을 이질감이 들지 않도록 하는 것이기도 하지만 과거에 접합했던 혹은 합성수지가 적용되었던 부분이 변색, 또는 이질감이 심화되었지만 결합력의 약화는 발생하지 않은 경우 실시하게 되는 보존처리 과정이다. 과거 잘못된 재료의 선택으로 이질감은 발생하지만 해당 부재를 해체할 필요성은 없는 경우 실시하기도 한다. 우선 이질감을 나타내는 사용재료의 표면을 일부 제거하고, 그 위에 석재용 에폭시 L-30과 안료, 동종석분, 충전재를 혼합하여 이질감이 들지 않도록 표면을 처리하는 것이다.

330 예천개심사지오층석탑 수지 주입

331 예천개심사지오층석탑 수지 주입 상세

332 예천개심사지오층석탑 수지 주입 후 표면처리

333 예천개심사지오층석탑 수지 주입 후

(5)발수경화처리

물, 즉 H2O는 광범위한 물질의 용제로서 특히 염이나 기타의 오염물을 부재의 깊은 틈 사이까지 운반하는 매개로 특히 공극이 많을수록 또 계절 간의 온도차가 심해 결빙과 해빙이 반복되는 환경에서 석재를 파괴하는 강력한 요인이 된다. 따라서 수분이 석재 내부로 깊숙이 침투하지 못하도록 조치를 취하는데 이것이 발수처리이다.

이를 위하여 독일 Wacker chemi.에서 생산하는 에틸 실리케이트를 기본으로 하는 발수경화제인 SILRES BS OH 100과 같은 발수제를 사용하는데, 에틸실리케이트를 에탈올에 분산시킨 이 SILRES BS OH 100은 모카탐 석회암을 대상으로 한 시험에서 물흡수율과 투수율이 강화처리 이전과 비교하여 각각 41.5%, 44.4% 감소하였으며 탄성파는 약 4% 증가하였다. 이는 흡수된 에틸 실리케이트 수지가 석재 내부의 공극을 채웠기 때문으로 생각되며, 따라서 석재의 공극을 줄이고 표면 경도를 증가시키는 방향의 결과를 나타내는 것으로 판단된다. 풍화가 많이 진행된 암석은 풍화의 영향으로 내부공극이 확장되어 내구성이 감소하는데, 이러한 점에서 경화처리는 암석 재질의 내구성을 증진시키는데 긍정적인 역할을 할 수 있을 것으로 생각된다.[18]

에틸실리케이트를 기본으로 하는 발수경화제가 석조물에 적용되는 방법은 분무, 도포 등의 방법이다. 기본적으로 석조물의 상태에 따라 일정량을 적용하는데 에틸 실리케이트가 석재 내부로 침투하여 경화하며 에탄올이 생성되며 대기중으로 빠져 나간다. 이에 따라 잔존하는 실리케이트가 실질적으로 석재 내부 공극을 충전하게 되는 것이다.

발수경화처리는 주로 분무 혹은 도포의 방법으로 실시하는데, 화학 약품을 외부에서 사용하는 만큼 바람의 방향을 등지고 사용하며, 외부 인원의 접근을 차단하고, 안전장비를 착용하는 것을 철저히 준수해야 한다. 또한 사용시 수분의 영향에 주의한다.

---

18 신기혜, 박형동, 「스핑크스에서의 'Wacker OH 100'을 이용한 경화처리 효과의 정량적 평가」, 『한국지구시스템공학회지』Vol. 41 No. 1, 2004, pp.7~16.

334 철원이평리마애불 발수경화처리   335 영양봉감모전석탑 발수강화처리

3) 외부구조보강

석조물의 보강은 구조적인 불균형이 발생하였거나 발생할 우려가 있는 경우 해체 후 재조립과 같은 적극적인 조치가 불가능한 상황에서 해당 문화재의 현황을 그대로 유지할 수 있도록 조치를 취하는 것을 의미한다. 즉 석탑이나 석비와 같이 부재의 규모가 큰 경우 구조적인 불균형은 문화재의 외형을 손상시키기 쉽고 이러한 불균형이 발생한 문화재에 적절한 외부 구조물로서 현재의 모습을 유지하도록 하는 과정이다. 보강 공정은 보통 사전조사(구조해석 포함)-보강 방안설계-타당성 검토-보강시공-모니터링의 과정을 거친다.

(1) 사전조사(구조해석)

구조적인 불안정이 발생한 문화재에 대해 보존처리 이전에 구조적인 해석을 통해 응력의 흐름을 예측하고 그 방향을 계산하여 향후 발생될 수 있는 위험요소를 사전에 방지할 수 있는 조치를 가능하게 할 수 있다.

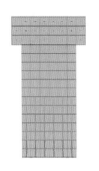
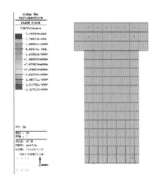
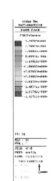

336 비신의 수직응력 분포상황데이터

(2)보강방안설계

위와 같은 현황 분석을 통하여 합리적인 보강 방안을 설계하게 된다. 이
는 구조 해석을 통하여 응력의 흐름을 예상하고 해당 응력을 문화재 자체보
다 보강제에서 받을 수 있도록 하는 것이 중요하다.

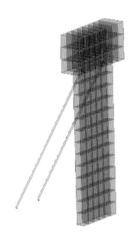

337 구조해석 데이터를 기반으로한
modeling

338 (시공사례)
문경봉암사지증대사탑비

(3) 타당성 검토

구조해석을 통하여 보강방안이 결정되면 관계전문가의 검토를 거치게 된다. dlEO 구조적인 응력을 효과적으로 분산하는 것뿐 아니라 주변 경관과의 관계, 미술사적인 의의를 갖는 문양의 위치를 방해하는지 등의 여부를 종합적으로 검토하게 된다.

(4) 보강시공

우선 구조해석을 통하여 비신의 보강 틀을 제거할 경우 발생할 응력을 계산하여 해당 응력을 지지하는 데 무리가 없을 곳을 지지하여 비신을 유동이 없게 고정시킬 가설구조물을 설계하여 설치한다. 또한 비신의 유동을 감지할 수 있는 로드셀 등 센서를 연결하여 보강 틀의 교체 과정에서 비신의 안전성을 확인하며 기존 구조물을 교체한다. 신설 보강 틀은 티타늄으로 제작하여 부식이 없고 일반강철의 수십 배에 이르는 응력에 안전하도록 설계함으로써 석조물을 안전하게 보존할 수 있도록 하여야 한다.

3. 주변 환경정비

석조문화재는 주로 야외에 위치하고 있는 경우가 많기 때문에 배수로 정비, 수목제거, 보호각 설치 등의 주변 환경정비를 통해 훼손이 가중되는 것

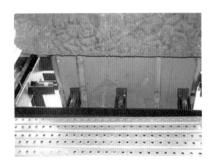

339 적조탑비 고정현황

340 계측기 연결상태

341 계측기 응력 검출기

342 배경 bracing 지지석 설치

343 기존 보강틀 해체

344 신설 보강틀 설치

345 보존처리 후 정면   346 보존처리 후 후면   347 보존처리 후 측면

을 방지하는 것이 훼손부분의 보존처리와 함께 중요한 과정이다. 예를 들어 수분으로 인한 훼손이 이루어지지 않도록 주변 배수로를 확보하여 수분침투를 막고, 수목이나 잡풀, 잔디를 제거하여 통풍이 잘되고 쾌적한 환경을 조성해주는 것이 필요하다. 수목으로 인해 그늘이 생기고 다습한 환경이 조성되면 이끼, 조류, 지의류 및 박테리아의 서식이 증가하여 암석의 화학적 풍화를 가속시킬 수 있으므로 주의해야 한다. 또 식물 뿌리 근압으로 인해 구조적 훼손을 입을 수도 있으므로 석조문화재 주변에는 되도록 수목이나 잡풀 등이 서식하지 않도록 하는 것이 바람직하다.

또한 영주가흥리마애불과 같이 도로 옆의 석조문화재가 도괴되는 것은 도로의 차량운행으로 인한 진동피해도 큰 원인이 된다. 따라서 대형차량 운행 제한, 우회도로 설치, 과속방지턱 설치 등의 방안도 강구되어야 할 것이다.

주변 환경정비에는 보호각 설치도 포함된다. 마애불과 같은 석조문화재는 조성당시 전각이 있었던 흔적이 있어 전통건축 형태의 보호각이 재현되는 경우도 있다. 대흥사북미륵암마애불처럼 보호각이 작게 설치되어 일부 조각이 가려지고, 그것이 원형으로 오인될 때는 마애불의 크기에 맞게 다시 보호각이 설치되는 것도 주변 환경정비 작업의 하나로 볼 수 있다. 또 원각 사지십층석탑의 경우처럼 훼손요인이 되는 조류 접근, 산성비 등으로부터 보호하기 위해 보호각을 설치하는 것도 주변 환경정비의 작업이다.

보호각은 크게 전통목조건물 형식과 유리 또는 아크릴 보호시설의 2가지 유형으로 주로 건립되었다.[19](그림348~352) 보호각이나 보호시설은 빗물이나 눈 등으로부터 직접적인 접촉은 피할 수 있으나 보호시설에 비해 큰 석조문화재를 보호하게 될 경우, 빗물이 기단부에 영향을 줄 수 있는 등 보존 역할을 다하지 못하는 경우가 발생하게 된다. 특히 암반에 새겨진 마애불은 보호각이 있어도 암반 표면이나 균열을 타고 흐르는 빗물이나 수분을 막을 수가 없어서 별도의 수분방지대책이 필요하게 된다. 따라서 비바람을 직접적으로 막는 보호각의 기능에서 한 단계 나아가 암반이나 지반을 통해 침투하는 수분이나 훼손을 방지할 수 있는 보존대책이 요구되고 있다.

우리나라와 유사한 문화권을 가진 日本의 경우, 마애불과 같은 석조문화재에 보호각이 설치되어 있어 비교고찰 할 수 있는데, 이것은 대부분 최근 수십 년 사이에 설치된 것이다.

우리나라와 마찬가지로 日本 磨崖佛도 과거 조성당시에 건축물이 있었

---

19 전통목조건물형식의 보호각은 경주배리석불입상, 낭산마애삼존불, 최근 철거된 서산마애삼존불 등이 있으며 유리나 아크릴 보호각은 원각사지십층석탑, 월성골굴암마애여래좌상, 단석산신선사마애불상군, 금삼사혜덕왕사진응탑비, 경복궁 십장생굴뚝 등이 있다.

던 흔적들이 발견되어 보호각이 건립될 때 마애불 조성당시의 모습과 주변 경관 등을 고려한 형태로 만들기 때문에 대부분이 佛堂形式을 하고 있다.

불당형식의 보호각은 세 가지 형태로 나누어 살펴볼 수 있다. (사진353 ~358)

첫째, 우스기臼杵마애불[20] 古園석불군, 호키(Hoki)2군과 같은 삼면 개방형이다. 호키2군 마애불은 삼면이 개방된 보호각이 설치되어 있다. 삼면 개방형의 보호각일 경우에는 마애불을 전체적으로 조망할 수 있도록 앞쪽에 평지가 조성되어 있을 때 적합하다. 삼면 개방형일 경우에는 자연 통풍이 쉽고, 자연 채광도 비교적 잘 이루어지고 있어 친화적인 보호각이라고 할 수 있다. 그러나 겨울철에는 동결융해가 발생할 수 있고, 빗물이 몰아칠 수도 있어 자연현상으로 인해 훼손이 발생할 수 있으므로 주의해야 한다.

둘째, 山王山마애불, 마에다대일석불前田大日石佛과 같은 일면개방형이다. 일면개방형은 폐쇄와 개방을 적절하게 조합하여 보호각의 형태로서는

---

20 특별사적으로 지정된 일본 우스기(臼杵) 마애불군에는 모두 4群 59体의 불상이 조각되어 있고, 각 군마다 보호각이 설치되어 있으며, 호키(Hoki)석불군, 山王山석불군, 古園석불군 등의 명칭으로 구분하고 있다. 후지하라(藤原) 시대의 조각으로 헤이안(平安)시대 후기의 특징을 나타내며, 구성석재는 응회암이다.
태평양 전쟁 후인 1940년대는 붕괴될 상황이었는데, 미술사 등 각계 전문가들로 구성된 보존공사 위원회가 1955년에 구성되어 보존처리 작업이 실시되었다. 훼손은 주로 생물피해, 지진, 지하수, 온도변화 등의 환경적인 것이 원인이었는데, 특히 지하수로 인한 훼손을 방지하기 위해 파이프를 암반에 박아 마애불 표면에 직접적인 수분의 흐름을 방지하는 조치를 취하기도 하였다. 2005년경에는 전면적인 보존처리를 위해 온습도 측정, CCTV를 이용한 촬영, 암석의 염풍화 등 풍화방지대책 강구, 자외선을 이용한 지의류 제거시도 등이 실시되었다. (『國寶 臼杵磨崖佛 保存修理報告書』 臼杵市, 1997, 참조)

가장 이상적이라고 볼 수 있다. 마에다대일석불은 본래 삼면개방형으로 설계되었으나 감실 좌측으로 유입되는 빗물을 방지하고 찬바람을 막기 위해 좌우 측벽을 추가한 형태로 변경되었다. 때문에 열화방지 효과가 있으며 내부, 외부 온도차로 인핸 석재훼손을 방지할 수 있다.

셋째, 오이타모토마치석불大分元町石佛처럼 예배처 같은 형태로 삼면이 모두 막혀있는 폐쇄형이다. 이러한 형태는 해당 종교인이나 동네 거주자들의 예배대상이 되고 있기 때문에 자발적인 문화재 보존이 이루어 질 수 있는 계기가 되고 있는 장점이 있다.

마애불에 건립된 일본 보호각은 보존환경 모니터링 결과 공기의 흐름이나 온습도 변화가 보호각 설치 전보다 효과적으로 조사·연구 되었다.[21] 또 보호각은 처마끝이 넓어 낮에는 태양 방사가 차단되기 때문에 지표면에 쌓이는 에너지가 작고 야간에는 방사냉각이 생기기 어려워 보호각 내부는 외부 공기에 비해 기온변동이 작아지게 됨에 따라 안정된 보존환경을 유지시키고 있다. 그러나 일부 개방형 보호각은 외부 공기의 유입이 용이하여 내부 온도가 0℃이하까지 떨어지는 경우가 있어 이에 대한 대책이 논의되고 있는데, 마에다대일석불前田大日石佛과 같이 창호설치 후 기후에 따라 개폐를 조절하는 방법이 제시되고 있다.

---

21 암석 표면의 풍화방지를 위해 보호각 조성과 함께 실리콘수지(SS-101, Wacker OH)를 도포하였는데, 이 결과 석재표면의 동결이 감소하였다.

348 전통건축형식(일면개방형)-봉화북지리마애불

349 전통건축형식(폐쇄형)-서산마애삼존불

350 전통건축형식(개방형)-월남사지진각왕사비

351 아크릴 보호각-월성 골굴암마애불

352 전통건축과 유리보호각의 절충형-대흥사북미륵암

355 삼면개방형 보호각-古園石佛

356 일면개방형 보호각-山玉山磨崖佛

357 일면개방형 보호각-
마에다대일석불 보호각

358 폐쇄형 보호각-
모토마치석불(大分元町石佛)

4. 모니터링(정기조사)

현재 적용되는 보존처리 방법이나 처리재는 장기적인 보존을 위한 것이기는 하나 영구적이라고는 할 수 없다. 또 새롭게 시도되는 방법들도 있기 때문에 보존처리 후 모니터링을 통해 추후 변화를 잘 살펴보아 추가 훼손을 방지하는 것이 중요하다. 즉, 석조문화재 세척 후 또 다른 변화가 발생하지 않는지, 구조적 안전 처리 후 지속적인 안정화를 보이고 있는지, 주변 잡목 제거나 배수로 설치로 적합한 보존환경이 유지되고 있는 지 등에 대해 추후 점검이 필요한 것이다.

정기조사는 2006년 6월 문화재보호법 일부 개정안에서 처음 근거가 마련되었으며, 주기적인 변화관찰을 통해 예방적 조치를 강구하는 것에 그 목적이 있다. 이러한 정기조사의 결과에 따른 후속조치중 하나가 모니터링이며, 모니터링은 문화재에 미치는 여러 방향에 대한 지표를 설정하여 그 지표에 이를 수 있도록 지속적으로 측정, 점검하는 체계적인 일련의 행위를 뜻한다. 즉, 정기조사는 주기성, 모니터링은 지속성의 특징을 갖고 있는 것 이다.

정기조사와 관련된 법적 근거로 문화재보호법 제44조에서 명시하고 있고, 시행령 제28조에서 정기조사 등의 위탁과 시행규칙 제28조에서 정기조사의 주기 및 조사기록에 대한 내용을 포함하고 있다. 최근 급변하는 환경에 노출된 건조물문화재의 합리적인 문화재 관리를 도모하기 위해 시행규칙을 2015년에 개정하여 정기조사 주기를 5년에서 3년으로 단축하였다. 이에 따라 국가지정문화재의 정기조사는 3년마다 실시한다. 다만 표 17에서와 같이 건물 안에 보관하여 관리하거나 국가 또는 지방자치단체가 직접 관리 하는 국가지정문화재, 소유자 또는 관리자 등이 거주하고 있는 건축물류 국가지정문화재 등은 5년 마다 실시한다.

정기조사의 운영 절차 및 방법 등에 관한 세부사항은 시행규칙 제28조 제 2항에 따라 「국가지정문화재 정기조사 운영지침」 [시행 2016. 3. 28.]으로 제정되었다. 「국가지정문화재 정기조사 운영지침」은 정기조사 실시와 결과 보고, 조사결과 등급분류와 후속조치 및 자문위원회 등 정기조사 추진 전반 에 관한 사항들을 포함한다.

표 16. 국가지정문화재 정기조사 관련 근거법령

문화재보호법			
제44조	시행령 제 28조	시행규칙 제28조	문화재청 훈령 제392호
정기조사	정기조사 등의 위탁	정기조사의 주기 및 조사기록	국가지정문화재 정기조사 운영지침
정기적 조사 국가지정문화재의 현상, 관리 수리, 그 밖의 환경보전 상황 등에 관하여 정기적 으로 조사하여야 함. 〈개정 2015. 3. 27.〉 정기조사의 위임 및 위탁 ■정기조사와 재조사 전부 또는 일부 위탁 가능함. 지 방 자치단체에 위임, 전문기 관 또는 단체에 위탁 가능 함. 정기조사결과 반영 ■정 기조사 결과를 국가 지정문 화재 관리에 반영하 여야 함	■문화재관련조사, 연구, 교 육, 수리 또는 학술 활동을 목적 으로 설립된 법인 또 는 단체 ■「박물관 및 미술관 진흥 법」에 따른 박물관 또는 미 술관 ■「고등교육법」제2조에 따 른 학교의 문화재 관련 부 설 연구기관 또는 산학협력 단	■정기조사는 3년마다 실 시함, 다만, 다음 각 호의 어느 하 나에 해당하는 국 가지정문 화재는 5년 마다 실시함. 〈개정 2015. 12. 23.〉 1. 건물 안에 보관하여 관리 하는 국가지정문화재 2. 국 가 또는 지방자치단체 가 직접 관리하는 국가지 정문화재 3. 소유자 또는 관리자 등이 거주하고 있는 건축물류 국 가지정문화재 4. 천연기념물 및 명승 5. 직 전 정기조사에서 보존 상태가 양호한 것으로 조 사된 국가지정문화재 ■정기조사의 운영 절차 및 방 법 등에 관한 세부사항 은 문화재청장이 정함.	총칙 목적, 정의, 조사주기 및 대 상 정기조사 실시 및 결과보고 정기조사 계획수립 조사방법 및 절차 조사결과 분석 조사결과 보고 조사결과 통보 조사결과 분류 및 후속조치 조사결과 등급분류 후속조치 정기조사 자문위원회 위원회 구성 위원회 임무 위원의 제척·회피 등 수당 지급 재검토 기한 〈제정 2016. 3. 28.〉

국가지정문화재 정기조사는 관련 규정에 따라 3년마다 실시하며 상기한 바와 같이 일부 대상은 5년을 주 기로 실시한다.(표17) 또한 3년 주기의 조사 대상문화재의 직전 정기조사 결과가 A(양호)와 B(경미보수)등급으로 보존상 태가 양호한 경우도 5년 주기로 조사하도록 하고 있다. 모니터링, 정밀조사, 안전진단, 보수정비가 진행 중인 문화재 및 비공개문화재(지역)는 완료된 이 후에 해당 조사주기에 따라 실시할 수 있다. 건조물문화재의 조사주기에 따 른 대상 건수는 표 18과 같다.

표 17. 석조문화재 정기조사 주기

	3년	야외에 노출된 전체 석조문화재
조사주기	5년	건물 안에 보관하여 관리 -박물관, 전시관, 보호각 등 국가 또는 지방자치단체가 직접관리 -국가 또는 지방자치단체 소속 공무원으로 구성된 관리조직이 문화재 현장에서 직접 관리 3년 주기 대상문화재의 직전 정기조사 결과가 A(양호)와 B(경미보수)등급

표 18. 석조문화재 정기조사 주기별 대상

조사주기			
	3년		403
	5년	소유자 거주	-
		직접관리 국가	42
		직접관리 지자체	3
		전시관 내 위치	2
		보호각 내 위치	119
		석굴 내 위치 ※석굴암 보호암	1
	합계		570

정기조사를 하는데 있어서는 조사자의 주관적인 판단으로 훼손 여부나 훼손등급을 분류할 것이 아니라 훼손에 대한 객관적 기준이 정립되어 모니

터링 되어야 한다. 2016년 3월 문화재청에서는 모니터링 항목들을 선정하여 건조물문화재 안전점검 매뉴얼을 작성하였는데, 여기서 석조문화재의 경우에 점검내용을 참조할 수 있다. 매뉴얼은 석불, 석탑, 석굴, 당간, 굴뚝, 석종, 석교, 비갈, 석등, 석빙고, 첨성대, 마애불, 석조, 기타로 나누어 항목별로 점검하도록 하고 있으며, 유형별 점검 항목은 [부록 1]~[부록 10]를 참조할 수 있다.

정기조사의 등급은 2013년 12월부터 2014년 4월까지 실시된 특별 종합점검 결과 등급에 따라 선정하였다. 특별 종합점검 결과 건조물문화재는 훼손도, 위험도와 관리상태 등에 따라 크게 6개 등급으로 분류되었다.(표 19) 조사내용은 표 20과 같다.

표 19. 문화재 특별 종합점검(2014) 등급

등급	내용
A(우수)	최근 보수정비가 이루어졌거나, 전반적으로 보존관리가 잘되고 있는 문화재
B(양호)	벽체 탈락, 배수로 불량 등 경미한 수리가 필요한 문화재
C(보통)	육안에 의한 지속적 관찰 또는 석조문화재 생물오염 등에 따른 보존처리가 필요한 문화재 ※훼손 등이 진행될 경우, 정기모니터링 및 보수정비 필요 등급으로 재분류
D(미흡)	당장은 보수정비가 필요하지 않으나 부등침하, 변위, 변형, 균열 등 위험요소에 따른 정밀조사 또는 자동계측 모니터링이 필요한 문화재
E(불량)	구조적 결함 등에 따른 보수정비 또는 보수범위 결정 등을 위한 정밀진단이 필요한 문화재
F(즉시조치)	훼손상태 등이 매우 심각하여 즉각적인 보수정비 등이 필요한 문화재

표 20. 조사내용

● 총괄사항

당해 문화재의 문화재명, 지정연월일, 소유자, 소재지, 관리자/관리 단체, 정비 · 보수 · 수리 내역 등 일반적인 사항을 기입
- 일반사항
-일반사항은 정기조사 시행 전에 당해 문화재의 정보를 기입하는 항목
- 조사결과
-당해 문화재의 보존사항과 관리사항에 대한 조사내용을 취합 하여 각 조사항목의 결과를 기입하는 항목

● 보존사항

당해 문화재의 관리 및 상태를 점검하는 사항. 육안관측을 통한 표면적 · 구조적 현상과 특이한 변화와 변형, 주변의 환경 변화 등에 대한 징후와 현상을 조사·기입한다.

● 관리사항

당해 문화재의 소방 및 안전관리, 안내 및 전시시설, 주변 및 부대시설 등에 대해 점검하는 사항. 조사범위는 각종 소방 및 안전시설의 관리상태 점검표 유무와 안내 및 전시시설 유무 및 현황, 주변 및 부대시설의 현황을 조사.
- 소방 및 안전관리
- 안내 및 전시시설
- 주변 및 부대시설

● 첨부사항

도면, 현황사진 등을 포함한다.

07. 보존방안 제언

1. 보존이론

다양한 훼손 요인으로부터 문화재를 보존하고, 나아가 손상 가능한 부분을 예측하여 훼손이 발생되기 전에 예방하는 것은 현재의 시대적 사명이라고 할 수 있다. 이러한 문화재 보존에는 발전된 과학기술과 현대재료들이 다각도로 활용되고 있다. 또한 이러한 기술과 방법들은 한 국가에 국한되지 않고, 세계적으로 교류, 보완하면서 발전해 가고 있다. 그러나 체계적인 용어와 개념의 정립, 보존방향 설정 등에 있어 다소 차이를 보이고, 혼용되고 있어 문화재 보존을 위한 보존철학이나 보존윤리, 보존이론에 대한 논의도 중요한 고려대상이 되고 있다. 문화재 보존을 하는 것은 이해관계가 다른 여러 사회적 집단의 행위이기 때문이다.

과거 종교적 예배대상이던 석불상 등이 야외에 위치하고 있으면서 주변에 큰 수목이 자라는 경우가 있는데, 보존적 관점에서 볼때 수목의 도괴나 뿌리근압으로 인해 석불의 구조안전상의 문제가 야기될 수 있다. 그러나 종교적, 심미적 관점에서 볼때는 불상 뒤의 수목은 종교적 위엄성을 가미시켜 줄 뿐 아니라 보호수의 의미도 지닐 수 있기 때문에 제거하지 않는것이 바람직 할 수 있다. 이와같이 경우, 서로 다른 이해 관계속에서 보존방안도 이견(異見)이 생기게 되므로 수목제거 여부는 여러 합의를 통해 결정하게 된다. 또한 훼손된 문화재의 복원에 있어서도 현존하지 않는 부분은 자료고증을 통해 추정복원 할 것인지, 현 상태대로 복원할것 인지 등도 문화재보존에 있어 합의가 요구된다.

따라서 문화재 보존을 위해서는 보존철학, 보존윤리, 보존이론에 대한 정립을 기초로 하여 진행하는 것이 필요한데, 이는 문화재보존 과정에서 기준이 되며, 조사, 보존처리 방법 및 사용재료, 향후 보존방안수립 등의 전 과정에서 폭넓게 적용된다. 보존이론은 시대에 따라 변화를 보이는데, 1900년대부터 서구에서 논의가 시작되었으며, 현재는 기본적인 규범을 근거로 합의를 거쳐 보존이 진행되고 있다.

1) 보존에 관한 세계적 논의

문화재 보존에 대한 이론적 논의를 살펴보면 1900년대 초, 서구에서 먼저 시작되었다. 1931년 문화재 보존에 대한 헌장인 「아테네 헌장」은 다음과 같이 7개항이 결의되었는데, 이를 'cartadel restauro'라고 부른다.

「1931년 아테네 헌장」

1. 문화재 수복에 관한 실행과 자문을 위해 국제기구가 설립되어야 한다.
2. 수복계획안은 그 구조물의 역사적 가치와 특성이 상실되지 않도록 전문적인 평가를 받아야 한다.
3. 사적의 보존문제는 모든 나라에서 국가차원의 입법에 의해 해

결되어야 한다.

4. 발굴된 유적을 즉각 수복하지 않을 때에는 다시 묻어 보호해야 한다.

5. 수복작업에 현대적 기술과 자료가 사용될 수 있도록 한다.

6. 사적은 엄연히 보호되어야 한다.

7. 사적 주변지역의 보호에도 주의를 기울여야 한다.

1964년의 「베니스 헌장(International Charter for the Conservation and Restoration of Monuments and Sites)」은 기념물과 유적보존. 및 수복을 위한 국제헌장으로 기념물을 예술품으로 보존하는 것 못지않게 역사적 증거로써 보호하는것 역시 보존, 수복의 목적이라 밝히고 있다. 또, 기념물의 보존은 규모와 관계없이 환경의 보존을 포함하고, 전통적 환경이 존재하는 곳이면 어디든지 그 환경은 보존되어야 한다고 명시하고 있다. 수복의 목적은 기념물의 미적, 역사적 가치를 보존하고 재현하는 것이며, 여기에는 원재료와 출처가 분명한 기록들을 기초로 작업하며, 추정하지 않는다. 나아가 불가피한 추가작업이 이루어 질 경우, 원래의 기념물과 구별되어야 하며, 그 시대의 흔적을 표시하여야 한다고 정리되었다.

1981년 「바라헌장」은 오스트레일리아 ICOMOS에서 채택되었으며 다음과 같은 내용이다.

「바라헌장, The austallaicomos sharter for the conservation of places cultural significance(the baurra charter)」

1. 유적지(place)는 유적지와 그 지역, 건조물과 또 다른 건조물들, 건조물군이 있는 지역과 그 건조물의 부속물과 그 주변환경을 의미한다.

2. 문화적 의의(cultural significance)는 과거, 현재, 미래의 미술적, 역사적, 과학적, 사회적 가치를 의미한다.

3. 구조물(fabric)은 유적지내의 모든 유형의 물질을 의미한다.

4. 보존(conservation)은 유적지를 관리하는 모든 과정을 의미한다. 이 과정에 의해 문화적 의의는 존속된다. 이것은 유지(maintenance)를 포함한다. 그리고 여러 가지 상황에 따라서 예방(preservation), 복원(restoration), 중건(reconstruction), 개작(adaption)을 포함하고 통상적으로 하나가 아닌 여러 가지를 혼합하여 사용하는 것을 뜻한다.

5. 유지의 뜻은 구조물, 유적지의 배치와 의미를 지속적인 보호, 관리하는 것이다. 그리고 이것은 수리(repair)는 복원(restoration)과 중건(reconstruction)을 그 상황에 따라 사용하는 것을 뜻한다.

6. 예방(preservation)은 유적지의 구조물을 지금 존재하는 상태로 유지하는 것을 말하며 악화를 지연시키는 것을 의미한다.

7. 복원(restoration)은 유적지에 존재하는 구조물과 이미 알고 있는 옛날 상태로 없어진 부분을 존재하는 구성요소로 재조립하는 것이다. 이것은 새로운 부재의 첨가가 없어야 한다.

8. 중건(reconstruction)은 우리가 알고 있는 예전 상태로 가능한 한 가깝게 되돌리는 것이다. 중건은 복원시 구조물에 없어진 부재의 도입(새로운 것, 혹은 옛것)으로 구별되어 진다. 중건을 재창조(re-creation), 추측 중건(conjectural reconstruction)으로 혼동하면 안 된다. 완전한 창조와 추측 중건은 이 헌장의 범위에서 벗어난 것이다.

9. 개작(Adaption)의 의미는 유적지를 조화되는 용도로 적합하게 변경하는 것이다.

10. 조화되는 용도(Compatible uses)는 구조물의 문화적 의의를 바꾸지 않는 범위에서 가역성 있는 물질을 사용하는 것을 의미한다. 바꿔야 하는 상황은 최소한의 영향을 미치게 한다.

1994년에는 진정성에 관한 「나라 문서」가 발표되었는데, 이는 1964년 「베니스 헌장」의 정신에 따라 구상되고, 작성된 것이며 세계로 확장된 문화유산에 대한 관심과 이해의 폭에 부응하여 그 헌장의 정신을 확장시킨 것이다. 나라문서에서는 문화유산에 부가된 가치에 대한 모든 판단은 물론 고증자료의 신뢰성 역시 문화에 따라, 심지어 같은 문화 내에서도 상이할 수 있으므로 가치와 진정성에 대한 판단의 기초를 고정된 기준으로 두지 않도록 하고 있다. 문화유산은 그 문화유산이 속한 문화적 맥락 속에서 고려되고 판단되어야 하므로 각각의 문화 내에서 유산가치의 특수한 성격과 관련 고증자료의 신뢰성 및 진실성을 인정하는 것이 필요하다고 보았다.

1981년의 「부에라(Burra) 헌장」에서는 '보수'는 현존하는 건축물의 조직에 덧붙여진 부착물을 제거하거나 새로운 재료를 사용치 않고 현존하는 부재들을 재조립함으로써 알고 있는 원래의 상태로 되돌리는 것을 의미하였다. 또 건축물에 남아있는 여러 시대의 흔적들은 존중되어야 하며, 건축물의 보수시 한시대의 흔적을 남기고 다른 시대의 흔적을 없애는 것은, 없어지는 흔적에 비해 남아있는 것의 문화적 중요성이 매우 큰 경우에만 그 타당성이 인정된다고 하였다.

2) 석조문화재 수리복원 원칙

일반적으로 석조문화재의 보존처리 등 수리복원 할 경우 기준과 원칙(규범)을 정해놓고 한다. 그 원칙은 크게는 「베니스 헌장」, 진정성에 관한 「나라문서」 등 국제적 보수·복원 기준에 근거와 문화재의 보존상태, 수리범위에 따라 달리 적용한다.

① 개성경천사지10층석탑(국보 제86호)의 보존처리 원칙

- 수리복원이 완료되면 실내복원을 원칙으로 보존처리를 실시한다.
- 시멘트 몰탈은 제거를 원칙으로 하고 견고한 부분은 보존한다.
- 큰 결실부는 같은 재질의 암석으로 복원을 하고 작은 결실부는 수지몰탈로 복원한다.
- 정밀한 조각상 결실부에는 조각 복원하지 않는다.
- 반복되는 조각은 복제하여 복원하나 인물이나 세부 조각에 대한

형태는 조각하지 않는다.

- 표면 오염물 제거는 오염물 발생 부분의 풍화 정도에 따라 선택적으로 제거한다.

② 경주불국사삼층석탑(국보 제21호)의 수리복원의 원칙

- 조립 시에는 최대한 원형을 보존하며 역사적 형태 및 구조적 안정성을 고려한다.
- 해체조사 과정에서 밝혀진 축조기법과 재료를 반영하되, 기존의 방법으로 구조적 안정성을 확보하기 어려운 경우에는 이와 유사사례에서 효과가 입증되었거나, 과학적 기술에 근거한 방법을 검토하여 적용한다.
- 파손 되었거나, 구조적인 문제가 확인된 부재는 구조보강 및 보존처리를 실시한다.
- 새롭게 복원되는 부재는 원래 부재의 양식 및 가공수법에 근거하여 제작하고 원래의 부재와 구분되도록 하며 기록으로 남겨 현 시대에 이루어진 것을 분명히 한다.
- 모든 조사, 연구 및 작업내용은 상세하고 정확히 기록하여 자료화하고 유사 석조 문화재의 보수정비 및 관련 연구에 활용될 수 있도록 한다.

③ 익산미륵사지 석탑(국보 제11호)의 수리복원의 원칙

- 「베니스 헌장」, 진정성에 관한 「나라 문서」 등 국제적 보수·복원

기준에 근거하여 수리·복원한다.

- 진정성과 원형의 보존 : 과거의 역사적 흔적과 예술적 작품성의
  보존한다. 복원은 6층까지 하고 복원 부분은 기존 부재 및 입면
  에 근거한다. 그리고 가능한 전통적 기법 및 재료 반영하고 구부
  재의 사용 최대화 한다

- 현대적 기술의 활용 : 과학적인 데이터와 사례로 효과가 입증되
  었을 경우 재료 개선 및 구조보강한다.

- 구부재와 신부재의 구분 : 원래의 부재와 신재는 오해의 소지가
  없도록 구분하며 신재는 기존 부재의 가공도를 반영하여 제작,
  기록 및 표시 남긴다.

- 기록 및 자료화 : 모든 사항은 정확히 기록하여 관련 연구에 활용
  하도록 자료화, 공개한다.

2. 문화재 보존방안

지금까지 국내 석조문화재에 대한 전반적인 보존과 보수, 보존이론에 살펴보았다. 이러한 이론적 분석과 함께 적합한 보존방안 마련을 위해 보수의 주요 공정과 보수 사례들을 검토해 보았다. 종합적인 검토를 통해 석조문화재의 보존방안은 시공적 부분, 보존적 부분, 행정적 부분으로 제안해 볼 수 있다.

1) 시공적 부분

① 문화재 보존의 시공에 있어서는 어떠한 대상물이든 보수에 앞서 반드시 전문가[1]의 협의를 거쳐 예비조사를 실시하고 조사결과에 따라 보수가 이루어져야 한다. 조사에서는 보수의 필요성, 예산, 기술적 문제, 소요기간과 함께 훼손상태에 따라 해체복원, 보존처리, 세척, 환경정비의 방법과 범위를 종합적으로 판단하여야 한다. 이때 현재의 상태에서 더 이상 훼손이 진행되지 않도록 하는 조치와 관리를 최우선으로 해야 한다. 이는 무리한 복원이 원형을 왜곡하거나 문화재로서의 가치를 쇠퇴시킬 수 있기 때문이다. 또한 보수와 함께 훼손을 일으키는 원인을 정확히 파악하여 원인제거를 위한 주변정비가 반드시 함께 시행하여야 한다.

② 해체복원 시에는 반드시 지반에 대한 조사를 실시하고 훼손되지 않은 지반은 그대로 사용함을 원칙으로 한다. 전통적인 방법은 정림사지오층석탑이나 미륵사지의 경우처럼 판축다짐을 하는 것이다.[2] 판축다짐은 어떠한 다짐층보다 단단하며 안정화되어 있다. 또한 상주상오리칠층석탑처럼 자갈과 진흙을 이용한 다짐과 강회잡석다짐이 있다. 이러한 다짐층은 수 백년이상 석탑의 하중을 지켜 안정화되어 있으므로

1　석조문화재의 전문가는 미술사학과, 문화재보존과학과, 지질학과, 화학공학과, 생물학과 등 관련학과 교수와 국립문화재연구소(문화재청), 문화재위원, 전문위원과 같이 석조문화재를 오랫동안 연구한 자를 통칭할 수 있다.
2　"석재를 조립하기 앞서 지반을 다지기 위해 판축법을 사용되었을 것으로 보인다. 이는 미륵사지 석탑과 정림사지오층석탑의 기단 하부 조사에서 밝혀진바 있어 보편적으로 사용된 기법으로 보인다." 박경식,『한국의 석탑』학연출판사, 2008, p.91.

지반이 유실되었거나 이전 또는 새로운 조형물을 건축할 경우를 제외하고는 훼손하지 않는 것이 바람직하다. 새로운 지반을 조성할 경우는 암반층까지 굴착하여 호박돌 크기의 석재와 강회로 충진하고 판축의 형태로 다져 강회잡석다짐과 판축다짐을 혼용하는 방법으로 사용하면 효과적일 것이다. 현대적 방법은 충분한 지반을 확보하여 굴착한 후 기초에 시멘트 모르타르로 타설하여 커다란 암반형식의 지반을 조성한 후 조형물을 건립하는 것이다.[3]

③ 석탑의 경우 내부적심은 통돌을 사용하거나 견고한 다짐으로 다짐층이 유출되지 않도록 한다. 적심은 잡석과 강회로 충진하는 것이 전통적방법이다. 그러나 적심안으로 빗물이 유입되어 강회층이 유실되고 잡석이 침하되어 부재가 이격되는 문제가 많이 발생하고 있다. 이에 대한 해결방안으로 거돈사지 삼층석탑, 대흥사 응진전전삼층석탑과 같이 적심을 통돌로 채우는 방식이 있다. 이 방법은 탑신부의 하중을 적심 내 통돌이 받도록 하므로 적심유출과 침하를 방지하는데 효과적이다. 다만, 윗돌과 통돌이 맞닿는 면은 그랭이공법으로 충분히 면을 맞추어 하중이 골고루 분산되도록 해야 한다.

④ 석조물의 해체복원은 보수된 이력을 반드시 알고 해야 한다. 한번이상 해체가 있었던 경우는 조립하면서 과거에 보수된 것이 원형인가를 고증하여 볼 필요가 있다. 부재의 방향을 바꾸어 보았을 때 고임편 사용이

---

3 2007년 경기도 안성 칠장사의 승탑탑 3기를 같은 장소로 이전할 때 기초전체를 하나의 시멘트 모르타르로 타설하여 견고한 지반을 만들고 그 위에 조립하였다.

현저히 적어진다면 과거 보수가 잘못 되었을 수 있음을 생각할 수 있다. 석재를 가공하고 건립할 당시에는 많은 고임편을 써서 조립하지는 않았을 것으로 추론되기 때문이다. 따라서 과거보수 시 일부 정확한 복원보다는 수평만을 맞춘 편의위주의 보수가 되어 원형을 왜곡해 조립되었음을 알 수 있다.[4] 따라서 원형에 대해 정확히 고증하여 건립 당시대로 복원할 수 있도록 하고 고임편의 사용은 필요한 경우만 한다. 현대의 복원에서는 지대석의 수평에 대하여 간과하는 경향이 있는데 지대석 부재 간에 완전한 수평을 확보한 후 상부의 부재도 수차례 조립을 시도하여 가능한 한 원부재로서 수평을 맞추어야 한다. 현대의 보수 시 이에 대한 노력이 부족하고 너무 쉽게 고임편으로 수평을 맞추는 경향이 있다.

⑤ 신재를 보강하여 원형복원하는 경우 반드시 같은 재질의 석재를 사용하고 조각기법은 원형추측이 가능한 가운데 동 시기, 동 지역의 조형적 특성을 맞춰서 해야 한다. 원형추측이 어려운 경우는 절대 무리한 복원을 해서는 안된다.[5] 채색제거와 같은 복원은 우선 원형에 대한 정확한 고증을 하고 제거할 물질의 분석과 제거방법에 대해 과학적 조사

---

4 2002년 회암사무학대사홍융탑앞쌍사자석등(보물389호)의 경우 화사석의 방향을 90도 회전하였더니 기존 사용된 고임편이 없어도 수평이 맞아 후에 방향이 바뀌었음을 알 수 있었다. 탑재의 경우는 해체복원 된 영국사망탑봉의 경우도 과거보수에 부재 간 위치를 바뀌어서 조립되었음을 알 수 있다.
5 2006년 거제신광사 오량석조여래좌상(경남지방문화재 제48호)의 채색을 제거하였는데 상호부분의 훼손이 심하였다. 상호를 복원하기 위해서는 수지를 성형하여 상호를 조각하여야 하나 원형에 대한 정확한 추론이 어렵고 훼손된 상호이라도 부처님의 온화한 미소가 살아 있어 전문위원의 자문과 사찰에서도 흔쾌히 합의하여 변형된 채색부분만 제거하고 상호는 그대로 봉안하였다.

를 한 후 시행하되 표면 훼손이 없도록 세심하게 한다. 또한 석조물의 접착과 보강에 현재 사용 중인 에폭시수지 L-30의 문제점을 충분히 알고 알맞은 용도에서 사용하여야 하며 모든 보수의 방법과 재료의 선택은 가역적 방법[6]을 선택하여야 한다. 이와 함께 보수의 전 과정은 반드시 자세히 기록되어 보고서로 남겨야 한다.

⑥ 탑이나 승탑과 같이 여러 부재가 조립되어 있는 경우의 해체는 불가피한 석재손상이 따를 수 있으므로[7] 해체복원보다 현 상태에서 보존처리를 우선적으로 검토하여야 한다. 따라서 해체보수는 도괴의 위험 등 구조적으로 불안정한 상태가 진행되고 있어 반드시 필요한 경우만 시행되어야 한다.

⑦ 석조물의 세척은 오염물이나 지의류가 문화재에 훼손을 주는지를 파악하고 피해가 있을 시만 실시한다. 즉, 훼손이 진행되는 경우와 낙서와 오염이 문화재로서 미술적 가치를 저하시킬 때 제거한다. 제거방법은 석재의 종류와 훼손상태, 오염물에 따라 결정하되 세척효과와 석재 영향에 대한 테스트 후 가장 적당한 방법을 선택한다.

이와 함께 환경정비는 야외에 있는 석조물의 훼손원인을 제거하는 중요한 보존방안이며 특히 수목제거와 배수로정비는 수분을 차단하는데 효

---

6 본 책에서 인용하고 있는 가역적 방법(可逆的 方法)이란 문화재 보수 시 새로운 기술과 재료가 있을 시 언제라도 기 처리된 부분을 문화재에 훼손없이 제거될 수 있도록 하는 시공방법을 의미한다.
7 석탑이나 모든 석조물을 해체하는 경우 드잡이를 하는데 부재를 들거나 옮길 시 석재표면이나 모서리에 파손의 우려가 있으며 기존 부재와 부재사이에 고정되어 있는 것이 해체 시 하중이 일시에 바뀌어 암석내부 밀도가 변화되므로 열화를 촉진시킬 수 있다.

과적이다. 수목은 생물피해, 뿌리근압, 도괴 시 직접적 타격의 위험이 있으므로 제거하되 경관을 고려하여 문화재가치가 저하되지 않도록 한다.

⑧ 보호각은 풍화가 계속적이거나 이미 상당한 풍화가 진행된 문화재에 대한 보존방안이다. 새롭게 설치하거나 보수 시에는 충분한 공간을 확보하여 보호각의 역할을 수행할 수 있도록 한다. 나아가 대상물이 종교적 문화재인 경우 보존과 함께 예배적 공간으로도 활용될 수 있도록 하는 방법도 논의되어야 한다.

또한 문화재는 원위치에 복원하는 것이 원칙이나 이것이 불가능한 경우와 훼손이 심해 실내이전이 부득이한 경우는 문화재를 활용하는 면에서 원위치에 복제품을 설치하는 방안도 고려되어야 한다. 위와 같은 시공방안은 단기적인 문제 해결을 위한 시공이 아니라 종합적인 보존계획을 수립해서 시행하여야 한다.

2) 보존적 부분

① 보존적 부분에 있어서는 먼저 석조문화재 보수에 필요한 신소재 개발이 시급히 이루어져야 한다. 1960년대 이후 사용한 시멘트 모르타르가 풍화로 인해 박락, 변색, 암석풍화와 같은 훼손원인이 되어 재처리되고 있듯이 현재 사용되는 에폭시수지(L-30)도 사례분석에서 지적하였듯이 문제가 발생되고 있다. 또한 빗물차단을 위한 암반의 공극을 채우거나[8]

---

8 2005년 옥천용암사마애불(충북 시도문화재 제17호)의 보수시 상부의 암반공극을 메우기 위해 국내에서 처음으로 우드락, 우레탄수지, 에폭시수지, 석분등을 단계별로 성

비신과 비좌의 틈새를 메우는데[9] 적당한 소재와 방법의 개발이 필요하다. 이와 함께 국내 문화재의 암석종류와 훼손상태에 맞는 다양한 강화재의 개발도 필요하다. 천년이상 야외에서 비,바람에 노출된 석조물의 풍화상태를 그대로 방치할 경우 훼손이 일어나는 속도는 가속화될 것이다. 이를 방지하기위해 관련학계나 기관에서 노력하여 강화제, 접착제등 새로운 보수재료 개발이 시급하다.

② 구체적인 시공매뉴얼[10]의 정립이 필요하다. 같은 재료를 사용하는 보존처리일 지라도 세부작업은 처리자의 주관적 판단과 경험에 의존되기 때문에 서로 다른 결과가 나타나기도 한다. 물론 모든 암석이나 훼손상태별로 다양한 매뉴얼을 만들기는 어렵지만 한국의 석탑이나 승탑은 정형화된 형식이 있고 훼손의 유형도 유사하므로 훼손유형별로 처리지침을 만들어 정량화된 보수가 이루어져야 한다. 현재 일부대학의 연구에서 석조문화재 훼손도작성이나 비파괴진단에 대한 연구가 진행되고 있다.[11] 그러므로 구체적인 시공매뉴얼을 정립하여 전문

형하여 공극 메움을 시도하였고 이 방법을 경주탑곡마애조상군, 정림사지오층석탑에 적용하여 현재 모니터링 중에 있다.

9 삼전도비의 경우 비신과 비좌의 공극 메움을 시멘트 모르타르로 하였는데 이 틈새에 빗물이 침투하여 동결과 용해를 반복하면서 비좌가 파손되었다. 이와 같이 비좌의 공극을 잘못메워 비좌가 파손되거나 균열이 일어나는 경우가 많이 있는데 이러한 공극을 메울 적절한 충진제가 없는 실정이다.

10 석조문화재의 조사, 보존처리, 해체복원 등을 실시할때, 시공방법과 주의사항이 통일되게 적용될 수 있도록 정리한 규범서를 뜻한다. 규범서에는 시공 시작부터 완료까지의 전 과정이 유형별, 재질별, 과정별로 정리되어 있으며, 이를 참고로 보존과학기술자와 기능공이 현장에서 체계적이고 통일된 방법으로 보존처리를 실시하게 된다.

11 공주대학교 문화재보존학과와 연구소에서는 석조문화재의 훼손도를 측정하여 정량

적이며 규격화된 처리 기준이 마련되어 현장에서 시공하는 회사와 보존처리공이 매뉴얼에 기준하여 시공할 수 있도록 하고 감독 공무원도 매뉴얼에 의한 감리와 감독을 할 수 있어야 한다.[12] 이러한 시공매뉴얼을 만들 시 여러 전문가들의 공동연구를 통해 합의된 기준이 마련되어야 한다. 보존처리 후 결과에 대해 미술사학적, 역사적, 보존과학적, 심미적 측면의 기준이 달라 세척에 대해서도 서로 다른 異見으로 평가되는 경우가 빈번하였는데, 관련 학계의 세미나 또는 학술회의를 통해 공통된 기준을 만들어야 한다. 그러기 위해서는 정부와 민간회사 그리고 연구소와 관련학계의 유기적 협조가 체계화되어야 한다.

③ 문화재 보수 시 무엇보다도 올바른 설계가 필요하다. 모든 공사는 설계에 근거하여 시공하고 감독과 준공절차도 설계에 기준하기 때문이다. 이에 따라 철저한 설계기준과 절차가 마련되어야 하며 설계 시에는 관련 전문가들이 참여하여 석조문화재의 보수기준이 정확히 제시되어야 한다. 현재 문화재의 시공 과정을 살펴보면 관리주체인 지방자치단체에서 보존을 위한 예산을 국가에 신청하고, 이를 검토하여 예산[13]이 배정된다. 지방자치단체는 공사를 위한 설계를 문화재전문 설계업체에 의뢰하고, 설

화시키는 연구를 진행하고 있으며 이에 대한 연구논문과 함께 석, 박사 연구자들을 배출하고 있다.

12 현재 시, 군의 문화재 감독공무원은 일부 학예연구직이며 대부분 건축, 토목직으로 순환근무하고 있다. 공무원들이 3-4년정도 근무하면 다시 새로운 부서로 이동하기 때문에 문화재를 전문적으로 관리하기 어려운 실정이다. 따라서 문화재직렬로 하나의 전문기능직이 신설되어 근무할 수 있다면 문화재보존관리에 보다 효율적일 것이다.

13 보존처리 시 국가 지정 문화재의 경우에는 개략 국가에서 70%, 지방자치단체에서 30%의 비율로 예산이 지원되고 있다.

계서를 문화재청에서 승인 받는다. 승인 후에는 입찰로 시공업체를 선정하여 보수를 진행하는데 이때 올바른 설계가 이루어져야 예산편성이 적합하게 이루어진다. 현재 우리나라 행정 체계로 볼 때 설계검토가 간단하게 이루어져 실제 보존처리 공사가 시행될 때 설계변경 되는 경우가 많다. 또는 설계변경이 필요하더라도 예산이 확정되어 있어서 결국 예산에 따라 공사를 시행하게 된다. 이러한 시공은 몇 년 후 재보수가 필요하기도 하고 응급적인 조치만하고 근본적인 보수는 이루어지지 못한다.

그러나 우리나라는 현재 석조문화재만을 전문적으로 설계하는 회사가 없으며 대부분 건축보수와 관련된 설계회사들이 대신하는데, 석조물에 대한 전문적인 인력을 보유하지 못하고 있다.[14] 특히 석조문화재는 역사적, 미술사적, 물리화학적, 기술적 측면에서 복합적으로 다뤄져야 하기 때문에 설계가 건물을 신축하는 것과는 다르며 신중하게 진행되어야 한다. 따라서 석조미술사학자, 석재특성을 연구하는 보존과학전문가 등 여러 학문에서 접근, 협력하여 훼손원인을 규명하고, 장기 보존방안 마련하며 세부 처리지침이 작성되어야 한다. 그러나 지금까지는 설계기간이 짧아 전문적인 설계 마련이 미흡하였기 때문에 처리현장에서 설계 변경이 빈번하였다. 그러므로 석조문화재 설계를 할 수 있는 업체를 확보하고, 충분한 설계기간 보장이 필요하다.[15]

---

14 목조건축물의 경우에는 2018년 12월 31일 기준, 66개의 문화재전문 설계회사가 있어 많은 자료를 보유하고 있으나 이에 반해 국내에는 석조문화재를 전문적으로 설계할 수 있는 곳이 없다.

15 2018년부터 문화재청에서는 동산문화재의 보존을 위한 예산신청과 설계에 앞서 보존

④ 보존환경적인 부분에서 현재 석조물주변의 보호책, 잔디제거, 안내판 설치와 안내문 내용이 너무 획일적으로 이루어지고고 있다. 문화재를 보존하는 것은 문화재 자체를 보존함과 함께 문화재가 가지고 있는 역사적, 예술적 가치를 함께 보존하는 것이다. 따라서 제작시기와 유형별, 지역별로 다른 여러 형태의 문화재를 하나의 잣대로 보아서는 안된다. 각각의 특성에 맞는 조형물로서 제작하거나 주변을 정비하여 그 문화재가 가지고 있는 가치를 더욱 돋보일 수 있도록 다양한 연구가 있어야 한다.[16] 또한 도로와 근접하여 있는 문화재는 차량진동에 의한 훼손우려가 있다. 만복사지 석인상은 차량충돌에 의해 훼손되었으며 영주가흥리마애삼존불도 대형차량통행이 영향을 준다는 구조안전진단보고가 있었다. 이와 같이 도로에 문화재가 인접하여 있는 경우 문화재ZONE[17]을 지정하여 차량을 저속으로 조심하여 통행하도록 유도하는 것도 문화재보존방안으로 필요할 것이다.

3) 행정적 부분

① 국가적 차원에서서 보존처리 방법, 재료를 개발하여 기술을 이전해야 할 것이다. 앞서 언급했듯이 처리재의 신소재개발이나 방법개발은

처리 대상 동산문화재의 "보존처리 계획서"를 우선 작성, 문화재청 심의를 거친 후 시행토록 했다.

16 보호책의 경우는 재질을 알루미늄캐스팅으로 모든 석조문화재에 통일하여 설치하고 있으며 안내문안도 어려워 일반인이 이해하지 못하는 전문적인 문구가 많다.

17 현재 학교근처는 스쿨존이 지정되어 시속 30km이하로만 운행하도록 되어 있다.

현대과학의 발전과 맞물려 개선될 수 있지만 개인 연구자나 소규모 연구기관에서는 예산 측면에서 어려움이 있다. 이런 한계 극복을 위해 국가적 차원에서 개발을 지원하고, 연구개발에 있어서는 국가 기관이 큰 비중을 차지해야 한다.

② 앞으로 석조문화재 보존방향은 훼손을 사전 예방할 수 있는 관리시스템이 도입되어야 한다. 2001년 이후 457건이라는 보존처리 건수에서 확인 할 수 있듯이 처리는 빈번하게 이루어지고 있지만 추후 모니터링과 관리 시스템은 하지 못하고 있다. 정기적인 모니터링을 위해서는 석조문화재관리에 대한 인식전환이 있어야 하며, 이에 대한 예산이 확보되어야 한다. 특히 야외에 있는 석조문화재는 모니터링 담당자 또는 책임회사가 년 2회 이상 정기적으로 훼손변화를 점검과 진단을 통하여 훼손진행 여부를 정확한 규명하고 정기적인 모니터링보고서를 제출하며 필요한 조치를 바로 실시하는[18] 훼손방지관리시스템이 정착되어야 한다. 현재의 시스템은 훼손이 된 후 빠르면 1~2년 후나 예산이 확보되고 또한 예산이 확보된 후 설계, 공사승인, 업체선정을 거쳐 다시 1년여 후에 시공이 이루어지므로 그동안에 방치된 문화재는 훼손상태가 더욱 나빠지는 결과를 초래할 수 있다. 보존관리를 위한 모니터링시스템이 도입되기 위해서는 정부의 인식전환과 이에 대한 예산책정이 필요하다. 모니터링은 지방자치단체의 담당자만으로는 한

---

18 훼손이 미미한 경우는 돌봄사업단에서 즉시 조치하고 전문수리가 필요한 경우는 시, 군 관리자를 통해 조속히 예산을 확보하여 보수가 이루어질 수 있도록 한다.

계가 있으므로 전문적으로 모니터링을 할 수 있는 전문회사나 연구단체가 용역 하는 것이 효과적일 것으로 판단된다. 모니터링 결과는 지속적으로 문화재청이나 지방자치단체에 보고서로 제출하여 효율적인 석조문화재 보존행정체계를 구축해야 한다.

③ 공사시공을 하는 업체의 선정방식을 현재의 입찰방식[19]에서 시공능력 평가방식으로 바꾸어야 한다. 문화재의 가치는 역사적 산물이므로 훼손이나 멸실되면 어떠한 경우라도 대체할 수 없다. 이는 역사를 거슬러 올라갈 수 없기 때문이다. 숭례문의 경우처럼 화재로 소실된 경우 모든 기록이 실측자료로 남아 있어 현재시점에서 최첨단 장비와 기술로 복원한다하여도 원래의 가치를 회복할 수는 없다. 이와 같이 중요한 문화재보수공사의 경우 시공업체의 선정은 시공경험, 기술자보유, 필요장비 유무 등을 종합적으로 판단하여 당해 문화재보수에 적합한가를 평가하여 우수한 회사를 선정하여야 한다. 특히 문화재보존과 관련된 공사는 건축과는 달리 새로운 결과물이 나오는 공사가 아니므로 정량적으로 평가하기 어렵다. 따라서 기존의 입찰방식으로 선정하는 것보다 문화재 보수특성에 맞는 보다 효율적인 선정방식으로 바꾸어야 한다.[20]

---

19 현재 입찰방식은 조달청기준에 의한 공개경쟁으로 해당분야에 등록된 회사들이 참여하여 한정된 금액범위 내에서 전자 입찰하는 방식으로 낙찰은 시공능력과는 상관없이 상당한 부분이 운에 좌우된다.
20 현재 국립문화재연구소에서는 연구용역이나 3D스캔과 같은 기술적 시공은 입찰 시 제안서를 평가하여 제안서 80점, 입찰가격 20점으로 평가하여 많은 경험과 시공평가, 인력. 장비 등을 종합적으로 평가하여 시공회사를 선정하고 있다. 문화재의 보존시공도 기술적 제안서에 의한 평가방식이 필요할 것으로 판단된다.

08. 맺음말

한국 유형문화재 가운데 30% 이상을 차지하는 석조문화재는 내구성이 강하지만 주로 야외에 위치하고 있어 자연적 풍화와 인위적 훼손에 쉽게 노출되어 있다. 고달사지부도 도괴, 회암사지선각왕사비 화재, 영주가흥리마애불 붕괴, 울주반구대암각화 암반 풍화로 인한 조각 마모 등은 여러 훼손요인에 따른 석조문화재의 심각한 보존실태를 보여주고 있다. 따라서 훼손방지를 위한 정기적인 점검과 보존방안 마련이 중요한 과제로 대두되고 있어 본 도서에서는 이미 시행되었던 보존처리 사례들을 검토, 분석하고 보존방안을 제시하였다.

2장에서는 석탑, 석불, 승탑, 석등, 석비, 당간과 당간지주 등 석조문화재에 대한 종류, 용어에 대하여 알아보았다.

3장에서는 훼손원인과 보존방법에 대해 알아보았다.

석조문화재의 주요 훼손원인은 물리적, 화학적, 생물학적, 인위적, 구조적 요인으로 나눌 수 있는데 훼손이 대부분 복합적으로 나타난다. 물리적 요인으로는 기온 차에 의한 팽창과 수축, 동절기의 동결과 융해가 반복되어 석재가 풍화되며 훼손양상으로는 파손이탈, 다편파열, 균열, 박리, 박락, 복피, 분말입상분해 등이 나타나고 있다.

화학적 요인으로는 대기오염물이 수분에 녹은 상태에서 침적하여 풍화를 일으키며 산성비나 염분, 조류의 배설물도 석재 표면을 풍화시키고 있음을 살펴보았다. 이러한 화학적 원인의 훼손양상으로는 백화, 오염물침착, 변색, 착색, 염화현상이 나타난다.

생물학적 요인으로는 균류, 지의류, 이끼류, 초본류 등이 석재의 표면에 피복되어 암석을 오염시키고 석재간의 균열을 발생시키는 등 훼손을 초래하는 것을 들 수 있다. 또한 소나무와 같은 큰 수목들도 뿌리의 근압에 의한 훼손이나 수목이 도괴될 시 문화재에 피해를 줄 수 있다.

인위적 요인으로는 미신, 이단종교, 산불, 교통사고, 도굴, 잘못된 수리복원을 들 수 있다.

구조적 요인은 오랜 시간이 지나면서 부재들이 약화되거나 훼손되어 부분적인 침하, 부재 결합이완 등이 발생되는 것을 살펴볼 수 있다. 이런 경우 상태가 심해지면 붕괴로 이어지기도 한다.

4장에서는 석조문화재의 현황과 보수현황을 살펴보았고 자세한 자료 통계는 부록에 표로 제시하였다. 보존현황에서는 국보, 보물로 지정된 573기(2017. 12 기준)의 석조문화재를 크게 탑, 불상, 석비, 승탑, 석등, 기타로 분류하였다. 이중에서 탑은 33.5%, 불상 23.2%, 석비 12.7%, 승탑 10.5%, 당간 4.9%, 석등 4.4%, 기타 10.8%를 차지한다. 탑은 삼국시대부터 조선시대에 이르기까지 지속적으로 건조되었고, 주로 석재로 건립하였기 때문에 비율이 가장 높게 나타나고 있다. 지역별로는 경북지역의 석조문화재 보유가 가장 많은 데, 통일신라의 고도古都로서 다수의 석조문화재가 조성된 경주지역이 경북에 포함되어 있기 때문이다.

석조문화재의 구성석재에 있어서는 전체 구성의 약 84%가 화성암으로 조성되었고 변성암과 퇴적암이각 8%을 차지한다. 화성암 중에서 화강암이 70%를 차지하며 모든 유형에서 구성석재는 화강암이 50%이상을 차지하는 것으로 조사되었다. 또한 보존상태를 훼손상태에 따라 1등급~5등급으로 나누었는데 훼손상태별로 보면 정기점검과 정밀진단이 필요한 4~5등급이 풍화상태 36%, 생물분포 28%, 구조안전이 22%를 차지하였다.

석조문화재의 보수현황은 자료를 찾을 수 있는 1961년부터 2016년 사이에 이루어진 보수내용을 조사하였다. 이 기간 중에 총 1,072건의 보수가 있었는데 유형별로 승탑을 포함한 탑은 50.3%, 불상 23.1%, 석비 11.7%, 석등 4%, 당간 3.6%, 기타는 9%이다. 탑은 여러 매의 부재결합으로 이루어진 조적체組積體 이므로 훼손요인이 복합적으로 작용하게 되어 훼손이 쉽고, 주로 야외에 위치하고 있어 더 많은 보존처리가 요구된 것으로 해석된다. 또한 탑이 보수된 540건 가운데 보존처리 38.5%, 환경정비 28.7%, 해체복원이 24.4%, 과학적 조사 3.7%, 기타 0.5%를 차지하고 있는 것으로 나타났다. 지반침하와 내부적심유출에 따른 구조적 불안정이 탑의 주요한 해체복원 사유로 나타났다. 승탑의 환경정비는 대부분 산속에 위치하고 있는 특성상 주변 수목제거와 배수로 설치, 보호책 설치 등이 많았기 때문이며 해체복원이 다음으로 많은 것은 탑의 경우처럼 부도 내 사리장엄이 봉안되어 있고 인적이 드문 곳에 위치하여 도굴이 많았기 때문이다.

석불의 경우 총 247건의 보수가 이루어졌는데 환경정비가 47.9%, 보존처리 44.3%, 해체복원 4%, 과학적 조사 1% 순이다. 마애불을 포함한 석불은 대부분 몇 개의 부재 결합으로 조성되어 해체복원보다는 주변정비와 부분적인 보존처리만으로 훼손요인을 제거, 감소시킬 수 있기 때문에 많은 비율을 차지한 것이다.

석비의 경우 전체 126건 중 환경정비 41.4%, 보존처리 36.7%, 해체복원 9.8%, 과학적 조사 1.5%, 기타 9.5%로 나타났다. 보호각 설치 등 환경정비가 41.4%로 가장 높게 나타난 것은 석비 재질이 대부분 글씨를 각자하기 쉬운 대리석, 사암, 점판암 등의 연질암석軟質巖石이어서 비, 바람 등 자연환경에 풍화를 받기 쉬웠기 때문이다.

당간지주의 경우 전체 39건 중 환경정비 58.9%, 보존처리 28.2%, 해체복원 10.2%, 과학적 조사 2.5%로 나타났다.

기타의 경우는 전체 74건 중 환경정비 48.6%, 보존처리 36.5%, 해체복원 13.5%, 기타 1.4%로 나타났다.

연도별 보수현황은 1960년대 66건, 1970년대 178건, 1980년대 107건, 1990년대 210건, 2000년대 340건, 2010년대(2011-2016) 171건으로 점차 증가 추세를 보이고 있다. 1960년대에는 전쟁 후 피해복구가 시급했고, 이로 인해 문화재에 대한 국민적 관심이 적었기 때문에 석조문화재의 보수가 최소로 이루어 졌던 것으로 해석된다. 1970년대는 경제발전과 함께 백제문화권, 경주문화권 등이 지정되어 문화관광자원 개발과 문화재보존에 대한 관심도 증대되어 보수건수가 증가하게 되었다. 1980년대는 에폭시수지 개발 등으로 새로운 보수재료의 방법이 도입되었다. 1990년대 이후 건수가 증가하고 있는 것은 환경오염의 영향으로 석조문화재의 훼손이 증가하였고 이 때문에 연구 또한 활기를 띠기 시작하였다. 2000년대는 2001년~2006년까지 6년 동안 무려 202건의 보수가 시행되는 등 급격한 증가추세를 보이고 있는데, 이는 2001년~2005년까지 실시된 '석조문화재 보존방안 연구용역'에서 한국 석조문화재에 대한 현황조사와 진단을 통해 훼손상태, 보존관리상의 문제점과 대책이 제시되어 이를 근거로 보존처리가 이루어졌기 때문이다. 2010년대는 과학적 조사를 바탕으로 한 보수와 정기조사의 중요성이 조명되었다.

지역별 보수현황은 경상북도 290건, 경상남도 118건으로 경상도 지역이 가장 많이 이루어졌으며 다음으로는 호남권이 많이 이루어지는 추세여서 분포수량과 처리건수가 비례함을 알 수 있다. 또 지역별 처리건수는 경북, 전남, 경남, 충남, 강원, 전북 순으로 나타났다.

573기의 석조문화재는 총 1,072건의 보수가 실시되었는데 이를 보면 한 문화재에 여러 번의 보수가 일어났음을 알 수 있다. 6회 이상 보수가 있었던 것이 12기, 5회 이상 보수가 있었던 것이 17기, 4회 이상 보수가 있었던 것이 45기가 있었다. 이와 같이 여러 번의 보수가 이루어진 대상들은 종합적인 처리가 이루어지지 못하고 부분적인 처리나 일차적인 훼손원인만 제거되어 몇 년 경과 후 훼손이 재 발생하는 등 문제가 있는 대상들이 많음을 알 수 있었다.

5장에서는 개별사례분석을 통해 주요 석조문화재의 보수사례들을 해체복원, 보존처리, 환경정비, 기타 등으로 나누어 보수처리가 적합하게 시행되었는지 분석하여다.

6장에서는 훼손된 문화재의 보존방법을 크게 조사 분석, 보존처리, 사후관리로 나누어 고찰했다. 조사 분석 방법으로는 3D조사, 비파괴조사 및 훼손도 측정, 구조안정성조사 등이 있고 보존처리로는 세척, 접착 및 복원, 원형복원과 환경정비가 있다. 사후관리는 공사 후 지속적으로 모니터링 하는 부분인데, 정기조사를 통한 방법으로 정립해 나아가고 있다.

7장에서는 주요 보수사례를 분석하여 다음과 같은 보존방안을 제시하였다.

첫째, 시공적 부분의 보존방안으로 석조문화재의 보수에 앞서 충분한 조사를 통하여 보수의 당위성을 판단한 후 시행하고 해체복원 시에는 지반조사를 실시하여 본래 지반 다짐층을 가능하면 그대로 사용하되 새로운 지반층이 필요할 때는 판축법版築法과 강회다짐을 병행하도록 해야한다. 또 적심 유출을 방지하기 위해 통돌을 사용하되 윗돌과 통돌 적심이 맞닿는 면은 충분히 면을 맞추어 하중이 분산되도록 하여야 한다. 뿐만 아니라 과거에 보수되었던 부분은 원형에 대한 고증이 필요하며 잘못 복원 되었을 시는 원형에 맞게 복원되어야 한다. 신재로 보강하는 경우 암석분석을 통해 같은 암석을 사용하여야 하며 같은 암석이 없을 경우 최대한 유사한 암석으로 보강되어야 한다. 또 세척은 복합적 오염 원인을 파악하여 제거하고 재오염이 발생되지 않도록 한다. 보호각은 충분한 공간을 확보하여 보호각 역할을 수행할 수 있도록 하며 훼손이 심한 문화재는 실내에 이전하고 원위치에 복제품을 세우는 방법도 고려해야 한다.

둘째, 보존적 측면에서 살펴보면 현재 사용하고 있는 보수재료의 한계성이 있으므로 새로운 소재의 개발이 필요하며 시공에 있어 암석의 종류와 훼손형태에 맞는 시공매뉴얼을 만들어야 한다. 또한 시공에 있어 무엇보다도 올바른 설계가 필요하므로 설계 시에는 전문가들의 검토를 거쳐 충분한 조사와 시간, 예산을 가지고 해야 하며 석조문화재를 설계할 수 있는 전문설계회사가 필요하다. 보존환경 부분에서는 획일화된 보호책, 안내판, 안내문은 지양하고 문화재 가치에 어울리는 다양한 조형물이 필요하며 문화재 주변도로에는 문화재ZONE을 지정하여 차량을 의무적으로 서행시켜 문화재 훼손을 예방하여야 한다.

셋째, 행정적 부분의 보존방안으로 국가적 차원의 석조문화재 보존을 위한 소재와 기술개발이 시급히 필요하다. 앞으로 보존방향은 시공위주에서 관리시스템을 구축하는 위주로 바뀌어야 하며, 이에 대한 정부의 인식전환과 예산확보가 필요하다. 또 문화재 보존공사는 정량적 평가가 어려우므로 시공능력 평가제도를 도입하여 능력을 갖춘 회사에서 책임하에 시행할 수 있도록 하는 시스템이 도입되어야 한다.

지금까지 석조문화재의 보존현황과 보수현황을 살펴보고, 보존처리가 실시된 사례들을 현재의 관점에서 분석하여 보존방안을 제시하였다. 앞으로 지속적인 점검, 조사, 연구를 통해 더 나은 석조문화재 보존기술이 개발되어야하고 그 기술을 바탕으로 보존처리 등 석조문화재 수리에 활용되어야 할 것이다.

부 록

국보 · 보물(건조물) 정기조사서

1. 총괄사항

문화재명 (지정번호)	당해 문화재의 명칭 (문화재 종류 ˜제1호)		지정면적㎡ (보호구역㎡)	100,000㎡ (200,000㎡)
지정연월일	년. ˜월. ˜일.		소유자	소유자명 ˜/ ˜소유자 주소 문화재청 ˜/ ˜대전광역시 ˜서구 ˜청사로
소재지	당해 문화재 지정 주소 대전광역시 ˜서구 ˜청사로		관리자/관리단체	관리자명(관리단체명) ˜/ ˜주소 문화재청 ˜/ ˜대전광역시 ˜서구 ˜청사로
구조 · 형식 · 형태 / 규모 · 크기	목조 : 단층, 다포식, 맞배지붕 석조 : 높이 17m		건립연대/ 시대	연대 ˜/ ˜시대 1702년 ˜/ ˜통일신라시대
구분		기간	내용	
당해 문화재의 정밀진단 시행 여부				
돌봄사업 및 모니터링 수행 여부				

구분	시행연도	예산(천원)	시행처	정비 · 보수 · 수리 내용
정비 보수 수리 내역		천원단위로 기입		정비 · 보수 · 수리 내용을 기입한다.

조사결과		분류	내용		
조사결과	구조부	①	· 당해 문화재의 보존사항 조사결과를 취합하여 분류의 전체적인 현황을 기입한다. · 당해 문화재의 위치, 부재, 현상 순으로 내용을 기입한다. · 5년 이내로 당해 문화재에 훼손우려가 많은 요인을 기입한다. · 보존사항 중 첫 번째에 해당하는 내용을 취합하여 기입한다. (기단부, 암석부, 대좌, 전실부, 받침, 입구부)		
		②	· 보존사항 중 두 번째에 해당하는 내용을 취합하여 기입한다. (축부, 탑신부, 석불부, 불신, 통로부, 상판, 석실부, 석조부, 지주부, 몸체부, 비신, 원통부)		
		③	· 보존사항 중 세 번째에 해당하는 내용을 취합하여 기입한다. (지붕부, 상륜부, 광배, 주실부, 난간, 봉토부, 당간부, 머릿돌, 정상부)		
	기타부	채색 (단청,벽화)	당해 문화재의 채색 및 벽화의 현황에 관한 내용을 기입한다.		
		충해	(흰개미, 재선충) 흰개미, 재선충 등에 대한 예방 여부를 기입한다.	□있음	□없음
		기타	낙서 등 기타사항을 기입한다.		
	특기사항		소방 및 안전관리, 안내 및 전시시설, 주변 및 부대시설 등 관리에 관련된 특기사항을 기입한다.		
조사자 종합의견	당해 문화재에 대한 조사자의 의견을 기입한다.				
조사일시	년. ˜월. ˜일.	조사자	소속명 ˜소속	성명 ˜: ˜성명 (서명 또는 인)	
첨부서류	■ 배치도		■ 현황사진(상세)		

2. 1 보존사항(석탑류)

구분	부재	조사내용(현상)	사진/위치
① 기단부	지대석	· 조사내용에서는 부재/위치/현상 순으로 내용을 기입한다. · 현상은 구조적 손상/부재결손 및 표면적 손상/생물피해 순으로 기입한다. · 해당 현상을 촬영한 사진을 첨부하고, 사진/위치 란에 사진번호를 기입한다. - 사진번호는 부재명과 번호를 같이 기입한다.	지대석 1
	하대석	· 승탑의 경우 중대석 포함	사진번호
	상대석		사진번호
② 탑신부	탑신		사진번호
	옥개부		사진번호
③ 상륜부	상륜		사진번호
기타사항	특기사항		사진번호

2. 2 보존사항(석등)

구분	부재	조사내용(현상)	사진/위치
① 기단부	지대석	· 조사내용에서는 부재/위치/현상 순으로 내용을 기입한다. · 해당 현상을 촬영한 사진을 첨부하고, 사진/위치 란에 사진번호를 기입한다. - 사진번호는 부재명과 번호를 같이 기입한다.	지대석 1
	하대석		사진번호
	간주석		사진번호
	상대석		사진번호
② 탑신부	화사석		사진번호
	옥개부		사진번호
③ 상륜부	상륜		사진번호
기타사항	특기사항		사진번호

[부록 표 4]

2. 3 보존사항(석불)

구분	부재	조사내용(현상)	사진/위치
① 대좌	지대석	· 조사내용에서는 부재/위치/현상 순으로 내용을 기입한다. · 해당 현상을 촬영한 사진을 첨부하고, 사진/위치 란에 사진번호를 기입한다. - 사진번호는 부재명과 번호를 같이 기입한다.	지대석 1
	하대		사진번호
	중대		사진번호
	상대		사진번호
② 불신	불체		사진번호
	불두		사진번호
③ 광배	신광		사진번호
	두광		사진번호
	거신광		사진번호
기타사항	특기사항		사진번호

2. 4 보존사항(석교)

구분		부재	조사내용(현상)	사진/위치
① 받침	보 다 리	지대석	· 조사내용에서는 부재/위치/현상 순으로 내용을 기입한다. · 해당 현상을 촬영한 사진을 첨부하고, 사진/위치 란에 사진번호를 기입한다. - 사진번호는 부재명과 번호를 같이 기입한다.	지대석 1
		석주		사진번호
		멍에		사진번호
	구 름 다 리	선단석		사진번호
		홍예		사진번호
		무사석		사진번호
② 상판		청판석		사진번호
		귀틀석		사진번호
③ 난간		기둥		사진번호
		이무기돌		사진번호
		동자석		사진번호
		돌란대		사진번호
기타사항		특기사항		사진번호

2. 5 보존사항(당간지주)

구분	부재	조사내용(현상)	사진/위치
① 기단부	지대석	· 조사내용에서는 부재/위치/현상 순으로 내용을 기입한다. · 해당 현상을 촬영한 사진을 첨부하고, 사진/위치 란에 사진번호를 기입한다. - 사진번호는 부재명과 번호를 같이 기입한다.	지대석 1
	기단		사진번호
② 지주부	지주 (간주)		사진번호
	간대		사진번호
③ 당간부	당간		사진번호
	용두		사진번호
기타사항	특기사항		사진번호

2. 6 보존사항(비갈)

구분	부재	조사내용(현상)	사진/위치
① 받침	지대석	· 조사내용에서는 부재/위치/현상 순으로 내용을 기입한다. · 해당 현상을 촬영한 사진을 첨부하고, 사진/위치 란에 사진번호를 기입한다. - 사진번호는 부재명과 번호를 같이 기입한다.	지대석 1
	대석		사진번호
	비좌		사진번호
② 비신	비신		사진번호
③ 머릿돌	개석		사진번호
기타사항	특기사항		사진번호

3. 관리사항

구분		조사내용	
소방 및 안전 관리	소방 및 안전시설 관리상태	■ 방재매뉴얼(소방시설도면 등) 배치 여부	□있음 □없음
		■ 소방차의 진입 가능 여부	□있음 □없음
		■ 방화선 여부	□있음 □없음
		■ 국보·보물 내에 화재 시 대피 대상문화재 유무	□있음 □없음
		■ 정기적인 교육과 훈련 실시 여부	□있음 □없음
		특기사항	소방시설의 기본적인 관리상태 및 사항들을 확인하고 특기사항을 기입한다.
		점검표 유무	현황(개수 등)
		소화기	□있음 □없음
		옥외소화전	□있음 □없음
		자동화재속보설비	□있음 □없음
		설치여부	현황(개수 등)
		CCTV	□있음 □없음
		도난방지카메라	□있음 □없음
		열감지기	□있음 □없음
		특기사항	점검표의 유무파악 및 작동여부 파악과 해당 항목의 개수 등 현황 및 특기 사항을 기입한다.
	전기시설 관리상태	■ 정기적인 점검 실시 여부	□있음 □없음
		특기사항	정기적인 점검실시 여부를 확인하고 특기사항을 기입한다.
	가스시설 관리상태	■ 정기적인 점검 실시 여부	□있음 □없음
		특기사항	정기적인 점검실시 여부를 확인하고 특기사항을 기입한다.
	안전 경비인력 관리상태	조사내용	현황(인력, 개수 등)
		안전경비인력	□있음 □없음
		관리일지	□있음 □없음
		특기사항	국보·보물의 경우 당해 문화재의 안전경비인력의 유무를 확인하고, 경비인력의 현황을 내용에 기입한다. 관리일지의 작성여부를 확인한다.
	돌봄사업	■ 주기적인 관리를 위한 업체 및 단체의 유무	□있음 □없음
		특기사항	당해 문화재를 주기적으로 관리하는 단체 및 업체의 유무를 확인하고 특기 사항을 기입한다.

조사내용			현황(인원, 개수 등)
안내 및 전시시설	안내소(매표소)	□있음 □없음	
	안내판	□있음 □없음	
	전시 · 박물관	□있음 □없음	
	문화재해설사	□있음 □없음	
	특기사항		

주변 및 부대시설	구분	내용	구분	내용
	옹벽 · 담장		배수시설	
	주변수목	고사한 수목 등 주변 수목의 현황에 대해 기입한다.	주변건물	
	보호각 · 보호시설			
	그 밖의 시설			

원래기능/ 활용상태/ 사용빈도	내용
	· 당해 문화재의 원래기능, 활용상태 및 사용빈도를 기입한다. - 당해 문화재 본연의 기능과 현재 활용여부 및 현황에 대해 기입하도록 하며, 현재 사용빈도를 기입한다.

4. 1 도면(배치도 등)

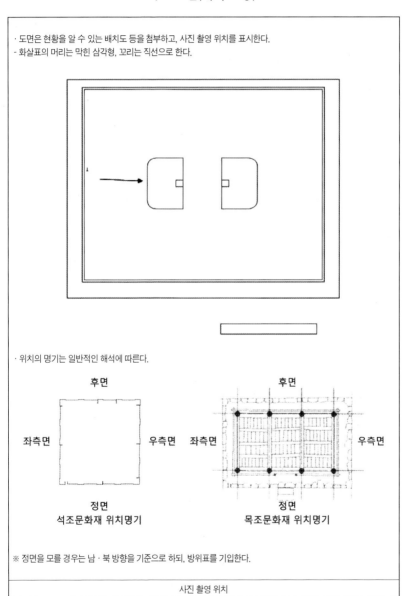

· 도면은 현황을 알 수 있는 배치도 등을 첨부하고, 사진 촬영 위치를 표시한다.
- 화살표의 머리는 막힌 삼각형, 꼬리는 직선으로 한다.

· 위치의 명기는 일반적인 해석에 따른다.

후면

좌측면　　　　　　　　우측면

정면
석조문화재 위치명기

후면

좌측면　　　　　　　　우측면

정면
목조문화재 위치명기

※ 정면을 모를 경우는 남 · 북 방향을 기준으로 하되, 방위표를 기입한다.

사진 촬영 위치

4. 2 현황사진

· 사진은 큰사진(전경사진 등), 가로 또는 세로사진 등
  충분한 설명이 될 수 있는 사진을 첨부한다.
· 정면, 후면, 우측면, 좌측면 사면의 사진을 첨부한다.
- 상세사진을 첨부하고, 손상부위를 점선 또는 화살표
  로표시한다.
· 사진의 간단한 설명을 기입한다.
- 사진번호/ 촬영위치/ 간략설명

사진번호	위치	(간략하게 설명)

큰사진(전경사진 등)

사진번호	위치	(간략하게 설명)

사진

사진번호	위치	(간략하게 설명)

사진

사진번호	위치	(간략하게 설명)

사진

사진번호	위치	(간략하게 설명)

사진

사진번호	위치	(간략하게 설명)

사진

사진번호	위치	(간략하게 설명)

사진

사진번호	위치	(간략하게 설명)

[부록 표 11]

No	지정번호	문화재명	보수년도	유형별분류	보수구분	지역	보수내역
1	국보2호	서울 원각사지 십층석탑	1975	탑	5	서울	보존대책 정밀진단 실시(주변 지하철 가설에 따른 진동 등 석탑에 미치는 영향조사)
2	국보2호	서울 원각사지 십층석탑	1979	탑	4	서울	주변 배수로 정비 등
3	국보2호	서울 원각사지 십층석탑	1992	탑	5	서울	정밀실측과 풍화상태에 대한 연구 실시
4	국보2호	서울 원각사지 십층석탑	1996	탑	3	서울	옥개석 표면 등 비둘기 배설물 제거 등 세척 실시
5	국보2호	서울 원각사지 십층석탑	1999	탑	4	서울	산성비에 의한 부식과 비둘기 피해를 방지할 수 있는 보호각 건립
6	국보2호	서울 원각사지 십층석탑	2005	탑	3	서울	보호각 내부 및 탑 표면 먼지 축척으로 건식세척 실시
7	국보3호	서울 북한산 신라 진흥왕 순수비	1972	비	1	서울	자연적인 풍화로 비훼손이 심각하여 박물관 내부로 이전, 현장 표석제작 설치
8	국보3호	서울 북한산 신라 진흥왕 순수비	1979	비	6	서울	중요 석조문화재 모형제작
9	국보3호	서울 북한산 신라 진흥왕 순수비	2006	비	6	경기	복제품제작하여 원위치에 설치
10	국보4호	여주 고달사지 승탑	1973	탑	4	경기	보호책 설치 등 주변정비 실시
11	국보4호	여주 고달사지 승탑	1979	탑	3	경기	옥개석 균열(도굴로 발생)부분 접착보수, 토지매입, 주변정비 등
12	국보4호	여주 고달사지 승탑	1994	탑	4	경기	주변정비(배수로, 보호책, 축대, 표석설치)
13	국보4호	여주 고달사지 승탑	2002	탑	3	경기	도굴로 옥개석 이완 등 훼손, 보개접착, 옥개석이상 드잡이 등 보수
14	국보4호	여주 고달사지 승탑	2014	탑	3	경기	건식세척, 습식세척, 균열부 수지처리, 강화발수처리, 수목정비, 지대석 지반 정비
15	국보5호	보은 법주사 쌍사자 석등	1965	석등	3	충북	검은 오염물 세척 등 보수
16	국보5호	보은 법주사 쌍사자 석등	1970	석등	4	충북	보호각 건립
17	국보5호	보은 법주사 쌍사자 석등	2006	석등	3	충북	화사석 주변오염으로 세척, 균열부 접합, 지대석이 묻혀있는 것을 노출
18	국보5호	보은 법주사 쌍사자 석등	2007	석등	3	충북	세척, 균열부분 접착 등 보존처리, 보호각 개축
19	국보6호	충주 탑평리 칠층석탑	1971	탑	4	충북	주변 조경 및 보호책 설치
20	국보6호	충주 탑평리 칠층석탑	1973	탑	4	충북	수해로 훼손된 주변 정비 등 복구
21	국보6호	충주 탑평리 칠층석탑	1974	탑	4	충북	주변정비(보호각 설치)
22	국보6호	충주 탑평리 칠층석탑	2003	탑	4	충북	정밀실측 등 보고서 발간
23	국보6호	충주 탑평리 칠층석탑	2006	탑	3	충북	박리 및 균열된 부분 접착복원, 과거 사용된 시멘트 모르타르 제거, 오염된 부분 세척
24	국보6호	충주 탑평리 칠층석탑	2013	탑	5	충북	3D스캐너를 이용한 석탑 정밀 스캔, 사진촬영
25	국보7호	천안 봉선홍경사 갈기비	1964	비	4	충남	기존에 설치된 비각 보수공사
26	국보7호	천안 봉선홍경사 갈기비	1978	비	4	충남	기존 비각 해체하고 새로운 비각 설치, 전주 이동 등 주변정비

No	지정번호	문화재명	보수년도	유형별분류	보수구분	지역	보수내역
27	국보7호	천안 봉선홍경사 갈기비	1995	비	4	충남	비각단청 등 보수
28	국보7호	천안 봉선홍경사 갈기비	2010	비	3,4,5	충남	과학적 조사, 건식세척, 습식세척, 수지처리 및 모르타르 제거, 표면 강화처리, 보호각 보수, 3D스캔
29	국보8호	보령 성주사지 낭혜화상탑비	1974	비	3	충남	받침돌이 부서진 채 땅속에 매설되어 있어 발굴 노출시켰으며, 균열부분 접착시켜 복원
30	국보8호	보령 성주사지 낭혜화상탑비	1975	비	4	충남	풍화방지를 위해 보호각 건립
31	국보8호	보령 성주사지 낭혜화상탑비	1999	비	4	충남	보호각 단청 등 보수
32	국보9호	부여 정림사지 오층석탑	1972	탑	4	충남	안내판, 보호책 설치 등 주변정비
33	국보9호	부여 정림사지 오층석탑	2007	탑	3	충남	세척, 경화제, 균열부분 접착, 주변정비
34	국보9호	부여 정림사지 오층석탑	2010	탑	5	충남	보존환경 조사, 구조안정성 조사, 풍화상태 조사
35	국보10호	남원 실상사 백장암 삼층석탑	1972	탑	2	전북	오랜 기간 경과에 따른 구조적 위험성 문제점으로 해체 복원
36	국보10호	남원 실상사 백장암 삼층석탑	1980	탑	3	전북	사리기를 노린 도굴로 붕괴되어 파손된 부분의 접착 후 복원
37	국보10호	남원 실상사 백장암 삼층석탑	2003	탑	5	전북	석탑주변 발굴조사
38	국보11호	익산 미륵사지 석탑	1964	탑	3	전북	줄눈 등 시멘트 모르타르 부분이 풍화되어 보수
39	국보11호	익산 미륵사지 석탑	1973	탑	3	전북	풍화부분보수
40	국보11호	익산 미륵사지 석탑	1998	탑	5	전북	탑이 기울어 구조적으로 불안정함과 붕괴우려가 있어 정밀구조안전진단 실시
41	국보11호	익산 미륵사지 석탑	1999	탑	4	전북	가설덧집 시설공사
42	국보11호	익산 미륵사지 석탑	2001	탑	2	전북	6층부터 해체작업 중(2008년 현재까지 진행 중)
43	국보11호	익산 미륵사지 석탑	2008	탑	3,5	전북	사리장엄 수습 및 특별전, 석탑해체, 건축 및 보존과학 조사연구, 자료발간
44	국보12호	구례 화엄사 각황전 앞 석등	1988	석등	3	전남	화사석 균열부분에 대한 접착 후 고색처리
45	국보12호	구례 화엄사 각황전 앞 석등	2009	석등	3	전남	건식세척, 습식세척
46	국보16호	안동 법흥사지 칠층전탑	1975	탑	4	경북	보호책 설치 등 주변정비
47	국보16호	안동 법흥사지 칠층전탑	1980	탑	3	경북	정기적으로 초본류 제거, 석탑주변 열차운행으로 석탑표면오염과 진동 발생으로 구조적 안정성 조사 중
48	국보16호	안동 법흥사지 칠층전탑	2014	탑	3,4,5	경북	과학적 조사, 세척, 백화제거, 이격부충전, 줄눈보수, 전돌교체(전돌 과학적 조사 및 제작), 7층 낙수면 복원, 기단부 균열보수, 기와보수, 감실목문교체, 감실계단보수, 배수로 설치, 보호책 교체
49	국보16호	안동 법흥사지 칠층전탑	2014	탑	3,4	경북	예비조사, 세척, 백화제거, 이격부 충진, 줄눈보수, 전돌 교체, 7층 낙수면 해체 및 복원, 기단부 균열보수, 기와보수, 감실목문교체, 감실계단보수, 배수로 설치, 보호책 교체
50	국보17호	영주 부석사 무량수전 앞 석등	2005	석등	3	경북	자연적인 풍화로 표면 오염된 부분과 균열 발생된 부분에 대한 세척 및 균열부위접합
51	국보20호	경주 불국사 다보탑	1973	탑	3	경북	표면오염 등 자연적인 풍화가 심하여 오염물제거, 손실부분 복원(1970년~1973년)

No	지정번호	문화재명	보수년도	유형별분류	보수구분	지역	보수내역
52	국보20호	경주 불국사 다보탑	2005	탑	6	경북	보수 정비 중에 있음(2008년 부분 해체 수리복원 예정)
53	국보20호	경주 불국사 다보탑	2009	탑	3	경북	부재사이의 시멘트 몰탈 제거 후 배수로 확충, 균열부 접합 및 보존처리, 세척, 찰주 보존처리
54	국보21호	경주 불국사 삼층석탑	1966	탑	2	경북	도굴로 붕괴되어 1층 이상 해체보수실시
55	국보21호	경주 불국사 삼층석탑	1970	탑	3	경북	표면오염물 등 자연적인 풍화가 심하여 오염물 제거, 손실부분 접착복원
56	국보21호	경주 불국사 삼층석탑	1973	탑	3	경북	상륜부 파손부분을 남원 실상사삼층석탑을 참고하여 복원
57	국보21호	경주 불국사 삼층석탑	2005	탑	5	경북	기단부의 구조적 위험성으로 안전진단 실시 중에 있음 (2008년 현재 진행 중)
58	국보22호	경주 불국사 연화교 및 칠보교	2010	기타	3	경북	세척
59	국보24호	경주 석굴암 석굴	1964	기타	4	경북	결로 및 누수현상이 계속되어 석굴 내 물기와 이끼 발생을 막기 위해 2중 돔, 목조전실 설치 (1960년~1964년)
60	국보24호	경주 석굴암 석굴	1966	기타	4	경북	결로현상이 계속되어 전실출입문을 설치하고 공기 조화기기를 설치
61	국보24호	경주 석굴암 석굴	1970	기타	3	경북	표면오염물을 제거
62	국보24호	경주 석굴암 석굴	1977	기타	4	경북	유리벽설치, 내부조명개선, 전면기단 확장 등 주변 환경정비(1976년~1977년)
63	국보24호	경주 석굴암 석굴	1997	기타	5	경북	석굴내부 콘크리트 돔의 균열, 공기조화기기의 진동문제가 대두, 정밀구조안전진단 실시(구조적으로 안전하다는 결론)
64	국보24호	경주 석굴암 석굴	2002	기타	4	경북	주변정비(배수로 공사)
65	국보25호	경주 태종무열왕릉비	2001	비	3	경북	과거 유황을 사용 접착한 부분에 오염이 발생 세척하였으며, 균열부분 은장을 설치함
66	국보30호	경주 분황사 모전석탑	1998	탑	4	경북	주변건물정비
67	국보30호	경주 분황사 모전석탑	2000	탑	4	경북	석탑주변 수목제거 등 환경정비
68	국보30호	경주 분황사 모전석탑	2003	탑	5	경북	주변차량통행에 따른 진동영향과 구조안정성 조사
69	국보30호	경주 분황사 모전석탑	2006	탑	5	경북	오염물 제거 방안 연구실시(1913~1915년 석탑을 보수할 때 콘크리트 모르타르를 사용 백화현상 발생과 서측면 균열현상이 있음)
70	국보30호	경주 분황사 모전석탑	2011	탑	3	경북	예비조사, 표면세척, 균열부 수지충전, 백화현상 제거, 인왕상 및 인방석 박락부분 암석강화처리
71	국보31호	경주 첨성대	1969	기타	4	경북	주변정비
72	국보33호	창녕 신라 진흥왕 척경비	1966	비	4	경남	주변보호석축 공사
73	국보33호	창녕 신라 진흥왕 척경비	1971	비	4	경남	석비의 풍화를 방지하기 위한 보호각 건립
74	국보33호	창녕 신라 진흥왕 척경비	2000	비	4	경남	주변정비(배수로 정비)
75	국보34호	창녕 술정리 동 삼층석탑	1965	탑	2	경남	중심부 침하(적심의 잡석 등 내부 충진물이 외부로 빠져나와 비어 있는 현상으로 발생)에 따른 구조적 불안전, 도괴우려로 해체복원

No	지정번호	문화재명	보수 년도	유형별 분류	보수 구분	지역	보수내역
76	국보34호	창녕 술정리 동 삼층석탑	1973	탑	4	경남	주변정비(보호책 설치)
77	국보34호	창녕 술정리 동 삼층석탑	1996	탑	4	경남	주변정비
78	국보34호	창녕 술정리 동 삼층석탑	2004	탑	4	경남	주변정비
79	국보35호	화엄사 사사자 삼층석탑	2003	탑	3	전남	표면오염부 제거 등 세척 실시
80	국보37호	경주 황복사지 삼층석탑	1989	탑	4	경북	주변정비(1942년 수리)
81	국보37호	경주 황복사지 삼층석탑	2013	탑	3	경북	예비조사, 세척, 몰탈제거, 고임쇠 보존처리, 면처리 및 균열부 수지작업
82	국보39호	경주 나원리 오층석탑	1973	탑	4	경북	주변축대 보수, 보호책 설치 등 주변정비
83	국보39호	경주 나원리 오층석탑	1996	탑	2	경북	중앙부 침하에 따른 구조적 위험성, 기단 부재의 결실로 해체실시, 기단갑석 등 신석복원, 경화처리, 사리함발견
84	국보39호	경주 나원리 오층석탑	1998	탑	3	경북	합성수지처리부분 이질감으로 재처리
85	국보39호	경주 나원리 오층석탑	2006	탑	4	경북	주변 건물 정비 등 주변정비 실시
86	국보39호	경주 나원리 오층석탑	2011	탑	6	경북	해체수리보고서
87	국보40호	경주 정혜사지 십삼층석탑	1975	탑	4	경북	주변 정비, 보호책 설치
88	국보40호	경주 정혜사지 십삼층석탑	2007	탑	3	경북	석탑1층 옥개석 등 균열부분 접착복원, 세척
89	국보41호	청주 용주사지 철당간	1996	당간	5	충북	표면부식에 따른 비파괴검사 상태진단, 정밀실측 조사
90	국보41호	청주 용주사지 철당간	2006	당간	3	충북	표면 강화처리 실시
91	국보41호	청주 용주사지 철당간	2014	당간	3	충북	철당간 세척, 철당간 이전보수물질 제거, 철당간 왁스코팅, 철당간 고색처리, 철당간 방수처리, 당간지주 세척, 당간지주 수지충진, 당간지주 강화처리
92	국보44호	장흥 보림사 남.북 삼층석탑 및 석등	1996	탑	2	전남	1934년 수리 때와 같이 중심부 침하에 따른 도괴우려로 해체 복원, 균열부분 접착 등 보존처리, 석등 보수
93	국보44호	장흥 보림사 남.북 삼층석탑 및 석등	1999	탑	4	전남	보호책 정비 등 주변정비
94	국보44호	장흥 보림사 남.북 삼층석탑 및 석등	2013	탑	3	전남	사전조사, 세척, 몰탈제거 및 표면처리, 수지 및 접합 작업, 발수경화처리
95	국보47호	하동 쌍계사 진감선사탑비	2008	비	3	경남	세척, 주변정비
96	국보48-1호	평창 월정사 팔각구층석탑	1971	탑	2	강원	석탑이 기울어져 도괴우려, 구조적 불안정에 따른 해체보수 (1970년~1971년) (13층이고 하부는 좁은 양식)
97	국보48-1호	평창 월정사 팔각구층석탑	2000	탑	4	강원	주변정비
98	국보48-1호	평창 월정사 팔각구층석탑	2002	탑	5	강원	탑 주변 발굴조사 실시
99	국보48-1호	평창 월정사 팔각구층석탑	2011	탑	5	강원	정밀실측
100	국보48-1호	평창 월정사 팔각구층석탑	2015	탑	3	강원	(상륜부) 예비조사, 세척, 녹제거, 방청처리, 용차 고정 철사 교체, 강화처리, 복원, 색맞춤
101	국보48-2호	평창 월정사 석조보살좌상	1999	불상	3	강원	접착

No	지정번호	문화재명	보수년도	유형별분류	보수구분	지역	보수내역
102	국보48-2호	평창 월정사 석조보살좌상	2000	불상	3	강원	보수
103	국보48-2호	평창 월정사 석조보살좌상	2008	불상	6	강원	복제품 제작, 설치
104	국보53호	구례 연곡사 동 승탑	1969	탑	4	전남	부도주변 수목제거 등 정비
105	국보53호	구례 연곡사 동 승탑	1974	탑	4	전남	보호책, 배수로 설치 등 주변정비(산 하부에 있어 주변 나무 들이 자생하고 배수로 정비가 필요)
106	국보53호	구례 연곡사 동 승탑	1992	탑	3	전남	부도 표면의 지의류 등 생물 제거, 발수처리
107	국보53호	구례 연곡사 동 승탑	1997	탑	4	전남	주변정비(석축설치, 배수로 보수)
108	국보53호	구례 연곡사 동 승탑	2001	탑	3	전남	상륜부 재배열 및 보주신석 제작설치
109	국보53호	구례 연곡사 동 승탑	2012	탑	3,5	전남	사전조사, 건식세척, 습식세척, 균열부 수지처리, 부식된 고임철편 교체, 3D스캔 및 기울기 측정, 구조안전진단, 탁본
110	국보54호	구례 연곡사 북 승탑	1969	탑	2	전남	도굴로 도괴 파손부분 복원(해체, 접착조립, 배수구 설치)
111	국보54호	구례 연곡사 북 승탑	1974	탑	4	전남	주변정비(보호각 설치)
112	국보54호	구례 연곡사 북 승탑	1992	탑	2	전남	세척(생물피해 제거), 해체복원
113	국보54호	구례 연곡사 북 승탑	2001	탑	2	전남	도굴로 인한 도괴로 부재훼손, 훼손된 부재 접착복원, 상륜부 순서 재배치, 보륜신석 설치
114	국보57호	화순 쌍봉사 철감선사탑비	1997	탑	4	전남	주변정비(탐방로 보수, 석축담장공사)
115	국보57호	화순 쌍봉사 철감선사탑비	2004	탑	3	전남	도굴 미수로 이완된 부재를 안정화, 주변정비 실시
116	국보57호	화순 쌍봉사 철감선사탑비	2012	탑	3,5	전남	3D스캔, 세척, 균열부 수지처리
117	국보58호	청양 장곡사 철조약사여래좌상 및 석조대좌	1999	불상	4	충남	주변정비
118	국보59호	원주 법천사지 지광국사탑비	1965	비	4	강원	기단정비, 주변정비(석축보수)
119	국보59호	원주 법천사지 지광국사탑비	1987	비	3	강원	주변정비(석축보수), 실리콘계 코팅처리, 접착(에폭시수지)
120	국보59호	원주 법천사지 지광국사탑비	2000	비	3	강원	세척, 균열부분 보수
121	국보59호	원주 법천사지 지광국사탑비	2004	비	3	강원	재질이 점판암으로 비늘형태로 훼손되고 있어 주기적으로 균열부분접합을 실시하고 있음(장기적으로 비를 피할 수 있는 보호시설 설치가 필요하나 주변이 유적지라 어려움이 있는 상태임)
122	국보59호	원주 법천사지 지광국사탑비	2008	비	3	강원	실측, 정밀 안전진단
123	국보59호	원주 법천사지 지광국사탑비	2014	비	3,4,5	강원	과학적 조사, 세척, 수지처리, 암석 강화처리, 기단공사 및 주변정비
124	국보64호	보은 법주사 석련지	1965	기타	3	충북	보수
125	국보64호	보은 법주사 석련지	1970	기타	4	충북	주변정비(보호각 건립)
126	국보64호	보은 법주사 석련지	1989	기타	3	충북	균열부 및 파손부위를 합성수지를 사용 충진보강 후, 고색처리함(자연적인 풍화와 암석재질자체 원인)
127	국보77호	의성 탑리리 오층석탑	1978	탑	5	경북	풍화가 심하여 정밀조사

No	지정번호	문화재명	보수 년도	유형별 분류	보수 구분	지역	보수내역
128	국보77호	의성 탑리리 오층석탑	1990	탑	3	경북	균열부분 접착 보수, 보호책 설치 등 주변정비(암석 재질자체가 풍화를 받기 쉬운 재질)
129	국보77호	의성 탑리리 오층석탑	1999	탑	4	경북	주변정비
130	국보77호	의성 탑리리 오층석탑	2003	탑	3	경북	초본류 제거(모전형식의 석탑으로 표면 풍화가 심한 상태임)
131	국보84호	서산 용현리 마애여래삼존상	1964	불상	4	충남	비바람을 피할 수 있는 보호각 건립 및 주변정비
132	국보84호	서산 용현리 마애여래삼존상	1984	불상	4	충남	보호각 누수현상과 기와파손에 대한 조치를 실시
133	국보84호	서산 용현리 마애여래삼존상	1994	불상	4	충남	주변정비(진입로 계단, 배수로 설치)
134	국보84호	서산 용현리 마애여래삼존상	2006	불상	5	충남	마애불 상부 및 주변 암반에 대한 구조적 정밀진단 실시
135	국보84호	서산 용현리 마애여래삼존상	2008	불상	3	충남	균열부분 접착복원, 세척
136	국보84호	서산 용현리 마애여래삼존상	2014	불상	3,4	충남	예비조사, 세척, 물길작업, 수지처리 및 충진, 강화보 완 작업, 강화발수처리, 주변정비공사
137	국보86호	개성 경천사지 십층석탑	2005	탑	1	서울	해체 후 보존처리하여 국립중앙박물관 이전복원 (1995년~25년)
138	국보99호	김천 갈항사지 동.서 삼층석탑	2006	탑	1	서울	국립중앙박물관 이전복원(1916년 도굴로 도괴 후 경복궁으로 이전복원)
139	국보100호	개성 남계원지 칠층석탑	1968	탑	1	서울	이전(국립중앙박물관)
140	국보11호	원주 법천사지 지광국사탑	1994	탑	1	강원	이전(국립중앙박물관)
141	국보103호	광양 중흥산성 쌍사자 석등	1992	석등	1	광주	위치이전
142	국보104호	(전)원주 흥법사지 염거화상탑	1994	탑	1	서울	이전(국립중앙박물관)
143	국보109호	군위 아미타여래사존 석굴	1963	기타	4	경북	주변정비(계단보수)
144	국보109호	군위 아미타여래사존 석굴	1977	기타	3	경북	주변 모전탑 보수
145	국보109호	군위 아미타여래사존 석굴	1996	기타	4	경북	주변정비(소하천석축정비)
146	국보109호	군위 아미타여래사존 석굴	2001	기타	3	경북	우측 보살의 두광부분 강회 모르타르 제거(상부 누 수현상으로 습기발생 문제점)
147	국보112호	경주 감은사지 삼층석탑(서)	1995	탑	2	경북	27년 현재, 정밀보존처리 중에 있음(3층 옥개석 해 체 복원, 표면세척, 균열부분 접착복원 등) 전체적으 로 표면 박리가 심하고 구조적으로 위험하여 보수
148	국보112호	경주 감은사지 삼층석탑(동)	1996	탑	2	경북	구조적 붕괴위험으로 해체보수, 갑석부분의 결실, 응회암질로 풍화를 받기 쉬워 박리박락이 심함
149	국보112호	경주 감은사지 삼층석탑(동)	1998	탑	3	경북	합성수지 처리면 이질감으로 재처리 실시
150	국보112호	경주 감은사지 동.서 삼층석탑	2000	탑	5	경북	구조적 정밀 안전진단실시
151	국보112호	경주 감은사지 삼층석탑(동)	2002	탑	3	경북	1층 옥개석 부분 탈락된 부분 재처리
152	국보112호	경주 감은사지 동.서 삼층석탑	2011	탑	6	경북	해체수리보고서
153	국보122호	양양 진전사지 삼층석탑	1968	탑	2	강원	적심침하로 구조적 해체 보수, 주변정비
154	국보122호	양양 진전사지 삼층석탑	1980	탑	4	강원	주변정비(보호각 설치)
155	국보130호	구미 죽장리 오층석탑	1972	탑	2	경북	적심침하로 인한 구조적 붕괴 위험. 해체복원, 실측

No	지정번호	문화재명	보수년도	유형별분류	보수구분	지역	보수내역
156	국보130호	구미 죽장리 오층석탑	1997	탑	4	경북	주변석축 등 주변정비
157	국보130호	구미 죽장리 오층석탑	2004	탑	3	경북	초본류, 지의류 등 표면오염물 제거
158	국보144호	영암 월출산 마애여래좌상	1995	불상	4	전남	월출산마애불 주변 용암사지 도괴, 방치되어 있는 석탑 수습 후 복원
159	국보144호	영암 월출산 마애여래좌상	1997	불상	4	전남	주변정비(계단 및 석축설치)
160	국보144호	영암 월출산 마애여래좌상	2012	불상	3	전남	상태조사, 건식세척, 습식세척, 암석강화처리, 수지보강
161	국보147호	울주 천전리 각석	1974	기타	4	울산	주변정비(보호각 설치)
162	국보187호	영양 산해리 오층모전석탑	1980	탑	4	경북	주변정비(보호각 설치)
163	국보187호	영양 산해리 오층모전석탑	1989	탑	2	경북	도괴우려로 해체보수(내부적심을 강회로 채워 탄산칼슘이 석출 백화현상이 발생,재질이 사암으로 표면풍화가 심함)
164	국보187호	영양 산해리 오층모전석탑	1999	탑	3	경북	백화제거 및 세척
165	국보187호	영양 산해리 오층모전석탑	2000	탑	4	경북	석축보수 및 주변정비
166	국보187호	영양 산해리 오층모전석탑	2002	탑	3	경북	석탑표면에 자생하는 초본류 제거
167	국보187호	영양 산해리 오층모전석탑	2005	탑	3	경북	백화 제거, 세척
168	국보187호	영양 산해리 오층모전석탑	2010	탑	3	경북	예비조사, 건식세척, 습식세척, 줄눈교체, 강화처리
169	국보187호	영양 산해리 오층모전석탑	2014	탑	2,3,5	경북	부분해체, 3D스캔, 부재분류 및 접합, 석탑 복원, 백화제거, 줄눈제거, 줄눈교체
170	국보198호	단양 신라 적성비	1979	비	4	충북	1978년 비 발견 후 보호각 건립
171	국보198호	단양 신라 적성비	1981	비	3	충북	주변정비(보호각 설치), 균열부분 접착 복원
172	국보198호	단양 신라 적성비	1998	비	4	충북	주변정비
173	국보199호	경주 단석산 신선사 마애불상군	1994	불상	4	경북	마애불 표면오염으로 세척 후 풍화방지를 위한 보호각 건립
174	국보199호	경주 단석산 신선사 마애불상군	2012	불상	3,4	경북	예비조사, 건식.습식세척, 균열부 수지처리, 3D스캔 및 기울기 측정, 주변정비
175	국보21호	봉화 북지리 마애여래좌상	1983	불상	4	경북	표면 풍화가 심하여 풍화 방지를 위해 보호각 건립
176	국보21호	봉화 북지리 마애여래좌상	2006	불상	3	경북	표면 오염물제거 등 보존처리
177	국보201호	봉화 북지리 마애여래좌상	2011	불상	3,4,5	경북	보호각 개축, 과학적 조사, 3D스캔, 건식세척, 습식세척, 균열부 수지처리, 암석탈락부 복원 및 보강
178	국보201호	봉화 북지리 마애여래좌상	2012	불상	3,4,5	경북	과학적 분석, 3D스캔, 건식세척, 습식세척, 균열부 수지처리, 무릎, 손 복원, 암석탈락부 복원
179	국보205호	충주 고구려비	1981	비	4	충북	주변정비(비각신축)
180	국보205호	충주 고구려비	2006	비	4	충북	주변정비
181	국보228호	천상열차분야지도 각석	1992	기타	3	서울	균열된 부분 접착 복원
182	국보233-1호	산청 석남암사지 석조비로자나불좌상	1988	불상	3	경남	균열부분 접착복원

No	지정번호	문화재명	보수년도	유형별 분류	보수구분	지역	보수내역
183	국보233-1호	산청 석남암사지 석조비로자나불좌상	2003	불상	3	경남	표면오염물 제거, 주변정비
184	국보236호	경주 장항리 서 오층석탑	1966	탑	2	경북	계곡에 있는 부재를 수습하여 복원하였음(탑 내에 납입한 보물을 훔치기 위해 1933년 도굴꾼이 도괴시킴)
185	국보236호	경주 장항리 서 오층석탑	2009	탑	3	경북	구 보수부 제거 및 재처리, 부재복원, 세척
186	국보236호	경주 장항리 서 오층석탑	2011	탑	3	경북	예비조사, 몰탈제거, 수지충전, 수지표면 질감처리, 고색처리
187	국보242호	울진 봉평리 신라비	1989	비	4	경북	균열부분 수지 충진, 주변정비(비각신축)
188	국보242호	울진 봉평리 신라비	2001	비	3	경북	세척
189	국보242호	울진 봉평리 신라비	2013	비	3	경북	예비조사, 기록화작업, 세척, 탈염처리, 균열 및 절리부위 충진.보강
190	국보242호	울진 봉평리 신라비	2013	비	6	경북	복제, 안내판
191	국보264호	영일냉수리신라비	1992	비	4	경북	주변정비(보호각 건립)
192	국보289호	익산 왕궁리 오층석탑	1965	탑	2	전북	해체복원(구조적 위험성)
193	국보289호	익산 왕궁리 오층석탑	1965	탑	5	전북	보수, 발굴조사
194	국보289호	익산 왕궁리 오층석탑	1973	탑	4	전북	보호책 설치
195	국보289호	익산 왕궁리 오층석탑	1999	탑	4	전북	주변정비(보호책 정비)
196	국보289호	익산 왕궁리 오층석탑	2015	탑	3,4	전북	세척, 수지작업 및 고색처리, 드잡이 및 석재성형, 강화발수처리, 보호휀스 설치
197	국보290호	양산 통도사 대웅전 및 금강계단	2009	기타	3	경남	세척, 콘크리트 강화처리, 탈염처리, 강화처리, 접합 및 고정처리, 콘크리트 제거와 줄눈, 바닥정비
198	국보307호	태안 동문리 마애삼존불입상	1974	불상	4	충남	보호각 설치
199	국보307호	태안 동문리 마애삼존불입상	1995	불상	3	충남	석불드잡이, 균열부분 접착 복원(당초 하반신이 묻혀 있어 발굴로 노출시킴, 앞으로 기울어져 있던 마애불상과 모암을 접착시킴)
200	국보307호	태안 동문리 마애삼존불입상	1996	불상	3	충남	석불드잡이, 보호각 단청
201	국보307호	태안 동문리 마애삼존불입상	1996	불상	4,5	충남	시굴조사, 불상드잡이, 접착 보존처리, 보호각 해체 및 신축
202	국보307호	태안 동문리 마애삼존불입상	1997	불상	4	충남	석축정비, 진입로정비
203	국보307호	태안 동문리 마애삼존불입상	2008	불상	3	충남	세척, 배수로 정비
204	국보308호	해남 대흥사 북미륵암 마애여래좌상	1969	불상	4	전남	보호각 중수
205	국보308호	해남 대흥사 북미륵암 마애여래좌상	1994	불상	4	전남	주변정비(축대, 계단 보수) 마애불앞 석탑부재 수습복원
206	국보308호	해남 대흥사 북미륵암 마애여래좌상	1995	불상	4	전남	마애불 옆 석탑해체복원,
207	국보308호	해남 대흥사 북미륵암 마애여래좌상	2006	불상	4	전남	주변정비(배수로설치, 보호각 해체)

No	지정번호	문화재명	보수년도	유형별 분류	보수구분	지역	보수내역
208	국보312호	경주 남산 칠불암 마애불상군	1996	불상	3	경북	코 등 균열부분 수지처리, 보호책 설치(코 부분에 대한 보수 후 논란이 많았음)
209	국보312호	경주 남산 칠불암 마애불상군	2012	불상	3	경북	예비조사, 건식세척, 습식세척, 기공사부 제거 및 면처리
210	국보315호	문경 봉암사 지증대사탑비	1966	비	2	경북	해체복원
211	국보315호	문경 봉암사 지증대사탑비	1979	비	4	경북	보호각 설치
212	국보323호	논산 관촉사 석조미륵보살입상	1968	불상	3	충남	균열접착, 시멘트제거, 복원
213	국보323호	논산 관촉사 석조미륵보살입상	1994	불상	4	충남	주변정비, 불단보수
214	국보323호	논산 관촉사 석조미륵보살입상	1999	불상	4	충남	주변정비
215	국보323호	논산 관촉사 석조미륵보살입상	2000	불상	3	충남	석불입상보수
216	국보323호	논산 관촉사 석조미륵보살입상	2004	불상	4	충남	배수로정비, 보존처리
217	보물3호	서울 원각사지 대원각사비	1979	비	4	서울	배수로 정비 등 주변정비
218	보물3호	서울 원각사지 대원각사비	1998	비	4	서울	비신의 풍화방지를 위해 보호각 건립
219	보물4호	안양 중초사지 당간지주	1999	당간	2	경기	지주 해체복원, 석축보수
220	보물6호	여주 고달사지 원종대사탑비	1979	비	3	경기	귀부 및 이수 보수(에폭시수지)
221	보물6호	여주 고달사지 원종대사탑비	2014	비	2,4	경기	기초 및 기단공사, 계단설치, 파뢰설비 설치공사
222	보물6호	여주 고달사지 원종대사탑비	2014	비	3	경기	비신복제, 예비조사, 건식세척, 비신복원
223	보물7호	여주 고달사지 원종대사탑	1986	탑	3	경기	접착
224	보물9호	용인 서봉사지 현오국사비	1979	비	4	경기	주변정비(보호각 건립)
225	보물9호	용인 서봉사지 현오국사비	2012	비	3,4	경기	세척, 수지처리, 발수처리, 주변정비
226	보물10호	강화 장정리 오층석탑	2004	탑	4	인천	석탑주변 정비
227	보물12호	하남 동사지 오층석탑	1965	탑	3	경기	보수
228	보물13호	하남 동사지 삼층석탑	1965	탑	3	경기	보수
229	보물13호	하남 동사지 삼층석탑	2000	탑	4	경기	석탑보수, 주변정비
230	보물14호	수원 창성사지 진각국사탑비	1965	비	1	경기	이전
231	보물15호	보은 법주사 사천왕 석등	1965	석등	3	충북	보수
232	보물15호	보은 법주사 사천왕 석등	1989	석등	1	충북	이전
233	보물15호	보은 법주사 사천왕 석등	2010	석등	3	충북	세척, 균열부분 접착 복원, 고임쇠 교체
234	보물16호	충주 억정사지 대지국사탑비	1984	비	1	충북	청주댐 수몰로 이전복원
235	보물16호	충주 억정사지 대지국사탑비	1997	비	4	충북	보호각 건립
236	보물17호	충주 정토사지 법경대사탑비	1971	비	2	충북	해체 복원, 주변정비(보호책 설치)
237	보물17호	충주 정토사지 법경대사탑비	1997	비	4	충북	보호각 건립
238	보물18호	청양 서정리 구층석탑	1965	탑	2	강원	해체(구조적 불안정으로 도괴 우려)
239	보물18호	청양 서정리 구층석탑	1992	탑	4	강원	보호각 설치 등 주변정비

No	지정번호	문화재명	보수년도	유형별분류	보수구분	지역	보수내역
240	보물18호	청양 서정리 구층석탑	2004	탑	4	충남	배수로 설치, 보존처리(주변 논으로 둘러싸여 벼농사 경작 시, 지하수의 영향을 받아 풍화를 촉진시키고 있음)
241	보물19호	보령 성주사지 중앙 삼층석탑	1971	탑	2	충남	해체 보수, 보호책 설치
242	보물20호	보령 성주사지 중앙 삼층석탑	1971	탑	2	충남	해체 보수, 보호책 설치
243	보물20호	보령 성주사지 중앙 삼층석탑	1999	탑	3	충남	접착
244	보물20호	보령 성주사지 중앙 삼층석탑	2014	탑	2,3	충남	예비조사, 해체, 세척, 수지처리 및 접합복원, 발수강화처리, 조립
245	보물21호	부여 당 유인원 기공비	1978	비	1	충남	이전, 보호각 설치
246	보물22호	김제 금산사 노주	2005	기타	3	전북	지의류, 이끼류 등 표면 세척
247	보물22호	김제 금산사 노주	2013	기타	3	전북	예비조사, 세척, 석재 강화처리
248	보물23호	김제 금산사 석련대	2006	기타	3	전북	지의류 등 표면오염물제거(증류수를 사용 세척)
249	보물23호	김제 금산사 석련대	2006	기타	3	전북	세척, 표면경화처리
250	보물23호	김제 금산사 석련대	2013	기다	3	전북	예비조사, 건식세척, 습식세척, 합성수지 접합 및 복원작업, 발수강화처리
251	보물24호	김제 금산사 혜덕왕사탑비	2002	비	3	전북	지의류 등 표면 생물제거(세척), 퇴적암으로 표면 풍화가 심함(보호각 건립)
252	보물25호	김제 금산사 오층석탑	1971	탑	2	전북	해체 복원, 보호책 설치(중심침하현상으로 구조적 불안정)
253	보물25호	김제 금산사 오층석탑	2005	탑	3	전북	미색으로 칠해져 있는 표면 오염물제거(약하게 거)
254	보물26호	김제 금산사 금강계단	2006	기타	3	전북	지의류 등 표면오염물 제거
255	보물26호	김제 금산사 금강계단	2006	기타	3	전북	세척, 표면경화처리
256	보물27호	김제 금산사 육각 다층석탑	1989	탑	2	전북	해체보수 및 보존처리(5층 옥개가 많이 파손되어 보존처리 실시)
257	보물27호	김제 금산사 육각 다층석탑	2005	탑	3	전북	균열부 접착, 표면오염물제거(점판암으로 비늘모양처럼 박리됨)
258	보물27호	김제 금산사 육각 다층석탑	2014	탑	2,3,4	전북	해체보수, 세척, 함침강화처리, 수지처리, 접합 및 복원, 고색처리, 주변정비공사
259	보물28호	김제 금산사 당간지주	2013	당간	3	전북	예비조사, 세척, 석재 강화처리
260	보물29호	김제 금산사 심원암 삼층석탑	1971	탑	2	전북	해체 복원, 보호책 설치(기단이 일부 파손되고 1층 탑신이 도굴, 탑신부 우주 3개가 완전 파손되고 흐트러진 것을 해체 조립
261	보물29호	김제 금산사 심원암 삼층석탑	1996	탑	3	전북	균열부분 접착(2층 탑신석 수지처리)과 손실부위 신석 복원
262	보물29호	김제 금산사 심원암 삼층석탑	2005	탑	4	전북	주변 수목제거, 순례길 설치 등 주변정비(산속내부에 위치)
263	보물30호	남원 만복사지 오층석탑	1968	탑	2	전북	해체보수, 복원조립(기단부를 확인하기 위해 해체)
264	보물30호	남원 만복사지 오층석탑	1987	탑	4	전북	주변정비(보호각)
265	보물31호	남원 만복사지 석조대좌	2014	기타	3	전북	3D스캔, 세척, 수지처리 및 성형, 강화발수처리

No	지정번호	문화재명	보수 년도	유형별 분류	보수 구분	지역	보수내역
266	보물33호	남원 실상사 수철화상탑	1983	탑	3	전북	접착
267	보물33호	남원 실상사 수철화상탑	2011	탑	3,4	전북	주변정비, 상태조사, 건식세척, 습식세척, 고색처리
268	보물34호	남원 실상사 수철화상탑비	2002	비	3	전북	지의류 제거 등 세척, 균열부분 접착복원, 좌대 응급 처리
269	보물35호	남원 실상사 석등	1964	석등	2	전남	해체보수
270	보물35호	남원 실상사 석등	2001	석등	3	전북	보수
271	보물35호	남원 실상사 석등	2010	석등	3	전북	예비조사, 건식세척, 습식세척, 접착 및 보강, 고색 처리
272	보물36호	남원 실상사 승탑	2002	탑	2	전북	해체보수, 배수로공사, 보호책공사
273	보물37호	남원 실상사 동.서 삼층석탑	1983	탑	3	전북	접착
274	보물37호	남원 실상사 동.서 삼층석탑	1997	탑	2	전북	동, 서탑 해체복원, 보존처리
275	보물37호	남원 실상사 동.서 삼층석탑	2004	탑	3	전북	보존처리 및 실측 실시
276	보물37호	남원 실상사 동.서 삼층석탑	2010	탑	3	전북	상태조사, 건식세척, 습식세척, 박리박락 및 균열부 에 대한 수지처리, 찰주 강화처리
277	보물38호	남원 실상사 증각대사탑	1964	탑	2	전북	해체보수
278	보물38호	남원 실상사 증각대사탑	2004	탑	3	전북	보존처리
279	보물39호	남원 실상사 증각대사탑비	2004	비	3	전북	보존처리
280	보물40호	남원 실상사 백장암 석등	1971	석등	2	전북	복원
281	보물40호	남원 실상사 백장암 석등	1980	석등	3	전북	절단부분 접착복원
282	보물42호	남원 용담사지 석조여래입상	1998	불상	4	전북	석축, 기단정비, 보호각 건립
283	보물42호	남원 용담사지 석조여래입상	2009	불상	3	전북	세척, 균열부분 접착
284	보물43호	남원 만복사지 석조여래입상	1998	불상	3	전북	접착(절단부)
285	보물43호	남원 만복사지 석조여래입상	2010	불상	3	전북	상태조사, 건식세척, 습식세척, 박리박락 및 균열부 에 대한 수지처리
286	보물45호	익산 연동리 석조여래좌상	1989	불상	3	전북	균열 재접착
287	보물46호	익산 연동리 석조여래좌상	1973	불상	4	전북	보호책 설치, 배수로 설치
288	보물46호	익산 연동리 석조여래좌상	1980	불상	4	전북	주변정비(보호각 설치)
289	보물47호	보령 성주사지 서 삼층석탑	2014	탑	3	충남	예비조사, 세척, 기처리제 제거, 수지처리 및 충진, 강화발수처리
290	보물49호	나주 동점문 밖 석당간	1973	당간	4	전남	주변정비
291	보물49호	나주 동점문 밖 석당간	1991	당간	4	전남	보호책 설치 등 주변정비
292	보물50호	나주 북망문 밖 삼층석탑	1973	탑	3	전남	갑석 접착복원 등 부분 보수
293	보물50호	나주 북망문 밖 삼층석탑	2005	탑	1	전남	심향사로 이전 복원(과거기록도 있고 관리가 잘 되 는 사찰로 이전)
294	보물51호	문경 내화리 삼층석탑	1979	탑	4	경북	주변정비(보호각 설치)

No	지정번호	문화재명	보수년도	유형별분류	보수구분	지역	보수내역
295	보물51호	문경 내화리 삼층석탑	2001	탑	4	경북	석축정비(일찍이 무너진 것을 1960년 9월 수습 복원)
296	보물52호	봉화 서동리 동.서 삼층석탑	1962	탑	2	경북	기단부가 땅속에 파묻혀 있고 기울어짐의 상태가 심하여 해체 복원(적심침하 등의 원인)
297	보물52호	봉화 서동리 동.서 삼층석탑	1978	탑	4	경북	보호각 설치
298	보물52호	봉화 서동리 동.서 삼층석탑	2005	탑	3	경북	주변수목제거, 이끼류, 지의류 제거, 배수로 정비 등 보수실시
299	보물52호	봉화 서동리 동.서 삼층석탑	2007	탑	3	경북	지의류 등 세척, 균열부분 접착, 경화처리
300	보물53호	예천 개심사지 오층석탑	1978	탑	2	경북	해체복원, 주변정비
301	보물53호	예천 개심사지 오층석탑	2000	탑	3	경북	석탑보수
302	보물53호	예천 개심사지 오층석탑	2005	탑	3	경북	세척, 균열부분 접착복원
303	보물53호	예천 개심사지 오층석탑	2006	탑	4	경북	배수로 설치(탑 주변이 논으로 경작 시 기단일부가 물속에 잠긴 상태로 있음)
304	보물54호	고령 지산리 당간지주	2003	당간	4	경북	발굴조사, 당간지주 보수, 배수관설치
305	보물57호	안동 조탑리 오층전탑	1968	탑	3	경북	보수
306	보물57호	안동 조탑리 오층전탑	1975	탑	4	경북	보호각 설치
307	보물57호	안동 조탑리 오층전탑	2002	탑	4	경북	기단보수, 주변정비
308	보물57호	안동 조탑리 오층전탑	2004	탑	3	경북	표면 오염물 제거 등 세척 실시
309	보물59호	영주 숙수사지 당간지주	2003	당간	3	경북	주변 소나무 제거 및 지의류 등 표면세척(소수서원 내부에 위치 주변소나무에 의해 풍화가 가속되고 있었음)
310	보물60호	영주 영주동 석조여래입상	1988	불상	1	경북	이전
311	보물61호	경주 불국사 사리탑	2000	탑	4	경북	보수, 보호각 보수
312	보물62호	경주 서악동 마애여래삼존입상	1976	불상	3	경북	복원
313	보물62호	경주 서악동 마애여래삼존입상	2000	불상	3	경북	석불보수(석불자체가 풍화가 심함)
314	보물62호	경주 서악동 마애여래삼존입상	2001	불상	3	경북	보존처리(세척, 수지처리, 고색처리), 박석깔기
315	보물62호	경주 서악동 마애여래삼존입상	2011	불상	3,4	경북	과학적 조사, 3D스캔, 철제파이프 강화처리, 주변정비
316	보물63호	경주 배동 석조여래삼존입상	1971	불상	2	경북	해체수리
317	보물63호	경주 배동 석조여래삼존입상	1986	불상	3	경북	균열부분 접착복원
318	보물63호	경주 배동 석조여래삼존입상	1988	불상	4	경북	보호각 건립
319	보물63호	경주 배동 석조여래삼존입상	1993	불상	3	경북	세척
320	보물63호	경주 배동 석조여래삼존입상	2008	불상	4	경북	수목제거, 담자제거 등 주변정비
321	보물64호	경주 보문사지 석조	1981	기타	4	경북	주변정비(보호각 설치)
322	보물64호	경주 보문사지 석조	2007	기타	4	경북	보호책 정비 등 주변정비
323	보물64조	경주 보문사지 석조	2008	기타	4	경북	배수로정비 등 주변정비
324	보물65호	경주 서악동 삼층석탑	1995	탑	2	경북	해체복원(적심침하 현상)

No	지정번호	문화재명	보수년도	유형별분류	보수구분	지역	보수내역
325	보물65호	경주 서악동 삼층석탑	2004	탑	3	경북	지의류 등 표면 세척(무리한 세척으로 논란이 있었음)
326	보물66호	경주 석빙고	1963	기타	4	경북	주변정비(계단보수)
327	보물66호	경주 석빙고	2003	기타	3	경북	이끼류 제거, 조명개선, 배수로 정비(내부 습기로 이끼류 등 생물자생이 심함)
328	보물66호	경주 석빙고	2014	기타	3,4,5	경북	내시경촬영, 배수.통기 실험, 생물오염물 제거, 장대석 설치, 조명 교체, 출입문 교체
329	보물67호	경주 효현동 삼층석탑	1973	탑	2	경북	해체복원, 실측
330	보물67호	경주 효현동 삼층석탑	2001	탑	3	경북	보존처리(신재보충, 고색처리) 지반 성토 및 다짐
331	보물67호	경주 효현동 삼층석탑	2009	탑	3,4	경북	표면세척, 기단부 정비, 이정표 설치
332	보물68호	경주 황남동 효자 손시양 정려비	2008	비	4	경북	보호각 개축
333	보물71호	함안 대산리 석조삼존상	2003	불상	4	경남	주변정비, 토지매입
334	보물71호	함안 대산리 석조삼존상	2006	불상	3	경남	큰 수목아래 설치되어 있어 생물, 오염물이 많이 자생하여 표면오염물제거, 시멘트 모르타르 부분처리
335	보물72호	산청 단속사지 동 삼층석탑	1972	탑	2	경남	해체 복원
336	보물72호	산청 단속사지 동 삼층석탑	1998	탑	4	경남	주변정비(당간지주보수)
337	보물73호	산청 단속사지 서 삼층석탑	1967	탑	2	경남	해체복원
338	보물73호	산청 단속사지 서 삼층석탑	1983	탑	3	경남	접착
339	보물73호	산청 단속사지 서 삼층석탑	2007	탑	3	경남	표면오염물 제거, 시멘트 몰탈 제거 등 보존처리
340	보물74호	양산 통도사 국장생 석표	1970	기타	4	경남	주변정비
341	보물75호	창녕 송현동 마애여래좌상	1967	불상	4	경남	주변정비
342	보물75호	창녕 송현동 마애여래좌상	2000	불상	4	경남	좌상암반 보존처리, 보호각 단청 보수
343	보물76호	춘천 근화동 당간지주	2014	당간	3	강원	세척, 균열부 수지처리, 강화발수처리
344	보물77호	춘천 칠층석탑	2000	탑	1	강원	주변정비하면서 옆으로 해체이전복원, 보존처리, 보호각 설치(도심 한 가운데 위치,중앙 적심부 침하로 도괴우려로 해체) 6.25때 심하게 훼손
345	보물77호	춘천 칠층석탑	2002	탑	4	강원	주변정비
346	보물78호	원주 거돈사지 원공국사탑비	1986	비	4	강원	주변정비
347	보물78호	원주 거돈사지 원공국사탑비	1999	비	4	강원	보호책 주변정비
348	보물78호	원주 거돈사지 원공국사탑비	2006	비	3	강원	표면오염물 제거 등 주변정비
349	보물79호	홍천 희망리 삼층석탑	2000	탑	4	강원	보호책 정비
350	보물79호	홍천 희망리 삼층석탑	2012	탑	3,4	강원	예비조사, 세척, 기공사부 제거 및 면처리, 석재수지 처리, 찰주공 충진, 고임쇠 설치, 주변정비
351	보물80호	홍천 희망리 당간지주	1978	당간	4	강원	보호각 설치
352	보물80호	홍천 희망리 당간지주	2000	당간	4	강원	낙서제거, 보호각 설치, 주변정비
353	보물80호	홍천 희망리 당간지주	2013	당간	3,4	강원	세척, 수지처리, 풍화억제처리, 당간지주 주변 마사토 포장공사

No	지정번호	문화재명	보수년도	유형별분류	보수구분	지역	보수내역
354	보물82호	강릉 대창리 당간지주	1966	당간	4	강원	보호각 설치(대창리 당간지주)
355	보물82호	강릉 대창리 당간지주	1981	당간	4	강원	보호각 설치
356	보물83호	강릉 수문리 당간지주	1966	당간	4	강원	수문리 당간지주 보호각 설치
357	보물83호	강릉 수문리 당간지주	1981	당간	4	강원	보호각 설치
358	보물84호	강릉 신복사지 석조보살좌상	1990	불상	2	강원	해체보수, 모르타르 제거, 수지충진, 보호각 설치
359	보물84호	강릉 신복사지 석조보살좌상	2001	불상	3	강원	석불, 석탑 보존처리(세척, 접합, 경화처리) 배수로, 안내판설치
360	보물84호	강릉 신복사지 석조보살좌상	2008	불상	4	강원	배수로 정비 등 주변정비
361	보물84호	강릉 신복사지 석조보살좌상	2010	불상	3	강원	건식세척, 습식세척, 수지처리, 고색처리 및 발수경화처리
362	보물86호	강릉 굴산사지 당간지주	1966	당간	4	강원	울타리 공사
363	보물86호	강릉 굴산사지 당간지주	1980	당간	4	강원	주변정비(보호각 설치)
364	보물87호	강릉 신복사지 삼층석탑	1983	탑	3	강원	접착복원
365	보물87호	강릉 신복사지 삼층석탑	1989	탑	3	강원	보수(석불좌상)
366	보물87호	강릉 신복사지 삼층석탑	1990	탑	4	강원	정비(보호책교체, 잔디식재)
367	보물87호	강릉 신복사지 삼층석탑	2008	탑	4	강원	배수로 정비 등 주변정비
368	보물87호	강릉 신복사지 삼층석탑	2010	탑	3	강원	건식세척, 습식세척, 수지처리, 고색처리 및 발수경화처리
369	보물89호	영암 도갑리 석조여래좌상	1997	불상	4	전남	미륵전 보수, 주변정비
370	보물91호	여주 창리 삼층석탑	1995	탑	4	경기	주변정비
371	보물92호	여주 하리 삼층석탑	1995	탑	4	경기	주변정비
372	보물93호	파주 용미리 마애이불입상	1971	불상	4	경기	주변정비
373	보물93호	파주 용미리 마애이불입상	2013	불상	3,4	경기	세척, 목본식물 고사처리, 균열부 수지처리, 발수강화처리, 하단부 공간 메움처리
374	보물93호	파주 용미리 마애이불입상	2015	불상	3,5	경기	세척, 균열부 수지충전, 암석강화처리, 산화오염물 제거, 기보수부 면정리, 금석문 3D스캔
375	보물94호	제천 사자빈신사지 사사자 구층석탑	1984	탑	4	충북	주변정비
376	보물94호	제천 사자빈신사지 사사자 구층석탑	2003	탑	3	충북	세척, 박리부분접착
377	보물94호	제천 사자빈신사지 사사자 구층석탑	2014	탑	4	충북	지반정비공사, 석탑 주변정비공사,
378	보물96호	충주 미륵리 석조여래입상	1969	불상	4	충북	석불입상 주위 보호벽보수
379	보물96호	충주 미륵리 석조여래입상	2003	불상	4	충북	주변정비
380	보물97호	괴산 연풍리 마애불병좌상	1979	불상	4	충북	보호각 설치
381	보물97호	괴산 연풍리 마애불병좌상	2001	불상	3	충북	세척
382	보물99호	천안 천흥사지 당간지주	1974	당간	2	충남	보호각 설치, 기단해체 복원

No	지정번호	문화재명	보수년도	유형별분류	보수구분	지역	보수내역
383	보물100호	당진 안국사지 석조여래삼존입상	1996	불상	4	충남	주변정비
384	보물100호	당진 안국사지 석조여래삼존입상	2011	불상	3	충남	건식세척, 습식세척, 수지충진, 강화처리
385	보물101호	당진 안국사지 석탑	1996	탑	4	충남	주변정비
386	보물102호	서산 보원사지 석조	1974	기타	4	충남	보호각 설치
387	보물102호	서산 보원사지 석조	2005	기타	3	충남	균열부분 접착 복원, 석조 하부 지반보강 후 재안치
388	보물102호	서산 보원사지 석조	2014	기타	3	충남	예비조사, 세척, 기처리제 제거, 수지처리 및 충진, 강화발수처리, 상부 보존처리
389	보물103호	서산 보원사지 당간지주	1974	당간	4	충남	보호각 설치
390	보물103호	서산 보원사지 당간지주	2005	당간	3	충남	지의류 등 오염물제거, 비표면 박리된 부분 접착복원(생물학적 피해 사례)
391	보물104호	서산 보원사지 오층석탑	1968	탑	2	충남	중앙부 침하에 따른 구조적 위험성(적심부 석출)으로 해체복원실시
392	보물104호	서산 보원사지 오층석탑	1974	탑	4	충남	보호각 설치
393	보물104호	서산 보원사지 오층석탑	2002	탑	2	충남	중앙부 침하에 따른 구조적 위험성으로 해체복원과 세척실시
394	보물104호	서산 보원사지 오층석탑	2014	탑	3	충남	예비조사, 세척, 기처리제 제거, 수지처리 및 충진, 강화발수처리, 상부 보존처리
395	보물105호	서산 보원사지 법인국사탑	1968	탑	2	충남	부도 내 유물을 절취하기 위해 부도 훼손, 도괴된 부도 복원
396	보물105호	서산 보원사지 법인국사탑	1974	탑	4	충남	보호각 설치
397	보물105호	서산 보원사지 법인국사탑	2004	탑	2	충남	도굴 미수로 이완된 부재를 재배열하기 위해 부분 해체복원, 세척, 균열부분 접착복원
398	보물106호	서산 보원사지 법인국사탑비	1974	비	4	충남	보호각 설치
399	보물106호	서산 보원사지 법인국사탑비	2005	비	3	충남	지의류 등 오염물제거, 비표면 박리된 부분 접착복원
400	보물107호	부여 보광사지 대보광선사비	1987	비	1	충남	이전
401	보물108호	부여 정림사지 석조여래좌상	1992	불상	4	충남	보호각 건립
402	보물108호	부여 정림사지 석조여래좌상	1998	불상	4	충남	보호각 보수
403	보물108호	부여 정림사지 석조여래좌상	2004	불상	3	충남	시멘트모르타르 부분 재처리, 표면 세척
404	보물109호	(전)광주 성거사지 오층석탑	1961	탑	2	광주	해체보수
405	보물109호	(전)광주 성거사지 오층석탑	1973	탑	3	광주	보수
406	보물109호	(전)광주 성거사지 오층석탑	1997	탑	3	광주	보존처리, 배수로설치, 주변정비
407	보물109호	(전)광주 성거사지 오층석탑	2006	탑	4	광주	주변정비 (바닥정비)
408	보물109호	(전)광주 성거사지 오층석탑	2013	탑	3	광주	예비조사, 건식세척, 습식세척, 방청처리, 구 보수부 재처리
409	보물110호	광주 지산동 오층석탑	1961	탑	2	광주	1955년 해체보수 했으며 1961년에는 일부 부재를 교체하였음

No	지정번호	문화재명	보수 년도	유형별 분류	보수 구분	지역	보수내역
410	보물110호	광주 지산동 오층석탑	1980	탑	4	광주	보호각 설치
411	보물110호	광주 지산동 오층석탑	1989	탑	4	광주	보호책 설치 및 주변정비
412	보물110호	광주 지산동 오층석탑	2012	탑	3	광주	예비조사, 건식세척, 습식세척
413	보물111호	담양 개선사지 석등	1991	석등	2	전남	해체복원, 파손부재교체, 주변정비(보호각 설치, 배수로설치)
414	보물111호	담양 개선사지 석등	2001	석등	3	전남	석등보수(파손부위접합), 석축, 주차장공사
415	보물111호	담양 개선사지 석등	2004	석등	2	전남	기단부 교체, 합성수지로 접착부분 재처리 등 해체복원(사암재질로 풍화가 심하여 계속해서 수리복원 실시)
416	보물111호	담양 개선사지 석등	2012	석등	3,4	전남	건식세척, 습식세척, 수지복원처리, 발수경화처리(하대석), 주변정비
417	보물112호	광양 중흥산성 삼층석탑	2000	탑	4	전남	석축 및 기단 설치, 배수로 정비
418	보물112호	광양 중흥산성 삼층석탑	2001	탑	4	전남	석축 및 기단, 계단정비, 배수로정비(1930년 일본인에 의해 완전 해체되었음)
419	보물112호	광양 중흥산성 삼층석탑	2009	탑	3	전남	건식세척, 습식세척, 약품처리, 보수물질 제거. 암석강화처리, 수지처리 및 고색처리
420	보물113호	청도 봉기리 삼층석탑	1992	탑	4	경북	주변정비(1960년 해체수리)
421	보물113호	청도 봉기리 삼층석탑	2007	탑	4	경북	지반정비 등 주변정비
422	보물115호	안동 이천동 마애여래입상	2011	불상	3	경북	예비조사, 세척, 균열부 수지처리, 발수경화처리
423	보물115호	안동 이천동 마애여래입상	2013	불상	3,5	경북	예비조사, 3D스캔, 판상박락부제거, 세척, 박락부 수지충전 및 접합, 균열부 수지처리, 수분차단 수지성형, 암석강화처리
424	보물116호	영주 석교리 석조여래입상	1993	불상	4	경북	보호각 설치, 석불접착보수
425	보물116호	영주 석교리 석조여래입상	2008	불상	3	경북	세척, 기존몰탈 제거 등 보존처리, 보호각 개축
426	보물117호	성주 화달리 삼층석탑	1972	탑	2	경북	해체 복원, 보호책 설치
427	보물117호	성주 화달리 삼층석탑	2003	탑	3	경북	지의류 등 표면오염물 제거, 균열부분 접착복원
428	보물119호	상주 복용동 석조여래좌상	1975	불상	4	경북	보호각 설치
429	보물119호	상주 복용동 석조여래좌상	2006	불상	1	경북	박물관으로 이전복원
430	보물121호	경주 굴불사지 석조사면불상	1995	불상	2	경북	주변정비
431	보물121호	경주 굴불사지 석조사면불상	2001	불상	3	경북	보존처리(모르타르제거,균열부충진),보호각 설치
432	보물121호	경주 굴불사지 석조사면불상	2009	불상	3	경북	건식세척, 습식세척, 몰탈제거, 수지처리, 고색처리
433	보물122호	경주 율동 마애여래삼존입상	1992	불상	3	경북	접착
434	보물123호	경주 보문사지 당간지주	1981	당간	4	경북	주변정비(보호각 설치)
435	보물123호	경주 보문사지 당간지주	2007	당간	4	경북	지반정비 등 주변정비
436	보물123호	경주 보문사지 당간지주	2008	당간	4	경북	지반정비 등 주변정비
437	보물125호	경주 무장사지 아미타불 조상 사적비	2000	기타	3	경북	귀부비좌 보존처리

No	지정번호	문화재명	보수 년도	유형별 분류	보수 구분	지역	보수내역
438	보물126호	경주 무장사지 삼층석탑	1962	탑	2	경북	무너져 있는 것을 해체 복원
439	보물126호	경주 무장사지 삼층석탑	1996	탑	2	경북	보수(해체, 신재보충, 수지접착)
440	보물127호	경주 삼랑사지 당간지주	2009	당간	4	경북	주변정비
441	보물128호	합천 반야사지 원경왕사비	1968	비	4	경남	비각신축
442	보물129호	합천 월광사지 동.서 삼층석탑	1966	탑	2	경남	해체복원
443	보물129호	합천 월광사지 동.서 삼층석탑	1979	탑	4	경남	주변정비, 보호각 설치
444	보물129호	합천 월광사지 동.서 삼층석탑	1993	탑	2	경남	동탑 해체복원
445	보물132호	구례 화엄사 동 오층석탑	1999	탑	2	전남	해체복원, 균열부위접합, 보호철책설치(동,서탑)
446	보물133호	구례 화엄사 서 오층석탑	1995	탑	2	전남	해체, 훼손부재 보존처리
447	보물136호	경주 남산 미륵곡 석조여래좌상	1982	불상	2	경북	해체보수, 배수로설치
448	보물136호	경주 남산 미륵곡 석조여래좌상	1988	불상	4	경북	배수로 설치
449	보물136호	경주 남산 미륵곡 석조여래좌상	1994	불상	2	경북	석불해체조립, 광배, 불상절단부위접착,
450	보물136호	경주 남산 미륵곡 석조여래좌상	2002	불상	3	경북	좌향 변경
451	보물136호	경주 남산 미륵곡 석조여래좌상	2012	불상	3,4	경북	건식세척, 습식세척, 합성수지 접합, 강화처리, 주변 정비
452	보물137호	문경 봉암사 지증대사탑	1966	탑	2	경북	해체보수(완전해체)
453	보물137호	문경 봉암사 지증대사탑	1975	탑	4	경북	보호각 설치
454	보물137호	문경 봉암사 지증대사탑	1984	탑	3	경북	접착보수
455	보물137호	문경 봉암사 지증대사탑	1997	탑	4	경북	보호각 보수
456	보물150호	공주 반죽동 당간지주	1973	당간	4	충남	주변정비(보호각 건립)
457	보물150호	공주 반죽동 당간지주	1990	당간	4	충남	당간지주보수, 주변정비
458	보물150호	공주 반죽동 당간지주	2001	당간	4	충남	기단보수, 보호책보수
459	보물150호	공주 반죽동 당간지주	2014	당간	3,4	충남	예비조사, 세척, 기처리제 제거, 수지처리 및 충진, 강화발수처리, 주변정비
460	보물151호	구례 연곡사 삼층석탑	1967	탑	2	전남	해체 보수, 복원
461	보물151호	구례 연곡사 삼층석탑	1974	탑	4	전남	배수로, 보호각 설치
462	보물151호	구례 연곡사 삼층석탑	1992	탑	2	전남	세척(생물피해 제거), 해체복원
463	보물151호	구례 연곡사 삼층석탑	2005	탑	4	전남	주변정비
464	보물152호	구례 연곡사 현각선사탑비	1970	비	3	전남	파손부분 복원(귀부)
465	보물152호	구례 연곡사 현각선사탑비	1974	비	4	전남	보호책, 배수로설치
466	보물152호	구례 연곡사 현각선사탑비	1992	비	2	전남	세척(생물피해 제거), 해체복원
467	보물153호	구례 연곡사 동 승탑비	1970	비	3	전남	파손부분 복원, 배수구설치
468	보물153호	구례 연곡사 동 승탑비	1974	비	4	전남	보호각 설치
469	보물153호	구례 연곡사 동 승탑비	1992	비	2	전남	세척(생물피해 제거), 해체복원

No	지정번호	문화재명	보수 년도	유형별 분류	보수 구분	지역	보수내역
470	보물154호	구례 연곡사 소요대사탑	1974	탑	4	전남	보호각 설치
471	보물154호	구례 연곡사 소요대사탑	1992	탑	2	전남	세척(생물피해 제거), 해체복원(도굴로 훼손)
472	보물155호	장흥 보림사 동 승탑	1981	탑	4	전남	주변정비(보호각 설치)
473	보물155호	장흥 보림사 동 승탑	1996	탑	4	전남	주변정비
474	보물155호	장흥 보림사 동 승탑	2015	탑	3	전남	상태조사, 건식세척, 습식세척, 균열부 수지처리, 암석강화처리
475	보물156호	장흥 보림사 서 승탑	2005	탑	3	전남	이완된 옥개석 드잡이와 표면지의류 등 세척(지반 불안정으로 이완)
476	보물157호	장흥 보림사 보조선사탑	1996	탑	3	전남	파손부 접착, 방청제도포
477	보물157호	장흥 보림사 보조선사탑	2013	탑	3	전남	사전조사, 세척, 몰탈제거 및 표면처리, 수지 및 접합작업, 발수경화처리
478	보물158호	장흥 보림사 보조선사탑비	1996	비	3	전남	파손부 접착, 방청제도포
479	보물159호	함안 방어산 마애약사여래삼존입상	2000	불상	3	경남	불상세척, 보호각 설치
480	보물159호	함안 방어산 마애약사여래삼존입상	2002	불상	4	경남	석축, 계단, 예불단, 휀스공사, 보존처리공사
481	보물159호	함안 방어산 마애약사여래삼존입상	2006	불상	3	경남	마애불상부 배수로 설치, 균열부분 접착, 표면오염물제거 석축정비(표면 풍화가 심하고 당초 상부 배수로가 없어서 강우 시, 오염물이 흘러내려 세척 후 약 2년이 지나면 재오염 발생함)
482	보물166호	서울 홍제동 오층석탑	1968	탑	1	서울	이전
483	보물167호	정읍 은선리 삼층석탑	1971	탑	2	전북	해체 복원, 보호책 설치
484	보물167호	정읍 은선리 삼층석탑	2002	탑	3	전북	훼손된 감실 문짝 보수, 박리된 부분 접착 복원, 표면오염물 제거
485	보물168호	경주 천군동 동·서 삼층석탑	1996	탑	3	경북	보수, 주변정비
486	보물168호	경주 천군동 동·서 삼층석탑	2011	탑	3,4	경북	예비조사, 세척, 상륜부 해체보수, 주변정비
487	보물169호	문경 봉암사 삼층석탑	1974	탑	4	경북	보호각 설치
488	보물169호	문경 봉암사 삼층석탑	1994	탑	4	경북	주변정비(배수시설)
489	보물169호	문경 봉암사 삼층석탑	2013	탑	2,3	경북	건식 및 습식세척, 균열부 수지처리, 과학적 분석, 상륜부 해체보수, 상륜부 보존처리
490	보물169호	문경 봉암사 삼층석탑	2014	탑	3,4	경북	청동 주물제작, 화강암 및 응회암 부재 제작, 상륜부재 조립, 강화유리 설치
491	보물170호	화순 쌍봉사 철감선사탑비	2012	비	3,5	전남	3D스캔, 세척, 균열부 수지처리
492	보물171호	문경 봉암사 정진대사탑	2010	탑	3,4,5	경북	과학적 조사, 3D스캔, 해체보수, 균열부 수지처리, 일화부재 접합복원, 주변정비
493	보물171호	문경 봉암사 정진대사탑	2013	탑	3	경북	건식세척, 습식세척, 수지처리, 부재 접합 복원
494	보물172호	문경 봉암사 정진대사탑비	1971	비	2	경북	해체 복원, 보호책 설치
495	보물172호	문경 봉암사 정진대사탑비	1992	비	4	경북	보호각 건립

No	지정번호	문화재명	보수 년도	유형별 분류	보수 구분	지역	보수내역
496	보물172호	문경 봉암사 정진대사탑비	2015	비	3	경북	세척, 비좌 몰탈제거 및 표면처리, 수지처리 및 충진, 강화발수처리
497	보물173호	울주 망해사지 승탑	1975	탑	4	울산	주변정비, 보호책 설치, 접착
498	보물173호	울주 망해사지 승탑	1979	탑	4	울산	보수, 주변정비
499	보물173호	울주 망해사지 승탑	2008	탑	3	울산	세척, 균열부분 접착, 강화처리 등 보존처리
500	보물184호	부여장하리삼층석탑	1981	탑	4	충남	주변정비(보호각 설치)
501	보물184호	부여장하리삼층석탑	2006	탑	2	충남	해체복원(기단부분 및 콘크리트 모르타르로 신석으로 교체)
502	보물185호	부여 무량사 오층석탑	1971	탑	2	충남	해체공사, 보호책 설치
503	보물185호	부여 무량사 오층석탑	2007	탑	3	충남	세척, 경화처리, 균열부분 접착복원, 주변정비(잔디 제거 및 마사다짐)
504	보물186호	경주 남산 용장사곡 삼층석탑	2001	탑	2	경북	해체보수(1960년 기단갑석의 위치를 잘못 복원, 부재간의 간격이 발생하는 등 문제점이 발생하여 이를 바로잡기 위해 해체 복원 실시) 1922년 탑 내의 보물을 훔치기 위해 도괴 시켰으며 1923년 복원하였고 1960년 재복원 하였음
505	보물188호	의성 관덕리 삼층석탑	2000	탑	2	경북	석탑해체보수
506	보물188호	의성 관덕리 삼층석탑	2003	탑	3	경북	훼손관련 현장조사 및 조치결과 보고
507	보물189호	칠곡 송림사 오층전탑	1975	탑	3	경북	보수, 보호책신설
508	보물189호	칠곡 송림사 오층전탑	1998	탑	4	경북	주변정비
509	보물189호	칠곡 송림사 오층전탑	2000	탑	4	경북	담장보수
510	보물189호	칠곡 송림사 오층전탑	2003	탑	3	경북	초본류 제거, 백화현상 거 등 세척, 줄눈보수(보수 시 강회 모르타르를 사용, 백화현상 발생)
511	보물189호	칠곡 송림사 오층전탑	2013	탑	3	경북	예비조사, 세척, 상륜부 보존처리, 부식화합물 제거
512	보물190호	원주 거돈사지 원공국사탑	1994	탑	1	강원	이전(국립중앙박물관)
513	보물191호	강릉 보현사 낭원대사탑	1985	탑	3	강원	보수
514	보물191호	강릉 보현사 낭원대사탑	1990	탑	1	강원	이전복원, 주변정비(배수로 설치, 진입로 정비)
515	보물191호	강릉 보현사 낭원대사탑	2010	탑	3	강원	건식세척, 습식세척, 몰탈제거, 균열부 수지처리, 철물 코팅, 암석강화처리
516	보물192호	강릉 보현사 낭원대사탑비	1990	비	3	강원	세척(이끼제거), 접착(상륜부)
517	보물192호	강릉 보현사 낭원대사탑비	2010	비	3,4	강원	건식세척, 습식세척, 균열부 수지처리, 지대석 균열부 메움, 철물코팅 및 암석강화처리, 주변정비
518	보물193호	운문사 금당 앞 석등	2008	석등	3	경북	세척, 균열부분 접착 등 보존처리
519	보물194호	부여 석조	1993	기타	3	충남	접착, 세척(오염물)
520	보물197호	청양 읍내리 석조여래삼존입상	1982	불상	4	충남	보호각 설치, 파손부분 보수
521	보물197호	청양 읍내리 석조여래삼존입상	1994	불상	4	충남	보호각 보수
522	보물197호	청양 읍내리 석조여래삼존입상	2005	불상	3	충남	보존처리, 세척(표면 박리 등 훼손이 심한 상태로 합성수지 처리면에 대한 재처리)

No	지정번호	문화재명	보수 년도	유형별 분류	보수 구분	지역	보수내역
523	보물197호	청양 읍내리 석조여래삼존입상	2014	불상	3,4	충남	처리 전 조사, 세척, 수지처리 및 접합, 환경정비
524	보물198호	경수 남산 불곡 석불좌상	2009	불상	3	경북	세척, 균열부분 접착복원, 주변정비(수목제거)
525	보물201호	경주 남산 탑곡 마애불상군	1996	불상	4	경북	주변정비
526	보물201호	경주 남산 탑곡 마애불상군	2005	불상	3	경북	주변 소나무 제거 및 지의류 등 표면세척, 상부 배수 처리 실시
527	보물201호	경주 남산 탑곡 마애불상군	2011	불상	3,4	경북	균열부 수지처리, 절리 수지충진, 전면 표면세척, 주변정비
528	보물203호	청도 박곡리 석조여래좌상	1993	불상	4	경북	석불 앞의 석탑해체복원
529	보물215호	서울 북한산 구기동 마애여래좌상	1974	불상	4	서울	주변정비(배수로)
530	보물215호	서울 북한산 구기동 마애여래좌상	1976	불상	4	서울	보호각 설치
531	보물215호	서울 북한산 구기동 마애여래좌상	1997	불상	4	서울	주변정비
532	보물215호	서울 북한산 구기동 마애여래좌상	2004	불상	3	서울	세척, 마애불 갓 모양 상부 드잡이
533	보물215호	서울 북한산 구기동 마애여래좌상	2012	불상	3,4	서울	예비조사, 세척, 균열부 충진, 풍경복원, 강화처리, 주변정비
534	보물216호	보은 법주사 마애여래의좌상	2002	불상	4	충북	보호시설설치
535	보물217호	부여 대조사 석조미륵보살입상	1997	불상	4	충남	석축정비, 배수로신설, 주변정비
536	보물217호	부여 대조사 석조미륵보살입상	1999	불상	4	충남	배수로 정비
537	보물217호	부여 대조사 석조미륵보살입상	2002	불상	3	충남	세척, 균열부분 접착복원, 하단 공극부 신석 충진(상부 소나무가 자생 주기적 세척 필요)
538	보물217호	부여 대조사 석조미륵보살입상	2011	불상	3	충남	세정, 균열부 수지처리
539	보물219호	논산 개태사지 석조여래삼존입상	1990	불상	3	충남	보호각 건립, 석불입상 보존처리(모르타르 제거, 수지접합)
540	보물219호	논산 개태사지 석조여래삼존입상	1994	불상	4	충남	주변정비
541	보물221호	영주 가흥동 마애여래삼존상 및 여래좌상	1998	불상	4	경북	주변정비
542	보물221호	영주 가흥동 마애여래삼존상 및 여래좌상	2006	불상	4	경북	자연암반 붕괴, 정밀진단, 지반정비, 축대복원, 배수로정비(2003년~2006년)
543	보물223호	철원 도피안사 삼층석탑	2012	탑	3,4	강원	세척, 수지처리, 방청처리, 고임쇠 삽입, 발수처리, 주변정비
544	보물224호	서천 성북리 오층석탑	1974	탑	2	충남	해체복원, 보호책 설치
545	보물225호	여주 신륵사 다층석탑	1973	탑	2	경기	해체복원
546	보물225호	여주 신륵사 다층석탑	1996	탑	2	경기	해체, 접착보수, 정밀실측, 모형제작
547	보물226호	여주 신륵사 다층전탑	1997	탑	4	경기	부분보수, 지반정비
548	보물227호	창녕 인양사 조성비	2000	비	4	경남	보호각 및 보호책보수

No	지정번호	문화재명	보수년도	유형별분류	보수구분	지역	보수내역
549	보물228호	여주 신륵사 보제존자석종	1979	탑	4	경기	주변정비(배수로설치)
550	보물230호	여주 신륵사 대장각기비	1981	비	4	경기	보호각 설치
551	보물232호	논산 관촉사 석등	2006	석등	3	충남	표면오염물제거 및 표면 강화처리 실시, 수지접합 복원
552	보물233호	부여 무량사 석등	1971	석등	2	충남	해체복원, 보호책 설치
553	보물234호	군산 발산리 석등	1973	석등	2	전북	해체복원, 보호책 설치
554	보물234호	군산 발산리 석등	1988	석등	2	전북	해체복원
555	보물234호	군산 발산리 석등	1993	석등	4	전북	보호책보수
556	보물234호	군산 발산리 석등	1996	석등	1	전북	이전
557	보물234호	군산 발산리 석등	2011	석등	3,5	전북	상태조사, 3D스캔, 건식세척, 습식세척, 이전보수물질 제거, 수지충진, 고색처리, 강화처리, 괴임철편 녹제거 및 강화처리
558	보물236호	익산 미륵사지 당간지주	1972	당간	2	전북	해체 복원, 보호책 설치
559	보물243호	대구 동화사 마애여래좌상	2006	불상	3	대구	세척, 수목제거
560	보물244호	대구 동화사 비로암 석조비로자나불좌상	2006	불상	3	대구	지의류 등 표면 오염물제거
561	보물245호	김천 갈항사지 석조여래좌상	1979	불상	4	경북	보호각 설치
562	보물245호	김천 갈항사지 석조여래좌상	2015	불상	3	경북	예비조사, 세척, 기처리제 제거, 수지처리 및 충진, 강화발수처리
563	보물246호	의성 고운사 석조여래좌상	1990	불상	4	경북	보호각 설치
564	보물247호	대구 동화사 비로암 삼층석탑	1967	탑	2	대구	해체복원
565	보물248호	대구 동화사 금당암 동.서 삼층석탑	1970	탑	2	대구	해체복원(서탑은 1957년 해체복원)
566	보물248호	대구 동화사 금당암 동.서 삼층석탑	1991	탑	4	대구	담장보수, 석축설치,
567	보물248호	대구 동화사 금당암 동.서 삼층석탑	2006	탑	3	대구	지의류 제거, 균열부 접착
568	보물248호	대구 동화사 금당암 동.서 삼층석탑	2007	탑	3	대구	세척, 균열부분 접착복원 등 보존처리, 지반정비 등 주변정비
569	보물249호	영주 부석사 삼층석탑	1974	탑	4	경북	보호각 설치(1960년 해체보수)
570	보물249호	영주 부석사 삼층석탑	2005	탑	3	경북	지의류 등 오염물제거, 석탑표면 균열된 부분 접착 복원
571	보물250호	부산 범어사 삼층석탑	2010	탑	2,3	부산	세척, 해체보수
572	보물252호	포항 보경사 원진국사비	1971	비	3	경북	복원(탑신)
573	보물252호	포항 보경사 원진국사비	1979	비	4	경북	비각건립
574	보물253호	합천 청량사 석등	1994	석등	4	경남	주변정비(석축보수)
575	보물253호	합천 청량사 석등	2007	석등	3	경남	지의류 등 오염물 제거, 균열부분 접착, 표면강화처리 등 보존처리

No	지정번호	문화재명	보수 년도	유형별 분류	보수 구분	지역	보수내역
576	보물255호	영주 부석사 당간지주	1974	당간	4	경북	보호각 설치
577	보물255호	영주 부석사 당간지주	2004	당간	3	경북	세척
578	보물264호	합천 해인사 석조여래입상	2000	불상	3	경남	석불보존처리, 주변정비
579	보물264호	합천 해인사 석조여래입상	2002	불상	3	경남	석불보수(모르타르제거, 파손부위접합), 진입로정비, 안내판설치
580	보물266호	합천 청량사 삼층석탑	2006	탑	4	경남	주변정비, 지의류 제거 등 세척처리(1958년 해체수리)
581	보물266호	합천 청량사 삼층석탑	2007	탑	3	경남	지의류 등 오염물제거, 균열부분 접착, 표면강화처리 등 보존처리
582	보물267호	임실 진구사지 석등	1981	석등	4	전북	주변정비(보호각 설치)
583	보물267호	임실 진구사지 석등	2012	석등	3,4	전북	예비조사, 건식세척, 습식세척, 합성수지 접합 및 복원작업, 주변정비
584	보물267호	임실 진구사지 석등	1998	석등	4	전북	주변정비(관리산축)
585	보물273호	곡성 태안사 적인선사탑	1997	탑	4	전남	담장보수
586	보물273호	곡성 태안사 적인선사탑	2007	탑	3	전남	세척, 균열부분 접착, 몰탈제거 등 보존처리
587	보물274호	곡성 태안사 광자대사탑	2001	탑	2	전남	해체복원, 파손부위접합,
588	보물275호	곡성 태안사 광자대사탑비	2001	비	2	전남	해체복원
589	보물276호	군산 발산리 오층석탑	1973	탑	2	전북	해체 복원, 보호책 설치
590	보물276호	군산 발산리 오층석탑	1989	탑	3	전북	보수(지대석 하부가 노출되고 상륜부의 보륜이 파손되어 있는 것을 지대석 주변성토, 보륜의 수지접착, 찰주보강이 있었음
591	보물276호	군산 발산리 오층석탑	1993	탑	4	전북	보호책보수
592	보물276호	군산 발산리 오층석탑	1995	탑	3	전북	상륜부해체보수, 주변정비, 표석정리
593	보물276호	군산 발산리 오층석탑	2001	탑	4	전북	주변수목제거, 안내판 정비 등 주변정비
594	보물276호	군산 발산리 오층석탑	2011	탑	3	전북	상태조사, 3D스캔, 건식세척, 습식세척, 이전보수물질 제거, 수지충진, 고색처리, 강화처리, 괴임철편 녹제거 및 강화처리
595	보물294호	함양 승안사지 삼층석탑	1962	탑	1	경남	이전해체복원
596	보물294호	함양 승안사지 삼층석탑	2007	탑	3	경남	지의류 제거, 접착복원 등 보존처리, 배수로 설치 등 주변정비
597	보물294호	함양 승안사지 삼층석탑	2014	탑	3,4	경남	세척, 기 보수물질 제거 강화발수처리, 신석 복원, 배수로공사
598	보물295호	창녕 관룡사 용선대 석조여래좌상	1973	불상	2	경남	해체복원
599	보물296호	김천 청암사 수도암 석조보살좌상	1993	불상	2	경북	불상해체복원, 석축공사, 약광전 바닥보수
600	보물296호	김천 청암사 수도암 석조보살좌상	2008	불상	4	경북	보호각 개축
601	보물297호	김천 청암사 수도암 동.서 삼층석탑	1996	탑	2	경북	해체복원, 보존처리

No	지정번호	문화재명	보수년도	유형별분류	보수구분	지역	보수내역
602	보물297호	김천 청암사 수도암 동.서 삼층석탑	2000	탑	2	경북	석등해체보수
603	보물297호	김천 청암사 수도암 동.서 삼층석탑	2001	탑	4	경북	석등보수, 약광전 보수
604	보물297호	김천 청암사 수도암 동.서 삼층석탑	2013	탑	3	경북	사전조사, 세척, 몰탈제거 및 표면처리, 수지처리 및 충진, 신재가공
605	보물298호	강진 월남사지 삼층석탑	1975	탑	4	전남	주변정비(보호각 건립)
606	보물298호	강진 월남사지 삼층석탑	2002	탑	4	전남	보호책 정비, 석비주변정비
607	보물298호	강진 월남사지 삼층석탑	2006	탑	3,4,6	전남	주변정비, 토지매입, 1층 탑신 1개 부재 신석교체
608	보물298호	강진 월남사지 삼층석탑	2014	탑	3	전남	현황조사, 세척, 수지처리 및 고색처리, 방청처리, 암석강화처리, 복원
609	보물300호	구례 화엄사 원통전 앞 사자탑	2005	탑	3	전남	표면이물질 제거, 지의류 제거,
610	보물301호	해남 대흥사 북미륵암 삼층석탑	1965	탑	2	전남	해체복원
611	보물301호	해남 대흥사 북미륵암 삼층석탑	1974	탑	4	전남	주변 정비, 보호책 설치
612	보물301호	해남 대흥사 북미륵암 삼층석탑	2004	탑	2	전남	지반침하와 균열로 해체 복원(적심부 노출에 의한 영향)
613	보물305호	안동 석빙고	1976	기타	1	경북	원래 안동군 도산면 서부동에 위치한 것을 안동댐 수몰로 1976년 현재의 위치로 이전
614	보물305호	안동 석빙고	1986	기타	4	경북	주변정비
615	보물305호	안동 석빙고	1986	기타	3	경북	세척, 석빙고상부 강토, 환기공 보수
616	보물307호	김천 청암사 수도암 석조비로자나불좌상	1998	불상	4	경북	주변정비
617	보물307호	김천 청암사 수도암 석조비로자나불좌상	2004	불상	3	경북	균열부분 접착복원 등 보존처리
618	보물309호	정읍 천곡사지 칠층석탑	1975	탑	4	전북	보호각 설치
619	보물309호	정읍 천곡사지 칠층석탑	1976	탑	2	전북	해체복원
620	보물309호	정읍 천곡사지 칠층석탑	1991	탑	4	전북	자연석 석축 설치, 보호철책 내 잔디식재
621	보물309호	정읍 천곡사지 칠층석탑	2004	탑	4	전북	주변수목제거, 보호철책 교체, 표면세척, 무쇠쐐기 부식으로 표면오염(구조적 불안전)
622	보물310호	창녕 석빙고	1967	기타	4	경남	봉토해체, 교란석재 정비, 주변정비
623	보물310호	창녕 석빙고	1982	기타	4	경남	주변정비(보호각 설치)
624	보물310호	창녕 석빙고	2004	기타	3	경남	표면오염물 제거 등 주변정비
625	보물310호	창녕 석빙고	2014	기타	3	경남	세척
626	보물312호	밀양 소태리 오층석탑	1979	탑	4	경남	보수정비(보호각 설치)
627	보물312호	밀양 소태리 오층석탑	2002	탑	2	경남	석탑해체보수, 수목제거
628	보물313호	강진 월남사지 진각국사비	1975	비	4	전남	보호각 설치
629	보물313호	강진 월남사지 진각국사비	1999	비	3	전남	보호각 보수, 비각 옆 모전석탑보수, 수목제거

No	지정번호	문화재명	보수년도	유형별분류	보수구분	지역	보수내역
630	보물313호	강진 월남사지 진각국사비	2004	비	4	전남	주변 수목제거 등 정비
631	보물319호	김천 식시사 석조약사여래좌상	1974	불상	4	경북	보호각 설치
632	보물319호	김천 직지사 석조약사여래좌상	1979	불상	4	경북	보호각 설치
633	보물319호	김천 직지사 석조약사여래좌상	1995	불상	1	경북	이전(유물전시관)
634	보물320호	해남 대흥사 삼층석탑	1967	탑	2	전남	도괴우려로 해체 복원
635	보물320호	해남 대흥사 삼층석탑	2004	탑	3	전남	세척
636	보물323호	청도 석빙고	1981	기타	3	경북	보수(석재 해체, 강회다짐)
637	보물323호	청도 석빙고	2005	기타	3	경북	초본류, 지의류 등 표면오염물 제거
638	보물323호	청도 석빙고	2015	기타		경북	건식세척, 습식세척, 균열부 수지처리, 암석강화처리, 백화제거
639	보물327호	의성 빙산사지 오층석탑	1973	탑	2	경북	해체복원, 보호책 설치
640	보물327호	의성 빙산사지 오층석탑	2013	탑	3	경북	세척, 백화제거 및 기공사부 제거, 균열부 수지처리, 박락부 고착, 금속부재 코팅처리, 유실부 복원, 강화발수처리
641	보물335호	석조비로자나불좌상	1986	불상	3	대구	백호복원
642	보물353호	합천 영암사지 쌍사자 석등	1971	석등	2	경남	해체복원, 보호책 설치
643	보물354호	천안 천흥사지 오층석탑	1966	탑	2	충남	해체복원
644	보물354호	천안 천흥사지 오층석탑	1974	탑	4	충남	보호각 설치
645	보물354호	천안 천흥사지 오층석탑	2005	탑	4	충남	배수로 설치, 보존처리
646	보물355호	홍성 신경리 마애여래입상	1994	불상	4	충남	주변정비
647	보물355호	홍성 신경리 마애여래입상	2013	불상	3	충남	건식세척, 습식세척, 균열부 수지처리, 경화처리
648	보물357호	칠곡 정도사지 오층석탑	2000	탑	2	서울	복원
649	보물360호	제천 월광사지 원랑선사탑비	1994	비	1	서울	이전(국립중앙박물관)
650	보물360호	제천 월광사지 원랑선사탑비	2000	비	3	서울	보존처리, 세척
651	보물361호	양평 보리사지 대경대사탑비	1994	비	1	서울	이전(국립중앙박물관)
652	보물365호	원주 흥법사지 진공대사탑 및 석관	1994	탑	1	서울	이전(국립중앙박물관)
653	보물369호	울주 석남사 승탑	1986	탑	4	울산	주변정비
654	보물370호	울주 간월사지 석조여래좌상	1978	불상	4	울산	주변정비(보호각)
655	보물371호	산청 사월리 석조여래좌상	2000	불상	3	경남	석불보존처리
656	보물372호	진주 용암사지 승탑	1978	탑	4	경남	주변정비, 보호각 설치
657	보물373호	의령 보천사지 삼층석탑	1967	탑	2	경남	해체복원
658	보물373호	의령 보천사지 삼층석탑	1978	탑	4	경남	보호각 설치
659	보물373호	의령 보천사지 삼층석탑	2008	탑	3	경남	접착복원 등 보존처리

No	지정번호	문화재명	보수년도	유형별분류	보수구분	지역	보수내역
660	보물375호	함양 덕전리 마애여래입상	1989	불상	4	경남	석축정비, 배수로신설, 주변정비
661	보물375호	함양 덕전리 마애여래입상	2001	불상	3	경남	보존처리(세척), 주변수목제거, 상부 배수로정비
662	보물375호	함양 덕전리 마애여래입상	2006	불상	4	경남	주변정비
663	보물375호	함양 덕전리 마애여래입상	2013	불상	3	경남	세척작업, 비좌 몰탈제거 및 표면처리, 수지처리 및 충진, 강화발수처리
664	보물376호	함양 고산리 석조여래좌상	2001	불상	3	경남	세척실시, 모르타르 제거, 균열부위 접합, 안내판 설치
665	보물376호	함양 고산리 석조여래좌상	2005	불상	3	경남	합성수지처리 부분 재처리, 보호각 설치
666	보물376호	함양 고산리 석조여래좌상	2011	불상	3	경남	과학적 조사, 세척, 강화처리, 모르타르 제거, 수지처리
667	보물377호	거창 양평리 석조여래입상	1971	불상	2	경남	해체복원
668	보물377호	거창 양평리 석조여래입상	1979	불상	4	경남	주변정비, 보호각 설치
669	보물377호	거창 양평리 석조여래입상	1999	불상	3	경남	석불보존처리
670	보물377호	거창 양평리 석조여래입상	2011	불상	3,4	경남	세척, 합성수지 접합 및 복원, 주변정비
671	보물378호	거창 상림리 석조보살입상	1978	불상	4	경남	주변정비, 보호각 설치
672	보물378호	거창 상림리 석조보살입상	2000	불상	3	경남	석불보존처리
673	보물378호	거창 상림리 석조보살입상	2013	불상	3	경남	예비조사, 건식세척, 습식세척, 합성수지 접합 및 복원작업, 발수강화처리
674	보물379호	진주 묘엄사지 삼층석탑	1971	탑	2	경남	해체 복원
675	보물379호	진주 묘엄사지 삼층석탑	2008	탑	3	경남	석탑주변 시굴 및 발굴조사, 세척, 균열부분 접착복원 등 보존처리
676	보물380호	하동 쌍계사 승탑	1997	탑	4	경남	주변정비
677	보물380호	하동 쌍계사 승탑	2008	탑	3	경남	세척, 균열부분 접착복원 등 보존처리
678	보물381호	합천 백암리 석등	1979	석등	4	경남	주변정비, 보호각 설치
679	보물381호	합천 백암리 석등	1993	석등	3	경남	석등 옆 불상보수(지대석접착), 보호책보수
680	보물381호	합천 백암리 석등	2007	석등	3	경남	정밀실측조사, 세척 등 보존처리
681	보물382호	울주 청송사지 삼층석탑	1962	탑	2	울산	해체복원
682	보물382호	울주 청송사지 삼층석탑	1979	탑	4	울산	주변정비, 보호각 설치
683	보물382호	울주 청송사지 삼층석탑	2001	탑	4	울산	보호책보수
684	보물382호	울주 청송사지 삼층석탑	2002	탑	3	울산	주변정비, 표면오염물 제거
685	보물386호	창경궁 옥천교	1986	기타	3	서울	석재 재조립, 접착
686	보물387호	양주 회암사지 선각왕사비	1997	비	3	경기	보수(산불로 훼손)
687	보물387호	양주 회암사지 선각왕사비	1999	비	6	경기	모조비 제작
688	보물388호	양주 회암사지 무학대사탑	1981	탑	3	경기	보수
689	보물388호	양주 회암사지 무학대사탑	1995	탑	3	경기	보수(파손부위접합)

No	지정번호	문화재명	보수년도	유형별분류	보수구분	지역	보수내역
690	보물389호	양주 회암사지 무학대사탑 앞 쌍사자 석등	2005	석등	3	경기	세척, 드잡이 보수
691	보물395호	순천 선암사 동.서 삼층석탑	1986	탑	2	전남	해체복원, 균열, 접착
692	보물395호	순천 선암사 동.서 삼층석탑	2004	탑	3	전남	균열부분 접착복원 등 보존처리
693	보물395호	순천 선암사 동.서 삼층석탑	2008	탑	3	전남	접착, 경화처리, 접착복원
694	보물400호	순천 선암사 승선교	2003	기타	2	전남	해체복원(구조적 위험)
695	보물404호	진천 연곡리 석비	1971	비	2	충북	해체복원, 주변정비
696	보물404호	진천 연곡리 석비	1981	비	4	충북	주변정비(보호각 건립)
697	보물404호	진천 연곡리 석비	2012	비	3	충북	예비조사, 건식세척, 습식세척, 수지처리, 고색처리 및 발수경화처리
698	보물405호	단양 향산리 삼층석탑	1973	탑	2	충북	해체복원(일제강점기에 도괴되었던 것을 마을주민 들이 복원)
699	보물405호	단양 향산리 삼층석탑	1993	탑	4	충북	주변정비
700	보물406호	제천 덕주사 마애여래입상	1993	불상	4	충북	상부부도복원, 축대보수
701	보물406호	제천 덕주사 마애여래입상	1999	불상	4	충북	석축보수, 계단정비
702	보물406호	제천 덕주사 마애여래입상	2002	불상	4	충북	배수로설치, 세척
703	보물407호	천안 삼태리 마애여래입상	1990	불상	4	충남	주변정비(석축 정비 등)
704	보물407호	천안 삼태리 마애여래입상	2004	불상	4	충남	수목제거, 복원 및 보존처리
705	보물410호	정선 정암사 수마노탑	1972	탑	2	강원	해체복원, 실측
706	보물410호	정선 정암사 수마노탑	1995	탑	2	강원	해체조립, 박석포장, 석축해체보수, 진입계단설치, 실측조사
707	보물410호	정선 정암사 수마노탑	2012	탑	3,4	강원	세척, 균열부 수지처리, 상륜 및 금속물 보존처리, 풍 경제작, 방수처리, 이탈부재 접합, 지반공사
708	보물423호	남원 신계리 마애여래좌상	2000	불상	3	전북	세척, 배면 열부위 접합 및 주변정비
709	보물423호	남원 신계리 마애여래좌상	2012	불상	3,4	전북	건식세척, 습식세척, 가지치기, 수목정리, 주변정비
710	보물424호	예천 청룡사 석조여래좌상	2013	불상	3	경북	세척, 몰탈제거 및 표면처리, 수지처리 및 충진, 파이 프 녹제거 및 강화처리, 암석강화처리
711	보물425호	예천 청룡사 석조비로자나불좌상	1992	불상	4	경북	주변정비(배수로)
712	보물426호	예천 동본리 삼층석탑	1973	탑	2	경북	해체 복원, 보호책 설치(매몰되었던 하층기단 발굴)
713	보물426호	예천 동본리 삼층석탑	2005	탑	3	경북	지의류 등 표면오염물 제거, 상륜부(노반) 복원, 균열 부분 접착복원
714	보물427호	예천 동본리 석조여래입상	1975	불상	4	경북	보호각 설치
715	보물427호	예천 동본리 석조여래입상	1977	불상	1	경북	이전
716	보물427호	예천 동본리 석조여래입상	2005	불상	3	경북	지의류 제거, 불두재접합
717	보물428호	군위 인각사 보각국사탑 및 비	1979	비	4	경북	주변정비(보호각신축)
718	보물428호	군위 인각사 보각국사탑 및 비	1996	비	6	경북	모조비 제작

No	지정번호	문화재명	보수 년도	유형별 분류	보수 구분	지역	보수내역
719	보물428호	군위 인각사 보각국사탑 및 비	2013	비	3	경북	예비조사, 세척, 균열부 및 절리부 수지처리
720	보물429호	경산 불굴사 삼층석탑	1999	탑	4	경북	주변정비
721	보물429호	경산 불굴사 삼층석탑	2011	탑	3	경북	예비조사, 건식세척, 시멘트 몰탈 제거, 습식세척, 합성수지 접합 및 복원, 발수강화처리
722	보물430호	포항 보경사 승탑	1984	탑	4	경북	주변정비(배수로설치)
723	보물430호	포항 보경사 승탑	2003	탑	3	경북	세척, 수목제거
724	보물431호	경산 팔공사 관봉 석조여래좌상	1990	불상	4	경북	주변정비(기존 슬라브 철거, 보호각 설치)
725	보물433호	괴산 각연사 석조비로자나불좌상	1975	불상	4	충북	주변정비(보호각 신축)
726	보물435호	안성 봉업사지 오층석탑	1969	탑	2	경기	해체복원
727	보물435호	안성 봉업사지 오층석탑	1980	탑	4	경기	주변정비(보호각 설치, 배수로설치)
728	보물435호	안성 봉업사지 오층석탑	2014	탑	3,4	경기	예비조사, 건식세척, 습식세척, 균열부 수지처리, 암석강화처리, 지반공사
729	보물436호	창원 불곡사 석조비로자나불좌상	1971	불상	3	경남	보수, 복원
730	보물439호	양양 진전사지 도의선사탑	1968	탑	2	강원	해체 보수, 환경정비
731	보물439호	양양 진전사지 도의선사탑	1980	탑	4	강원	보호각 설치
732	보물439호	양양 진전사지 도의선사탑	1994	탑	2	강원	해체보수, 접착
733	보물439호	양양 진전사지 도의선사탑	2014	탑	2,3, 4,5	강원	예비조사, 해체보수, 건식세척, 습식세척, 기존 수지처리부 제거 및 표면처리, 균열부 수지처리, 부재 접합복원, 암석강화처리, 평판재하시험, 배면 석축쌓기
734	보물441호	울산 태화사지 십이지상 사리탑	1974	탑	1	울산	이전
735	보물441호	울산 태화사지 십이지상 사리탑	1998	탑	4	울산	주변정비
736	보물443호	속초 향성사지 삼층석탑	1966	탑	2	강원	해체, 기초공사, 복원조립(도굴로 훼손)
737	보물443호	속초 향성사지 삼층석탑	1981	탑	4	강원	보호각 설치
738	보물443호	속초 향성사지 삼층석탑	1996	탑	2	강원	해체보수
739	보물443호	속초 향성사지 삼층석탑	2000	탑	4	강원	석탑보수, 보호각 설치
740	보물443호	속초 향성사지 삼층석탑	2012	탑	3,4	강원	예비조사, 건식세척, 습식세척, 찰주공막이 설치, 균열부 수지충진, 고색처리, 주변정비
741	보물444호	양양 선림원지 삼층석탑	1980	탑	4	강원	보호각 설치
742	보물444호	양양 선림원지 삼층석탑	1989	탑	2	강원	해체보수
743	보물445호	양양 선림원지 석등	1980	석등	4	강원	보호각 설치
744	보물446호	양양 선림원지 홍각선사탑비	1980	비	4	강원	보호각 설치
745	보물446호	양양 선림원지 홍각선사탑비	2008	비	3,5	강원	귀부 및 이수 보존처리, 비신 복제품 제작, 설치
746	보물447호	양양 선림원지 승탑	1980	탑	4	강원	보호각 설치
747	보물459호	제천 장락동 칠층모전석탑	1968	탑	2	충북	주변정비(배수시설), 해체복원

No	지정번호	문화재명	보수년도	유형별분류	보수구분	지역	보수내역
748	보물459호	제천 장락동 칠층모전석탑	2002	탑	3	충북	상부 초본류 제거, 토지매입
749	보물459호	제천 장락동 칠층모전석탑	2004	탑	3	충북	표면오염률세서, 1층 해체 랑수처리, 녹개석부문 술눈 합성수지 모르타르로 충진(모전석탑 특성상 강우시 석탑내부 충진물의 유출로 백화현상)
750	보물459호	제천 장락동 칠층모전석탑	2009	탑	4	충북	옥개석 잡초제거, 배수로 정비 등 주변정비
751	보물461호	나주 철천리 석조여래입상	1975	불상	4	전남	보호각 설치
752	보물461호	나주 철천리 석조여래입상	2010	불상	3	전남	사전조사, 건식세척, 습식세척, 발수경화처리
753	보물462호	나주 철천리 석조여래입상	2010	불상	3	전남	사전조사, 건식세척, 습식세척, 훼손 부위 충진, 발수경화처리
754	보물462호	나주 철천리 석조여래입상	2013	불상	3,4	전남	사전조사, 세척, 발수 경화처리, 수지작업, 주변정비
755	보물464호	원주 흥법사지 삼층석탑	1995	탑	3	강원	보수
756	보물464호	원주 흥법사지 삼층석탑	2001	탑	4	강원	탑비 배면 주위 수목제거
757	보물464호	원주 흥법사지 삼층석탑	2015	탑	3,4	강원	예비조사, 세척, 기보수부 제거 및 수지처리, 암석강화처리, 석탑주변정비
758	보물465호	영천 신월리 삼층석탑	1988	탑	3	경북	옥개석, 접착
759	보물465호	영천 신월리 삼층석탑	2009	탑	3	경북	세척, 구 보수물질 제거
760	보물466호	밀양 만어서 삼층석탑	1982	탑	2	경남	해체복원
761	보물466호	밀양 만어서 삼층석탑	2007	탑	3	경남	세척, 균열부분 접착, 충진 등 보존처리
762	보물467호	밀양 표충사 삼층석탑	1995	탑	2	경남	해체복원, 사리공과 유물발견(금동불상 19점 외)
763	보물467호	밀양 표충사 삼층석탑	2013	탑	3,4	경남	세척, 강화처리, 균열부 수지처리, 발수경화제 도포, 철제 보존처리, 빗물 방지 수지처리, 주변정비
764	보물468호	밀양 숭진리 삼층석탑	1971	탑	2	경남	해체 복원, 보호책 설치
765	보물468호	밀양 숭진리 삼층석탑	1979	탑	4	경남	보수정비(기단보수, 보호각 설치, 배수로설치)
766	보물469호	구미 낙산리 삼층석탑	1972	탑	3	경북	도굴로 인한 도괴로 신석보충에 따른 해체 복원, 보호책 설치
767	보물469호	구미 낙산리 삼층석탑	2003	탑	3	경북	표면오염물제거 및 표면 강화처리 실시
768	보물470호	구미 도리사 석탑	1995	탑	4	경북	주변정비
769	보물470호	구미 도리사 석탑	2000	탑	4	경북	석축, 계단보수
770	보물470호	구미 도리사 석탑	2003	탑	3	경북	주변수목, 지의류, 이끼류 등 세척, 부재사이 줄눈수리, 배수로 정비(사암재질의 모전탑으로 풍화를 입기 쉽고, 주변에 큰 소나무들이 자생)
771	보물471호	양산 통도사 봉발탑	2011	탑	3	경남	예비조사, 건식세척, 습식세척, 균열부 수지처리, 발수경화제 도포
772	보물472호	의령 보천사지 승탑	1978	탑	4	경남	주변정비(보호각 설치, 배수로설치)
773	보물472호	의령 보천사지 승탑	2000	탑	2	경남	지대석 이완에 따른 구조적 불안정으로 해체복원
774	보물473호	산청 범계사 삼층석탑	1997	탑	2	경남	주변정비(배수로 신설), 해체보수
775	보물473호	산청 범계사 삼층석탑	2008	탑	3	경남	세척, 균열부분 접착, 충진 등 보존처리

No	지정번호	문화재명	보수년도	유형별분류	보수구분	지역	보수내역
776	보물474호	함양 벽송사 삼층석탑	2007	탑	3	경남	배수로 정비 등 주변정비, 세척, 강화처리, 접착복원 등 보존처리
777	보물480호	합천 영암사지 삼층석탑	1971	탑	2	경남	해체 복원, 보호책 설치
778	보물488호	안성 칠장사 혜소국사비	1971	비	2	경기	해체 복원
779	보물488호	안성 칠장사 혜소국사비	1975	비	3	경기	접착, 주변정비(보호각)
780	보물488호	안성 칠장사 혜소국사비	1982	비	2	경기	해체복원
781	보물488호	안성 칠장사 혜소국사비	2009	비	5	경기	3D스캔
782	보물489호	합천 영암사지 귀부	1971	기타	3	경남	보수, 복원
783	보물491호	양산 용화사 석조여래좌상	1997	불상	3	경남	불상 접착보수, 세척(안료제거), 신재성형보강, 안료분석
784	보물492호	구미 해평리 석조여래좌상	2000	불상	4	경북	보호각 개축 및 배수로 정비
785	보물493호	밀양 무봉사 석조여래좌상	2000	불상	4	경남	보호각 개축 및 배수로 정비
786	보물496호	화천 계성리 석등	2000	석등	3	강원	뒤집힌 화사석 바로잡음, 균열부위 접합
787	보물497호	양양 오색리 삼층석탑	1971	탑	2	강원	해체복원, 보호책 설치
788	보물497호	양양 오색리 삼층석탑	1997	탑	4	강원	보호각 설치
789	보물497호	양양 오색리 삼층석탑	2000	탑	2	강원	해체복원, 석탑 보존처리(세척, 균열부 접착)
790	보물498호	울진 구산리 삼층석탑	1971	탑	3	경북	도굴로 도괴된 것을 시멘트 모르타르를 사용 복원
791	보물498호	울진 구산리 삼층석탑	2004	탑	3	경북	지대석 노출 등 해체보수, 표면 세척, 접착보존처리, 수목제거 등 주변정비
792	보물498호	울진 구산리 삼층석탑	2006	탑	5	경북	주변발굴조사
793	보물499호	양양 낙산사 칠층석탑	1980	탑	3	강원	파손부위 접착복원(과거 도괴되어 복원하였음, 원인 불분명)
794	보물499호	양양 낙산사 칠층석탑	2006	탑	3	강원	표면세척, 균열부분 접착(주변 산불로 훼손)
795	보물503호	해남 명량대첩비	1992	비	5	전남	각자 착색(비문판독 목적)
796	보물503호	해남 명량대첩비	1999	비	4	전남	비각 기와 고르기
797	보물503호	해남 명량대첩비	2010	비	1,4	전남	기초 및 석공사, 이전복원, 목공사, 지붕공사, 단청공사, 주변정비
798	보물504호	영광 신천리 삼층석탑	1995	탑	2	전남	해체복원, 균열부위 접착보수(사리공 발견, 기단부 일부가 지하 매몰되어 1995년 해체하여 2층 기단임을 확인)
799	보물505호	담양 객사리 석당간	1975	당간	4	전남	보호각 설치
800	보물505호	담양 객사리 석당간	2004	당간	3	전남	철테 보존처리, 지주세척, 당간 세척 등
801	보물506호	담양 남산리 오층석탑	1975	탑	4	전남	보호각 설치
802	보물506호	담양 남산리 오층석탑	2005	탑	3	전남	1층탑신부 및 기단부 결실부분 신석복원, 표면세척(증류수사용)
803	보물507호	강진 무위사 선각대사탑비	2000	비	4	전남	보호책 정비
804	보물507호	강진 무위사 선각대사탑비	2008	비	3	전남	세척, 강화처리, 균열부분 접착복원, 주변정비

No	지정번호	문화재명	보수년도	유형별분류	보수구분	지역	보수내역
805	보물508호	예산 삽교읍 석조보살입상	1971	불상	2	충남	도괴되어 복원, 보호책 설치
806	보물508호	예산 삽교읍 석조보살입상	1999	불상	4	충남	보호철책교체
807	보물508호	예산 삽교읍 석조보살입상	2013	불상	3	충남	세척, 수지처리, 구 보수부 재처리, 발수경화처리
808	보물509호	구례 논곡리 삼층석탑	1997	탑	4	전남	보호각 설치
809	보물509호	구례 논곡리 삼층석탑	2005	탑	2	전남	도괴위험 해체 복원(하층기단 완전노출)
810	보물510호	칠곡 기성리 삼층석탑	1971	탑	2	경북	도굴된 석탑 해체 복원, 보호책 설치
811	보물511호	청주 계산리 오층석탑	1971	탑	2	충북	해체복원
812	보물511호	청주 계산리 오층석탑	1982	탑	4	충북	주변정비(배수로설치)
813	보물511호	청주 계산리 오층석탑	1995	탑	4	충북	주변정비(진입로 개설)
814	보물511호	청주 계산리 오층석탑	2004	탑	3	충북	보존처리, 주변정비 및 보호철책 교체
815	보물511호	청주 계산리 오층석탑	2005	탑	3	충북	석탑주변 수목제거 등 주변정비, 옥개석 모서리 접착복원
816	보물511호	청주 계산리 오층석탑	2009	탑	5	충북	종합정비 계획 수립
817	보물517호	영천 청제비	1979	비	4	경북	주변정비(보호각 신축)
818	보물520호	술정리 서 삼층석탑	2000	탑	4	경남	주변정비
819	보물520호	술정리 서 삼층석탑	2010	탑	4	경남	주변정비 (진입로 조성 등)
820	보물529호	진도 금골산 오층석탑	2000	탑	4	전남	보호각 설치
821	보물529호	진도 금골산 오층석탑	2011	탑	2,3,4	전남	해체보수, 보존처리, 주변정비
822	보물530호	거창 가섭암지 마애여래삼존입상	1995	불상	4	경남	주변정비
823	보물530호	거창 가섭암지 마애여래삼존입상	2000	불상	3	경남	석불보존처리
824	보물531호	양평 용문사 정지국사탑 및 비	1982	탑	4	경기	주변정비(석축보수, 배수로설치)
825	보물531호	양평 용문사 정지국사탑 및 비	2010	탑	4	경기	주변정비
826	보물532호	영동 영국사 승탑	1974	탑	4	충북	주변정비(보호각)
827	보물532호	영동 영국사 승탑	2000	탑	2	충북	해체복원(옥개석보수),보호책교체
828	보물532호	영동 영국사 승탑	2004	탑	3	충북	수목제거, 보존처리
829	보물532호	영동 영국사 승탑	2012	탑	3	충북	예비조사, 건식세척, 습식세척, 기존 공사부 수지처리, 상륜부 씰링처리, 암석강화처리
830	보물533호	영동 영국사 삼층석탑	1974	탑	2	충북	주변정비(보호책), 해체보수(1942년 현재의 위치로 잘못 이전)
831	보물533호	영동 영국사 삼층석탑	2003	탑	2	충북	적심침하에 따른 해체보수
832	보물534호	영동 영국사 원각국사비	1974	비	4	충북	주변정비(보호책)
833	보물534호	영동 영국사 원각국사비	1984	비	4	충북	주변정비(보호각 건립)
834	보물535호	영동 영국사 망탑봉 삼층석탑	2006	탑	3	충북	시멘트 모르타르 부분 제거, 지의류 제거 등 보존처리

No	지정번호	문화재명	보수년도	유형별분류	보수구분	지역	보수내역
835	보물535호	영동 영국사 망탑봉 삼층석탑	2007	탑	3	충북	세척, 균열부분 접착 등 보존처리
836	보물535호	영동 영국사 망탑봉 삼층석탑	2013	탑	3	충북	예비조사, 세척, 노반부 홈 재처리, 암석강화처리
837	보물536호	아산 평촌리 석조약사여래입상	1973	불상	2	충남	해체복원
838	보물538호	홍성 오관리 당간지주	1983	당간	2	충남	해체복원(기단부)
839	보물538호	홍성 오관리 당간지주	1988	당간	4	충남	드잡이보수, 경계석설치, 보호책철거
840	보물538호	홍성 오관리 당간지주	2013	당간	3	충남	예비조사, 세척, 수지처리 및 보강작업, 강화처리 및 주변정비
841	보물539호	달성 용연사 금강계단	1989	기타	3	대구	기단공사, 적멸보궁 보수
842	보물539호	달성 용연사 금강계단	1998	기타	4	대구	주변정비
843	보물539호	달성 용연사 금강계단	2012	기타	3,4	대구	세척, 수지처리, 주변정비
844	보물540호	홍천 괘석리 사사자 삼층석탑	2000	탑	4	강원	보호책 정비
845	보물540호	홍천 괘석리 사사자 삼층석탑	2012	탑	3,4	강원	예비조사, 표면세척, 백화제거, 기공사부 제거 및 면처리, 석재수지처리, 찰주공 충전, 주변정비, 발수경화처리
846	보물541호	홍천 물걸리 석조여래좌상	1979	불상	4	강원	보호각 건립, 주변정비(배수로설치)
847	보물541호	홍천 물걸리 석조여래좌상	1999	불상	4	강원	보호각 기와보수
848	보물541호	홍천 물걸리 석조여래좌상	2009	불상	4	강원	보호각 개축
849	보물542호	홍천 물걸리 석조비로자나불좌상	1979	불상	4	강원	보호각 건립, 주변정비(배수로설치)
850	보물543호	홍천 물걸리 석조대좌	1979	기타	4	강원	보호각 건립, 주변정비(배수로설치)
851	보물544호	홍천 물걸리 석조대좌 및 광배	1979	기타	4	강원	보호각 건립, 주변정비(배수로설치)
852	보물545호	홍천 물걸리 삼층석탑	1973	탑	2	강원	해체복원
853	보물545호	홍천 물걸리 삼층석탑	1996	탑	3	강원	보수
854	보물545호	홍천 물걸리 삼층석탑	2014	탑	2,3,4	강원	해체보수, 3D스캔, 보존처리, 주변정비
855	보물546호	제천 물태리 석조여래입상	1983	불상	3	충북	접착복원
856	보물546호	제천 물태리 석조여래입상	2000	불상	4	충북	보호각 보수
857	보물546호	제천 물태리 석조여래입상	2013	불상	3	충북	세척, 기공사부제거 및 충전, 면처리, 균열부 수지처리, 백화제거, 암석강화처리
858	보물563호	여수 흥국사 홍교	1981	기타	2	전남	해체복원
859	보물563호	여수 흥국사 홍교	2008	기타	3	전남	세척, 균열부분 접착 등 보존처리
860	보물564호	창녕 영산 만년교	1977	기타	4	경남	주변정비
861	보물564호	창녕 영산 만년교	1984	기타	3	경남	보수
862	보물564호	창녕 영산 만년교	2010	기타	2	경남	해체복원
863	보물565호	평택 심복사 석조비로자나불좌상	1989	불상	4	경기	불상대좌 원형보수, 보호각 신축

No	지정번호	문화재명	보수년도	유형별분류	보수구분	지역	보수내역
864	보물571호	여수 통제이공 수군대첩비	2008	비	4	전남	비각 해체복원, 배수로 정비
865	보물571호	여수 통제이공 수군대첩비	2009	비	3,4	전남	보존처리, 보호각 정비
866	보물581호	경주 골굴암 마애여래좌상	1986	불상	3	경북	균열보수, 접착, 경화
867	보물581호	경주 골굴암 마애여래좌상	1987	불상	4	경북	보호각 설치
868	보물581호	경주 골굴암 마애여래좌상	1998	불상	3	경북	보호각 보수 및 불상보존처리(응회암재질로 풍화를 받기 쉬워 박리 박락이 심한 상태임)
869	보물584호	구례 윤문효공 신도비	1975	비	4	전남	보호각 설치
870	보물600호	광주 약사암 석조여래좌상	1979	불상	4	광주	보호각 설치
871	보물605호	고령 장기리 암각화	1980	기타	4	경북	보호각 설치
872	보물605호	고령 장기리 암각화	1994	기타	4	경북	주변정비(보호각)
873	보물605호	고령 장기리 암각화	2000	기타	4	경북	보호각 보수
874	보물605호	고령 장기리 암각화	2009	기타	4	경북	보호각 개축 등 주변정비
875	보물606호	문경 도천사지 동.서 삼층석탑	1974	탑	1	경북	원래 문경시 도천사지에 있었는데 화재로 방치된 것을 1974년 김천 직지사로 이전 복원함
876	보물607호	문경 도천사지 삼층석탑	1974	탑	1	경북	원래 문경시 도천사지에 있었는데 화재로 방치된 것을 1974년 김천 직지사로 이전 복원함
877	보물607호	문경 도천사지 삼층석탑	1977	탑	4	경북	석탑보호용 피뢰침설치
878	보물607호	문경 도천사지 삼층석탑	1980	탑	2	경북	이전, 상륜부복원
879	보물609호	영양 화천리 삼층석탑	1973	탑	3	경북	해체 복원, 보호책 설치(적심 침하)
880	보물609호	영양 화천리 삼층석탑	1997	탑	3	경북	파손부 접착, 결실부 수지복원
881	보물609호	영양 화천리 삼층석탑	2004	탑	3	경북	지의류 등 표면 세척, 균열부분 접착복원(사암재질로 풍화를 받기 쉬움)
882	보물609호	영양 화천리 삼층석탑	2013	탑	3	경북	예비조사, 세척
883	보물610호	영양 현리 삼층석탑	1997	탑	3	경북	박리부분, 파손부위접합
884	보물610호	영양 현리 삼층석탑	2000	탑	4	경북	배수로 설치
885	보물610호	영양 현리 삼층석탑	2004	탑	3	경북	지의류 등 표면 세척, 균열부분 접착복원(사암재질로 풍화를 받기 쉬움)
886	보물610호	영양 현리 삼층석탑	2014	탑	3	경북	세척, 강화발수처리, 몰탈제거 및 표면처리, 수지처리 및 충진, 기단부 면석 상부 메움, 고임쇠 방충처리 및 삽입, 찰주공 상부매움
887	보물611호	고양 태고사 원증국사탑비	1978	비	4	경기	주변정비(보호각)
888	보물611호	고양 태고사 원증국사탑비	2006	비	4	경기	주변정비
889	보물611호	고양 태고사 원증국사탑비	2015	비	3,4	경기	세척, 녹흔제거, 수지처리, 석공사, 전주이설 기초작업
890	보물612호	영월 흥녕사지 징효대사탑비	1998	비	2	강원	해체보수 및 주변정비
891	보물612호	영월 흥녕사지 징효대사탑비	2005	비	3	강원	균열부분 접착, 표면오염물 제거
892	보물614호	사천 흥사리 매향비	1981	비	4	경남	보호각 건립

No	지정번호	문화재명	보수년도	유형별 분류	보수구분	지역	보수내역
893	보물614호	사천 흥사리 매향비	1998	비	4	경남	보호각 보수
894	보물614호	사천 흥사리 매향비	2000	비	4	경남	배수시설 및 배면정비
895	보물614호	사천 흥사리 매향비	2005	비	4	경남	주변정비
896	보물614호	사천 흥사리 매향비	2008	비	4	경남	배수로 설치 등 주변정비
897	보물615호	강화 장정리 석조여래입상	1995	불상	4	인천	보호각 보수, 담장 보수
898	보물615호	강화 장정리 석조여래입상	2004	불상	4	인천	주변정비
899	보물649호	세종시 연화사 무인명불비상 및 대좌	1987	기타	4	충남	주변정비
900	보물656호	충주 청룡사지 보각국사탑 앞 사자 석등	1977	석등	1	충북	이전, 보호각 설치
901	보물657호	서울 삼천사지 마애여래입상	2004	불상	3	서울	세척, 균열부위 접합
902	보물657호	서울 삼천사지 마애여래입상	2012	불상	3	서울	세척, 경화처리
903	보물658호	충주 청룡사지 보각국사탑비	1976	비	3	충북	도괴부분복원
904	보물658호	충주 청룡사지 보각국사탑비	1998	비	3	충북	보수정비
905	보물661호	상주 석조천인상	1982	불상	1	경북	이전, 보호각 건립
906	보물661호	상주 석조천인상	1996	불상	1	경북	이전복원
907	보물666호	경주 남산 삼릉계 석조여래좌상	1971	불상	3	경북	매몰 방치된 석불을 이설 안치
908	보물673호	달성 현풍 석빙고	1982	기타	4	대구	주변정비(배수로설치)
909	보물673호	달성 현풍 석빙고	2002	기타	3	대구	지의류 제거 등 표면오염물 제거
910	보물674호	영덕 유금사 삼층석탑	1991	탑	3	경북	보호각 설치, 상륜부 보수(콘크리트 제거)
911	보물674호	영덕 유금사 삼층석탑	1995	탑	2	경북	균열부분 접착복원 등 해체보수
912	보물674호	영덕 유금사 삼층석탑	1997	탑	4	경북	주변정비
913	보물675호	영천 화남리 삼층석탑	1984	탑	1	경북	해체보수, 불상 및 좌대 이전
914	보물675호	영천 화남리 삼층석탑	2009	탑	3,4,5	경북	세척, 원 위치 조사, 복원 설계용역, 보호책 설치
915	보물675호	영천 화남리 삼층석탑	2010	탑	2,4	경북	석탑설치, 보호책, 석축정비, 안내판설치
916	보물677호	청도 장연사지 동.서 삼층석탑	1984	탑	3	경북	보수
917	보물677호	청도 장연사지 동.서 삼층석탑	2014	탑	2,3	경북	해체보수, 석재접합(균열, 이격), 균열부 수지처리, 접합, 강화발수처리
918	보물679호	김천 광덕리 석조보살입상	1978	불상	4	경북	보호각 설치
919	보물679호	김천 광덕리 석조보살입상	1990	불상	4	경북	주변정비(보호각)
920	보물679호	김천 광덕리 석조보살입상	1991	불상	3	경북	접착
921	보물680호	영주 신암리 마애여래삼존상	1991	불상	4	경북	보호각 건립
922	보물680호	영주 신암리 마애여래삼존상	2003	불상	3	경북	세척, 강화처리형체를 거의 알아 볼 수 없는 표면 풍화가 심한 상태)
923	보물681호	영주 흑석사 석조여래좌상	1999	불상	4	경북	보호각, 석축, 배수로설치

No	지정번호	문화재명	보수년도	유형별분류	보수구분	지역	보수내역
924	보물681호	영주 흑석사 석조여래좌상	2009	불상	4	경북	보호각 개축
925	보물682호	군위 지보사 삼층석탑	1983	탑	3	경북	보수(접착), 보호각 설치
926	보물682호	군위 지보사 삼층석탑	2000	탑	4	경북	주변정비(계단, 석축, 배수로 보수 및 설치)
927	보물682호	군위 지보사 삼층석탑	2005	탑	3	경북	세척, 수지접합(기단, 상륜부)
928	보물683호	상주 상오리 칠층석탑	1978	탑	2	경북	복원(일제시대 때 도괴된 폐탑 복원)
929	보물683호	상주 상오리 칠층석탑	2005	탑	2	경북	해체복원, 보존처리
930	보물750호	원주 거돈사지 삼층석탑	2000	탑	2	강원	석탑해체보수
931	보물794호	예산 화전리 석조사면불상	1984	불상	4	충남	보호각 건립
932	보물794호	예산 화전리 석조사면불상	2006	불상	4	충남	주변정비
933	보물794호	예산 화전리 석조사면불상	2014	불상	3	충남	예비조사, 세척, 수지처리, 강화처리
934	보물795호	장흥 천관사 삼층석탑	1984	탑	1	전남	탑의 일부가 훼손된 채 논바닥에 방치되어 있었던 것을 1984년경 현재의 위치로 이전, 지대석과 상층 기단 면석 1매씩 신재 보충)
935	보물795호	장흥 천관사 삼층석탑	1998	탑	4	전남	주변정비
936	보물795호	장흥 천관사 삼층석탑	2003	탑	4	전남	주변정비
937	보물796호	화순 운주사 구층석탑	2012	탑	3,5	전남	관련자료조사, 현장조사, 3D스캔, 과학적 조사, 표면 오염물 제거, 수지접합 및 복원, 강화처리
938	보물797호	화순 운주사 석조불감	1995	기타	2	전남	불감해체보수
939	보물797호	화순 운주사 석조불감	2012	기타	3,5	전남	정밀사진촬영, 보존처리 미치 복원 계획 수립, 보존 처리제 적용실험, 고임돌 보존처리, 수지 접합 및 보 강, 면석이음 보수, 발수강화 처리
940	보물798호	화순 운주사 원형 다층석탑	1996	탑	3	전남	석탑보수, 주변정비(보호책보수)
941	보물798호	화순 운주사 원형 다층석탑	2005	탑	5	전남	주변 정밀실측조사
942	보물798호	화순 운주사 원형 다층석탑	2011	탑	3	전남	정밀사진촬영, 3D스캔, 과학적 조사, 세척, 수지충 전 및 색맞춤, 강화제 도포, 철물 보존처리 및 고임 쇠 삽입
943	보물798호	화순 운주사 원형 다층석탑	2012	탑	3	전남	정밀사진촬영, 3D스캔, 과학적 조사, 세척, 수지충 전 및 색맞춤, 강화제 도포, 철물 보존처리 및 고임 쇠 삽입
944	보물799호	공주 마곡사 오층석탑	1972	탑	2	충남	해체수리
945	보물799호	공주 마곡사 오층석탑	1999	탑	4	충남	주변정비
946	보물799호	공주 마곡사 오층석탑	2005	탑	5	충남	구조적 정밀진단
947	보물799호	공주 마곡사 오층석탑	2006	탑	5	충남	정밀안전진단
948	보물799호	공주 마곡사 오층석탑	2012	탑	3	충남	예비조사, 건식세척, 습식세척, 균열 및 박리,박락부 수지처리, 풍마등 보존처리 및 고임철편 교체
949	보물828호	김제 금산사 석등	1989	석등	2	전북	해체보수, 균열 접착
950	보물828호	김제 금산사 석등	2013	석등	3	전북	예비조사, 세척, 기존 보수물질 제거 및 수지 충전, 석재 강화처리

No	지정번호	문화재명	보수 년도	유형별 분류	보수 구분	지역	보수내역
951	보물829호	강진 금곡사 삼층석탑	1988	탑	3	전남	석탑해체, 신재보충, 균열접착, 복원, 수목제거, 안내판 설치(기단부 일부 석재가 유실되었고 갑석이 균형을 잃고 뒤틀리는 등 훼손이 심한상태로 1988년 해체복원)
952	보물829호	강진 금곡사 삼층석탑	2004	탑	3	전남	표면오염물제거, 신석교체부분 고색처리
953	보물831호	순천 동화사 삼층석탑	1988	탑	2	전남	해체보수(원래 기단부 상대갑석 바로 밑에까지 매몰된 상태에 있었던 것을 1988년 6월 완전해체, 원형보수)
954	보물831호	순천 동화사 삼층석탑	2004	탑	3	전남	균열부분 재처리, 표면오염물 제거
955	보물831호	순천 동화사 삼층석탑	2011	탑	4	전남	주변석축 보수
956	보물831호	순천 동화사 삼층석탑	2009	탑	3	전남	세척, 암석강화처리, 몰탈제거
957	보물846호	창경궁 풍기대	1985	기타	3	서울	접착
958	보물907호	월성 남사리사지 삼층석탑	2006	탑	4	경북	수목제거 배수로 설치 등 주변정비
959	보물908호	경주 용명리 삼층석탑	1997	탑	4	경북	보호책보수
960	보물910호	경주 보문동 연화문 당간지주	2007	당간	4	경북	주변정비
961	보물911호	경주 석굴암 삼층석탑	1963	탑	2	경북	해체보수
962	보물912호	경주 마동 삼층석탑	2009	탑	3	경북	균열부 수지처리, 세척, 시멘트몰탈 제거후 면처리, 원형복원
963	보물914호	정읍 보화리 석조이불입상	1992	불상	4	전북	보호각 설치, 좌대설치
964	보물928호	남양주 봉인사 부도암지 사리탑 및 자리장엄구	1987	탑	2	서울	탑 유구이전, 사리탑 복원, 안내판설치
965	보물943호	보성 우천리 삼층석탑	1970	탑	2	전남	도괴우려로 해체 복원(하부기단 콘크리트 모르타르 사용)
966	보물943호	보성 우천리 삼층석탑	1991	탑	4	전남	보호각 설치, 진입로설치
967	보물943호	보성 우천리 삼층석탑	2004	탑	3	전남	균열부분 접착, 표면오염물 제거
968	보물944호	보성 유신리 마애여래좌상	2000	불상	4	전남	주변정비 및 보호책 설치
969	보물944호	보성 유신리 마애여래좌상	2001	불상	4	전남	주변정비(잡목제거, 보호책 설치, 석축 공사)
970	보물945호	순천 금둔사지 삼층석탑	1979	탑	2	전남	1970년대 말까지 옆에 있는 석불비상과 함께 탑 부재가 모두 도괴 된 채 방치된 것을 복원하였음
971	보물945호	순천 금둔사지 삼층석탑	2003	탑	3	전남	결실된 부분 신석을 사용하여 접착복원 하였음
972	보물981호	하남 교산동 마애약사여래좌상	1993	불상	3	경기	결실된 부분 신석을 사용하여 접착복원 하였음
973	보물981호	하남 교산동 마애약사여래좌상	2003	불상	3	경기	보수
974	보물981호	하남 교산동 마애약사여래좌상	2009	불상	3	경기	균열부 수지처리, 이끼류 제거
975	보물982호	이천 장암리 마애보살반가상	2009	불상	3	경기	표면세척, 균열부수지처리, 암석강화처리
976	보물983호	안성 봉업사지 석조여래입상	2015	불상	2,3,4	경기	세척, 석조여래입상 복원, 석조여래좌상 복원
977	보물984호	영동 신항리 석조여래삼존입상	2009	불상	4	충북	보호각 개축
978	보물985호	청주 용화사 석조불상군	1993	불상	4	충북	보호각 개축, 불상좌대 설치

No	지정번호	문화재명	보수년도	유형별분류	보수구분	지역	보수내역
979	보물985호	청주 용화사 석조불상군	1995	불상	3	충북	균열부분 접착복원 등 보존처리
980	보물985호	청주 용화사 석조불상군	2005	불상	4	충북	보호책 보수, 배수로 주변정비
981	보물985호	청주 용화사 석조불상군	2007	불상	4	충북	보호각 개축
982	보물988호	군위 대율리 석조여래입상	1994	불상	4	경북	보호각 해체, 재축, 축대, 계단 보수, 배수로 설치
983	보물988호	군위 대율리 석조여래입상	1998	불상	4	경북	보호각 단청
984	보물995호	봉화 축서사 석조비로자나불좌상 및 목조광배	1996	불상	4	경북	주변정비
985	보물996-1호	영주 비로사 석조아미타여래좌상	1996	불상	4	경북	보호각 건립.
986	보물996-2호	영주 비로사 석조비로자나불좌상	1996	불상	4	경북	보호각 건립
987	보물998호	양산 미타암 석조아미타여래입상	1999	불상	4	경남	천장 및 배수로 설치
988	보물998호	양산 미타암 석조아미타여래입상	2005	불상	4	경남	천장 및 배수로 정비(천정산 정상부근 위치한 인공굴 내부에 있으며 상부에서 누수발생)
989	보물998호	양산 미타암 석조아미타여래입상	2007	불상	4	경남	누수방지시설
990	보물1112호	산청 대원사 다층석탑	1989	탑	2	경남	해체보수, 균열부 접합
991	보물1112호	산청 대원사 다층석탑	1997	탑	4	경남	주변정비
992	보물1112호	산청 대원사 다층석탑	2004	탑	3	경남	세척, 보존처리
993	보물1113호	산청 내원사 삼층석탑	1994	탑	3	경남	세척, 경화처리, 균열부 접착, 보호각 설치
994	보물1113호	산청 내원사 삼층석탑	2007	탑	3	경남	세척, 균열부분 접착 등 보존처리
995	보물1113호	산청 내원사 삼층석탑	2015	탑	3	경남	예비조사, 세척, 기처리 제거, 충진 및 면처리, 암석 강화처리, 석재성형, 방청처리
996	보물1114호	산청 대포리 삼층석탑	2009	탑	3	경남	세척, 균열부분 접착복원, 기존처리 제거
997	보물1115호	보성 봉천리 오층석탑	1970	탑	2	전남	해체복원
998	보물1115호	보성 봉천리 오층석탑	1990	탑	2	전남	해체보수, 파손부재 접착, 석축, 보호각 설치(기단부 일부가 침하된 상태였으며 탑신부의 3층옥개석 이상이 뒤틀리는 등 도괴 위험으로 해체 보수 실시)
999	보물1116호	화순 유마사 해련탑	1997	탑	4	전남	주변정비
1000	보물1116호	화순 유마사 해련탑	2000	탑	4	전남	석축 및 담장 정비
1001	보물1117호	순천 선암사 대각암 승탑	1994	탑	2	전남	해체보수
1002	보물1117호	순천 선암사 대각암 승탑	2013	탑	3,4	전남	예비조사, 세척, 강화발수처리, 수지처리 및 충진, 주변공사
1003	보물1118호	영암 성풍사지 오층석탑	1986	탑	2	전남	해체복원 (2층 옥개석까지만 남아 있었으며, 기단부도 일부 지대석이 유실되고 상층 기단부 면석이 흐트러지는 등 도괴 상태였으나 여러 부재가 인근마을에서 수습되어 복원하였으며, 나머지 부재와 상륜부는 신석으로 제작 설치하였음)

No	지정번호	문화재명	보수년도	유형별분류	보수구분	지역	보수내역
1004	보물1118호	영암 성풍사지 오층석탑	1993	탑	4	전남	주변정비, 배수로설치
1005	보물1118호	영암 성풍사지 오층석탑	2002	탑	3	전남	주변정비, 표면오염물 제거
1006	보물1121호	성주 금봉리 석조비로자나불좌상	1994	불상	4	경북	보호각 설치
1007	보물1122호	구미 황상동 마애여래입상	2000	불상	4	경북	주변정비(배수로)
1008	보물1122호	구미 황상동 마애여래입상	2001	불상	3	경북	석불보존처리, 계단 및 판석보수
1009	보물1122호	구미 황상동 마애여래입상	2012	불상	4	경북	보호각 즈실
1010	보물1123호	남원 개령암지 마애불상군	2000	불상	4	전북	보존처리, 배수로 및 주변정비(지리산 8부 능선 산속에 위치하여 비바람에 의한 풍화)
1011	보물1123호	남원 개령암지 마애불상군	2002	불상	4	전북	주변정비(석축, 계단, 배수로, 안내판설치)
1012	보물1123호	남원 개령암지 마애불상군	2011	불상	3,4,5	전북	암석 상태조사, 수목제거, 세척, 데크 전망대 및 보호울타리 설치
1013	보물1123호	남원 개령암지 마애불상군	2016	불상	3,4	전북	현황조사, 수지처리, 주변정비공사
1014	보물1184호	순천 선암사 북 승탑	2004	탑	4	전남	주변 수목제거, 배수로 설치 등 주변정비(산속내부에 위치)
1015	보물1184호	순천 선암사 북 승탑	2013	탑	2,3,4	전남	상륜부 해체보수, 세척, 강화발수처리, 수지처리 및 충진, 상륜부 파이프 삽입 및 조립, 주변공사
1016	보물1185호	순천 선암사 동 승탑	2004	탑	4	전남	주변 수목제거, 배수로 설치 등 주변정비(산속내부에 위치)
1017	보물1185호	순천 선암사 동 승탑	2013	탑	3,4	전남	사전조사, 세척, 강화발수처리, 수지처리 및 충진, 주변공사
1018	보물1186호	(전)구미 강락사지 삼층석탑	1968	탑	1	경북	강락사라고 전해지는 옛 절터에 무너져 있던 탑을 선산군청 앞뜰에 옮겨 복원하였음
1019	보물1186호	(전)구미 강락사지 삼층석탑	1980	탑	1	경북	직지사로 옮겨 복원(직지사 요청), 상륜부는 같은 시기(9세기)의 석탑을 모방하여 복원
1020	보물1187호	제주 불탑사 오층석탑	1997	탑	4	제주	주변정비
1021	보물1187호	제주 불탑사 오층석탑	1999	탑	2	제주	해체보수 (탑전체가 뒤틀리며 기울진 매우 불안전한 상태로 이를 바로 잡기 위해 해체복원 실시, 상륜부 복발은 신석으로 설치, 탑 보호 목적)
1022	보물1200호	고창 선운사 동불암지 마애여래좌상	2000	불상	4	전북	석축설치
1023	보물1200호	고창 선운사 동불암지 마애여래좌상	2003	불상	4	전북	주변정비
1024	보물1200호	고창 선운사 동불암지 마애여래좌상	2010	불상	3,4	전북	세척, 합성수지 충전, 철심 보존처리, 주변정비
1025	보물1213호	밀양 천황사 석조비로자나불좌상	1997	불상	4	경남	보호각 건립
1026	보물1213호	밀양 천황사 석조비로자나불좌상	1999	불상	3	경남	석불보존처리
1027	보물1242호	합천 해인사 길상탑	2001	탑	3	경남	도괴된 석탑 수리복원(주변고목이 도괴되면서 석탑을 훼손시킴)

No	지정번호	문화재명	보수년도	유형별분류	보수구분	지역	보수내역
1028	보물1242호	합천 해인사 길상탑	2007	탑	3	경남	세척, 균열부분 접착 등 보존처리
1029	보물1277호	동해 삼화사 삼층석탑	2000	탑	4	강원	주변정비
1030	보물1277호	동해 삼화사 삼층석탑	2010	탑	3,4	강원	건식세척, 습식세척, 수지처리, 고색처리 및 발수경화처리
1031	보물1283호	영암 월출산 용암사지 삼층석탑	1996	탑	2	전남	도괴되어 있는 석탑을 복원(폐사지)
1032	보물1283호	영암 월출산 용암사지 삼층석탑	2002	탑	4	전남	주변정비, 보호각 설치
1033	보물1283호	영암 월출산 용암사지 삼층석탑	2012	탑	3	전남	건식세척, 습식세척, 암석경화처리, 결손부 복원, 고색처리
1034	보물1284호	공주 청량사지 오층석탑	1961	탑	2	충남	1950년대 붕괴 되었던 것을 1961년에 복원(칠층석탑과 같이), 산정상부분에 위치하여 주변 수목의 영향과 구조적으로 불안정함
1035	보물1284호	공주 청량사지 오층석탑	2002	탑	4	충남	석축보수, 표석설치
1036	보물1284호	공주 청량사지 오층석탑	2006	탑	3	충남	수목제거, 복원 및 보존처리
1037	보물1285호	공주 청량사지 칠층석탑	1961	탑	2	충남	1950년대 붕괴 되었던 것을 1961년에 복원(오층석탑과 같이), 산정상부분에 위치하여 주변 수목의 영향과 구조적으로 불안정함
1038	보물1285호	공주 청량사지 칠층석탑	2001	탑	4	충남	주변정비(배수로)
1039	보물1285호	공주 청량사지 칠층석탑	2006	탑	3	충남	수목제거, 복원 및 보존처리
1040	보물1288호	여수 타루비	2009	비	3	전남	세척
1041	보물1295호	괴산 각연사 통일대사탑비	2012	비	3	충북	예비조사, 건식세척, 습식세척, 균열부 수지처리, 발수경화제 도포
1042	보물1299호	괴산 보안사 삼층석탑	2012	탑	3	충북	예비조사, 건식세척, 습식세척, 균열부 수지처리, 암석강화처리
1043	보물1309호	영암 엄길리 암각 매향명	2014	비	3,4	전남	세척, 수지처리 및 충진, 강화발수처리, 주변정비
1044	보물1317호	영동 반야사 삼층석탑	2013	탑	3,4	충북	예비조사, 건식세척, 습식세척, 암석강화처리, 바닥정비공사
1045	보물1322호	곡성 가곡리 오층석탑	2004	탑	3	전남	과거 콘크리트 모르타르 부분을 제거한 보존처리 실시, 배수로 정비
1046	보물1324호	시흥 소래산 마애보살입상	2008	불상	4	경기	관람로 정비
1047	보물1324호	시흥 소래산 마애보살입상	2013	불상	3	경기	예비조사, 세척, 균열부 접합 및 수지충전, 암석강화처리
1048	보물1336호	고성 건봉사 능파교	2005	기타	3	강원	해체, 붕괴에 의한 파손으로 접합 및 신재로 복원
1049	보물1337호	고성 육송정 홍교	2005	기타	2	강원	구조적으로 불안정하여 해체보수
1050	보물1338호	옥천 용암사 동.서 삼층석탑	2004	탑	4	충북	석탑주변 소나무 등이 자생하여 수목제거와 표면오염물제거
1051	보물1338호	옥천 용암사 동.서 삼층석탑	2010	탑	3	충북	건식세척, 습식세척, 균열부 수지처리, 고임쇠 제거
1052	보물1338호	옥천 용암사 동.서 삼층석탑	2015	탑	3	충북	예비조사, 건식세척, 습식세척, 건조, 강화처리
1053	보물1347호	해남 대흥사 서산대사탑	2008	탑	3	전남	세척, 강화처리, 균열부분 접착복원

No	지정번호	문화재명	보수년도	유형별분류	보수구분	지역	보수내역
1054	보물1347호	해남 대흥사 서산대사탑	2013	탑	5	전남	사진촬영, 3D스캔, 풍화훼손지도 작성
1055	보물1347호	해남 대흥사 서산대사탑	2010	탑	2,4	전남	해체보수, 지반공사, 배수로 공사
1056	보물1347호	해남 대흥사 서산대사탑	2009	탑	3	전남	건식세척, 습식세척, 스팀세척 및 화학세척, 주변정리
1057	보물1371호	영동 반야사 삼층석탑	2009	탑	3,4	충북	세척, 균열부 수지처리, 보호책 정비
1058	보물1372호	함평 고막천 석교	2004	기타	2	전남	일부부재가 유실되고 방치되고 있어 신석으로 보충하고 해체 복원
1059	보물1372호	함평 고막천 석교	2013	기타	3	전남	상태조사, 건식세척, 습식세척, 살생물제 도포, 발수경화제 도포
1060	보물1395호	영암 도갑사 도선국사.수미선사비	2014	비	3,5	전남	세척, 수지처리, 관련자료 및 현장조사, 정밀사진촬영, 3D스캔
1061	보물1396호	강진 백련사 사적비	2008	비	3	전남	세척, 균열부분 접착복원, 강화처리
1062	보물1396호	강진 백련사 사적비	2010	비	2,4	전남	보호각 건립, 해체보수
1063	보물1396호	강진 백련사 사적비	2011	비	1,2	전남	해체보수, 이전
1064	보물1401호	충주 봉황리 마애불상군	2008	불상	4	충북	수목정비, 배수로 정비 등 주변정비
1065	보물1401호	충주 봉황리 마애불상군	2013	불상	3,4	충북	예비조사, 건식세척, 습식세척, 수지처리, 잡목제거 및 주변정비, 암석강화처리
1066	보물1417호	보은 법주사 석조희견보살입상	2013	불상	3,5	충북	현황조사, 건식세척, 습식세척, 스팀세척, 표면처리, 강화처리, 3D정밀실측
1067	보물1427호	경주 원성왕릉 석상 및 석주일괄	2011	기타	3	경북	세척, 수지처리
1068	보물1529호	경주 원원사지 동.서 삼층석탑	2009	탑	3	경북	세척, 구 보수물질 제거, 석조각 및 모델링
1069	보물1433호	영암 도갑사 오층석탑	2015	탑	3	전남	세척, 수지처리 및 충진, 강화발수처리
1070	보물1436호	거창 농산리 석조여래입상	2013	불상	3	경남	예비조사, 건식세척, 습식세척, 합성수지 접합 및 복원, 발수강화처리
1071	보물1462호	서울 인조별서 유기비	2011	비	3	서울	예비조사, 건식세척, 습식세척, 살균처리, 합성수지 접합 및 복원, 발수강화처리, 비명보수
1072	보물1471호	양산 통도사 삼층석탑	2011	탑	3	경남	예비조사, 건식세척, 습식세척, 균열부 수지처리, 발수경화제 도포
1073	보물1739호	창녕 영산 석빙고	2014	기타	3	경남	세척

参考文獻

■ 보고서

공주대학교 기초과학연구소, 부여군, 『부여 대조사 석조미륵보살입상의 보존처리공
　　　사연구보고서』, 2000

공주대학교 문화재보존과학연구소, 『방어산 마애불 보존처리』, 2002

　　　　　　　　　　　　　　　, 『가흥리 마애삼존불상 주변 정밀구조 안전진단』, 2004

국립문화재연구소, 『石燈調査報告書』I, 1999

　　　　　　　　, 『石燈調査報告書』II, 2001

　　　　　　　　, 『회암사지 선각왕사비 보존』, 2001

　　　　　　　　, 『익산미륵사지석탑의 생물침해현황 및 보존처리제 조사보고서』, 2003

　　　　　　　　, 「(문화재보존지침서-석조)석조문화재 생물침해와 처리방안』, 2006

　　　　　　　　, 『문화재 보호각 개선방안 국제학술심포지엄』, 2006

　　　　　　　　, 『경천사십층석탑 I, II, III』, 2006

　　　　　　　　, 『석조문화재보존 국제심포지엄』, 2007

　　　　　　　　, 『비파괴 기술을 활용한 석조문화재 보존관리』, 2014

　　　　　　　　, 『석조문화재 수리기술 연구4_석탑보존』, 2018

　　　　　　　　, 『석조문화재 수리기술 연구_석탑』, 2019

국립문화재연구소 · 독립행정법인동경문화재연구소, 『한일공동연구보고서 2002』, 2002

　　　　　　　　　　　　　　　　　　　　　, 『한일공동연구보고서 2003』, 2003

　　　　　　　　　　　　　　　　　　　　　, 『한일공동연구보고서 2004 - 환경오
　　　염에 있어서 문화재에서의 영향과 수복기술의 개발연구』, 2004

_____,『한일공동연구보고서 2006 - 환경
오염에 있어서 문화재환경오염의 영향과 수복기술의 개발연구』, 2006

_____,『한일공동연구보고서 2007 - 석조
문화재의 열화와 주변환경』, 2007

국립문화재연구소 · 문화재청,『석조문화재보존관리연구용역』, 2001

_____,『석조문화재보존관리연구용역』, 2002

_____,『석조문화재보존관리연구용역』, 2003

_____,『석조문화재보존관리연구용역』, 2004

_____,『석조문화재보존관리연구용역』, 2005

_____,『석조문화재 수리기술 연구-석탑』, 2019

_____,『2016 국가지정 건조물문화재(국보 · 보물)정기조사』, 2017

국립경주문화재연구소 · 경주시청,『경주석탑 및 석조문화재보수 정비 보고서-서악리
삼층석탑 보존처리, 주변정비 및 분석결과』, 2005

국립문화재연구소 · (재)한국건설안전기술원,『국가지정중요문화재 안점점검 기술용
역보고서』, 2005

경주시 · (주)신화건설,『탑곡마애보상군 보존처리』, 2006

경주시,『경주남산 용장사지삼층석탑-실측조사 및 수리보고서』, 2001

대흥사 · 해남군 · (주)유성종합건축사사무소,『해남 대흥사 응진전 앞 삼층석탑 실
측 · 수리보고서』, 2004

문화재관리국,『석굴암수리공사보고서』, 1967

문화재관리국 문화재연구소,『석굴암의 과학적 보존(자료편)』, 1990

_____,『국보제3호 북한산 신라 진흥왕순수비 이전보고서』, 1972

_____, 『석굴암의 과학적 보존을 위한 국내 전문가 회의록』, 1991

문화재청, 『문화재수리보고서』上下, 1999

_____, 『국가지정문화재 정기조사 서식 작성 매뉴얼』, 2015

_____, 『2013-2014국가지정문화재(국보 · 보물)문화재수리보고서』, 2016

_____, 『통계로 보는 문화유산』, 2017

_____, 『2010-2012국가지정문화재(국보 · 보물)문화재수리보고서 I 』, 2017

_____, 『2010-2012국가지정문화재(국보 · 보물)문화재수리보고서 II 』, 2017

_____, 『2010-2012국가지정문화재(국보 · 보물)문화재수리보고서 III』, 2017

_____, 『2010-2012국가지정문화재(국보 · 보물)문화재수리보고서 IV』, 2017

(사)한국미술사연구소, 부여군청, 『대조사 석미륵보살입상-학술조사 및 보존처리 연
　　　구』, 1999

우리문화재연구소, 『채색 석조불상 색상제거 및 보존처리공사 보고서』, 2006

원주시, 『거돈사지3층석탑-정밀실측 및 수리공사보고서』, 2001

울진군, 『울진구산리삼층석탑 정밀실측조사보고서』, 2005

영주시, 『영주가흥리 마애삼존불상 지반안정화 사업수리보고서』, 2007

(주)엔가드, 『태평2년명마애약사불좌상 보수공사보고서』, 2003

_____, 『산청 대원사다층석탑 보존처리 보고서』, 2004

_____, 『새국립중앙박물관 야외전시문화재 보존처리보고서』, 2005

한국과학기술연구소, 『다보탑의 과학적 보존에 관한 연구』, 1970

_____, 『석굴암, 다보탑 및 석가탑의 세척과 보존에 관한 연구』, 1971

_____, 『석굴암의 과학적 보존을 위한 연구』, 1974

한국과학기술원, 『골굴암 마애여래좌상 보존대책에 관한 조사연구』, 1985

함안군 · 우리문화재보존연구소,『함안방어산마애불』, 2007

臼杵市,『國寶 臼杵磨崖佛 保存修理報告書』, 1997

■ 단행본

구자봉 · 정영동,『문화재의 발굴과 보존처리』, 도서출판 춘추각, 2004

강대일,『文化財 保存環境槪論』, 가삼출판사, 2007

關野貞,『한국의 건축과 예술』, 1941

고유섭,『松都의 古蹟』, 1977

김주삼,『문화재의 보존과 복원』, 책세상, 2001

대한불교조계종 문화유산발굴조사단,『한국의 사찰문화재-전라남도2』, 2006

문명대,『한국의 불상조각』, 예경출판사, 2003

박경식,『탑파』, 예경출판사, 2001

_____,『한국의 석탑』, 학연출판사, 2008

서울특별시역사편찬위원회[편저],『서울의 문화재』제1~5권, 2003

성균관대학교박물관,『慶州 新羅 유적의 어제와 오늘-석굴암 · 불국사 · 남산』, 2007

이구열,『한국문화재 수난사』, 돌베개, 1973

이순우,『제자리를 떠난 문화재에 관한 보고서』, 하늘재, 2002

이오희,『문화재 보존과학』, 주류성출판사, 2008

장충식,『한국의 탑』, 일지사, 1989

_____,『한국불교미술 연구』, 시공사, 2004

정영호,『한국의 석조미술』, 서울대학교 출판부, 1998

_____,『백제의 불상』, 주류성, 2004

정규홍, 『석조문화재 그 수난의 역사』, 학연문화사, 2007

통도사성보박물관, 『慶州 南山 塔谷의 四方佛巖』, 호영출판사, 1990

통도사성보박물관, 『慶州 南山 塔谷의 四方佛巖』, 호영출판사, 1990

한국문화유산답사회, 『충남』, 돌베개, 1996

_____, 『지리산자락』, 돌베개, 1996

허균, 『사찰장식, 그 빛나는 상징의 세계』, 돌베개, 2000

■ 논문

강대일 · 이수정, 「文化財 保存의 槪念과 理論」, 『전통문화논총』, 한국전통문화학교, 2003

강철홍, 「한국석탑의 감실 및 문비에 관한 연구」, 전남대학교산업대학원 석사학위논
        문, 2005

김병호, 「문화재보존을 위한 합성수지 응용연구 I 」, 『문화재와 더불어 살아온 길』, 미
        광출판사, 1997

김사덕 · 이상헌, 「대리석 석탑 및 석탑과 유사재질에 대한 암석조사」, 『보존과학연구』
        16, 국립문화재연구소, 1995

김사덕 · 김병호 · 김창석, 「경천사십층석탑 균열 및 파손부위 보존처리에 관한 연구」,
        『보존과학연구』17, 국립문화재연구소, 1996

김사덕 · 김순관 · 김창석 · 홍정기 · 강대일 · 이명희, 「석조문화재 에폭시수지 개발시
        험연구」, 『보존과학연구』20, 국립문화재연구소, 1999

김사덕, 「석조문화재의 과학적보존」, 『문화재관리자교육』문화재청, 2001

김사덕, · 신은정 · 이주완 · 위광철 · 양희제, 「연곡사 북부도, 동부도 긴급보존처리
        및 원형복원」, 『보존과학연구』23, 국립문화재연구소, 2002

김사덕, 「운주사 석조문화재의 보존상태와 보존방안에 대한 연구」, 『문화재』 Vol. 37,
    국립문화재연구소, 2004

김수진, 「우리나라 석조문화재의 훼손양상과 보존대책」, International Forum on
    Conservation of Cultural Property, Institute of Conservation Science for
    Cultural Heritage, Kongju National University, Korea, 2000

김수진 · 이수재 · 장세정, 「석조문화재 보호각 등 보호시설이 석재보존에 미치는 영
    향」, 『석조문화재 보존관리연구』, 문화재청, 2001

김영택 · 이찬희 · 이명성, 「부여 정림사지 오층석탑의 보존과학적 훼손도 평가」, 『자
    원환경지질』, 38, 대한자원환경지질학회, 2005

김영화 · 홍순호, 「풍화현상에 수반되는 화강암의 물성변화에 관한 연구」, 『광산지질』
    23, 대한광산지질학회, 1990

김은영, 이덕원, 정태형, 「고분자 물질이 혼입된 석고의 물성」, 『폴리머』 Vol. 4 No. 3, 1980

김은영, 「한국의 문화재 보존과학의 현황과 전망」, Proceedings of the New Millennium
    International Forum on Conservation of Cultural Property, Institute of Conservation
    Science for Cultural Heritage, Kongju National University, Korea, 2000

_____, 「석조문화재의 과학적보존」, 『보존과학기초연수교육』, 국립문화재연구소, 2001

김진형, 「Laser를 이용한 석조문화재 오염물의 제거에 관한 연구-경천사십층석탑에
    발생된 오염물 중심으로」, 경주대학교 대학원 석사학위논문, 2003

노용필, 「진흥왕 북한산순수비 건립의 배경과 그 목적」, 『향토서울』 53, 서울특별시 역
    사편찬위원회, 1994

도진영, 「경주지역 석조문화재 표면에서 관찰되는 흑화현상」, 『경주문화연구』 Vol. 6, 2003

_____, 「석조문화재 표면흑화 부위에 존재하는 철화합물의 동정」, 『한국광물학회지』

Vol. 17 No. 1, 한국광물학회, 2004

_____, 「서악리삼층석탑에 형성된 표면오염물의 특징과 그 제거방안 연구」, 경주대학교 문화재연구소, 2005

_____, 「지면에 조성된 조립사질 토양이 석조문화재의 훼손에 끼치는 영향」, 『한국광물학회지』 Vol. 19 No. 1, 한국광물학회, 2006

도진영 · 김정진 · 조현구, 「도심지역에 위치한 탄산염암 석탑 표면에 형성된 흑색층의 특성과 그 기원」, 『한국광물학회지』 Vol. 19 No. 4, 한국광물학회, 2006

도진영, 「석조문화재 표면 백화의 특성과 그 원인 연구」, 『동아문화』, 제2/3호, 2007

류제라, 서만철, 「함안 방어산 마애삼존불 보존처리」, 『문화재과학기술』, Vol. 2 No. 1, 공주대학교, 2003

문명대, 「경천사석탑의 16불회도 부조상의 연구」, 『강좌미술사』 22, 한국미술사연구소, 2004

민경희, 「하등식물이 석조문화재에 미치는 영향」, 『보존과학연구』 6, 국립문화재연구소, 1985

박일철 · 최희수, 「석조문화재의 구조안전진단 방법 연구」, 『한국구조물진단학회지』 Vol. 9 No. 4, 한국구조물진단학회, 2005

배병선, 「문화재 보호각의 현황과 개선방향」, 『문화재 보호각 개선방안 국제학술심포지엄』, 국립문화재연구소, 2006

소재구, 「원각사지십층석탑의 연구」, 한국정신문화연구원 대학원 석사학위논문, 1987

_____, 「신라하대 석조미술양식의 연구방법론」, 『미술자료』 62, 국립중앙박물관, 1999

서만철 · 오진용 · 최희수, 「불국사 석탑의 지반 특성에 대한 지구물리탐사」, 『지구물리』 Vol. 5 No. 2, 대한지구물리학회, 2002

신소연, 「원각사지십층석탑의 서유기 부조연구」, 서울대학교대학원 석사학위논문, 서

울, 2003

신은정, 「경천사십층석탑의 종합적 연구」, 동국대학교 대학원 석사학위논문, 2003

신은정 · 김사덕 · 강대일, 「경천사십층석탑 복원에 관한 연구」, 『보존과학연구』24, 국
    립문화재연구소, 2003

신은정 · 김사덕, 「서산보원사법인국사보승탑 해체복원을 통해 살펴 본 석조문화재의
    보존」, 『보존과학연구』25, 국립문화재연구소, 2004

신은정, 「경천사십층석탑의 조형연구」, 『불교미술사학』4집, 통도사성보박물관 불교
    미술사학회, 2006

양근석, 「신라사방불상 연구(1)-경주남산 탑곡마애조상군」, 『論文集』20호, 부산전문대
    학교, 1997

양희제 · 이찬희 · 김사덕 · 최석원, 「익산왕궁리오층석탑의 훼손현황과 보존방안 연
    구」, 『보존과학연구』25, 국립문화재연구소, 2004

엄기표, 「백제 석탑의 선후에 관한 고찰」, 『문화사학』16, 한국문화사학회, 2001

엄두성 외, 「석조문화재 발수경화제 시험 연구」, 『보존과학연구』20, 국립문화재연구
    소, 1999

엄두성 외, 「석조문화재 받침용 쐐기 재질의 물성 실험 연구」, 『보존과학연구』, 21, 국
    립문화재연구소, 2000

윤윤경, 「미생물에 의한 경주석탑의 훼손」, 『경주문화연구』Vol.6, 2003

이규식 · 한성희, 「원각사지십층석탑 오염물의 유기산 분석」, 『보존과학연구』16, 국립
    문화재연구소, 1995

이상헌 · 박경립, 「석조문화재보존에 대한 지질학적 연구」, 『보존과학회지』vol9, 한국
    문화재보존과학회, 1993

이상헌, 「국내 석조문화재의 보전 대책수립을 위한 지질학적 고찰」, 『보존과학회지』 Vol. 7 No. 1, 한국문화재보존과학회, 1998

_____, 「석굴암을 이루는 암석의 풍화현상」, 『보존과학회지』 8, 한국문화재보존과학회, 1999

이선명, 「서산마애삼존불상의 정밀 훼손도 진단과 미기상환경 영향 분석」, 공주대학교 대학원 석사학위논문, 2007,

이성민, 「석조문화재 보존연구의 세계적 추세」, 『학술논문발표집』 Vol. 5, No. 3, 한국구조물진단학회, 2001

이성민 · 손호웅 · 이수곤, 「석조문화재의 구조해석」, 『한국구조물진단학회지』 Vol. 9 No. 4, 한국구조물진단학회, 2005

이명성 · 정민호 · 정영동 · 이찬희, 「경주서악리삼층석탑의 훼손상태 및 보존처리」, 『보존과학회지』 18, 한국문화재보존과학회, 2006

이명성 · 이정은 · 표수희 · 송치영 · 이찬희, 「논산관촉사 석등의 훼손도 진단 및 기원암의 성인적 해석」, 『보존과학회지』 17, 한국문화재보존과학회, 2005

이영택, 「고려후기의 석탑 연구-마곡사오층석탑과 경천사다층석탑을 중심으로」, 동국대학교 문화예술대학원 석사학위논문, 2002

이종명, 「문화재복원을 위한 레이저세정기술」, 『보존과학회지』 Vol. 10, 한국문화재보존과학회, 2001

이정은 · 이찬희 · 이명성, 「경주 분황사석탑의 풍화훼손도 평가와 보존과학적 진단」, 『보존과학회지』 18, 한국문화재보존과학회, 2006

이찬희 · 이명성 · 서만철 · 최석원 · 김만갑, 「감은사지 서탑의 풍화훼손도 진단 및 석재의 산지추정」, 『자원환경지질』 37, 대한자원환경지질학회, 2004

이찬희 · 이명성 · 서만철, 「영주 가흥리마애삼존불상의 풍화특성과 불연속면의 안정성 해석」, 『지질학회지』41권, 대한지질학회, 2005

이찬희 · 이명성, 「우리나라 석조문화유산의 현황과 보존방안」, 『학술논문발표집』 Vol.9, No.4, 한국문화재보존과학회, 2005

이찬희 · 김영택 · 이명성, 「부여 정림사지오층석탑 구성암석의 원산지 추정」, 『지질학회지』 제43권 2호, 대한지질학회, 2007

이찬희 · 서만철, 「대원사 다층석탑의 지질학적 및 암석학적 안전진단」, 『자원환경지질』 35, 대한자원환경지질학회, 2002

이태녕, 「文化財의 保存哲學과 補修의 修理規範」, 『문화재의 과학적 보존-문화재보존과학 연구교육교재』, 국립문화재연구소, 1993

조헌영 · Xia, Yong-mei, 「석조 문화재 보존 처리용 세정제 개발에 관한 기초연구」, 『보존과학회지』 Vol.11 No.1, 한국문화재보존과학회, 2002

전병규 · 한민수 · 이장존 · 송치영, 「국내 국가지정 석조문화재의 현황과 통계분석」, 『보존과학연구』27, 국립문화재연구소, 2006

좌용주 외, 「경주 불국사와 석굴암의 석조 건축물에 사용된 석재의 공급지에 대하여」, 『지질학회지』 36권, 대한지질학회, 2000

좌용주 외, 「감은사지삼층석탑(서탑)에 사용된 석재 공급지에 대한 연구」, 『암석학회지』 Vol.15 No.3, 한국암석학회, 2006

전용환, 「고려시대 불상조각의 연구-석불상의 佛頭를 중심으로」, 홍익대학교 교육대학원 석사학위논문, 1995

정명호, 「연곡사 동 · 북 양부도의 상륜 자료에 대한 신고찰」, 『문화사학』17호, 한국문화사학회, 2002

정민호, 「경주 남산 탑곡마애조상군의 보존과학적 연구」, 공주대학교 대학원 석사학
위논문, 2006

정용재 외, 「석조문화재의 생물학적 손상과 보존방안」, 『보존과학연구』 24, 국립문화
재연구소, 2003

정은우, 「敬天寺址十層石塔과 三世佛會考」, 『미술사연구』19호, 미술사연구회, 2005

최석원 · 이찬희, 「석조문화재의 보존과 복원」, 『보존과학기초연수교육』, 국립문화재
연구소, 2007

한병일, 「마애불보존상태 및 보존방안에 대한 연구」, 동국대학교 문화예술대학원 석
사학위논문, 2004

황수영, 「석굴암에서 반출된 탑상」, 『고고미술』2,8, 한국미술사학회, 1961

홍정기 · 엄두성 · 김순관, 「원각사지십층석탑 보호각 내부 보존환경 조사연구」, 『보존
과학』23, 국립문화재연구소 2002

홍정기, 「중원미륵리사지 보존환경 조사연구」, 『한일공동연구보고서』국립문화재연구
소 · 동경문화재연구소, 2004

홍정기 · 엄두성 · 정용재 · 森井順之, 「석조문화재 보호각의 보존환경 연구」, 『보존과
학연구』26, 국립문화재연구소, 2005

Sze, P. A Biology of the algae, W. C. Brown Communications Inc. 1995

森井順之, 「磨崖佛保存施設과 周邊風環境의 相關, 石造文化財의 熱火와 周邊風環境」,
『한일공동연구보고서』, 국립문화재연구소, 2005

찾아보기